상담 내비게이션 워크북

축어록을 기반으로

김형숙 저

학지사

추천사

〈추천사 1〉

다양한 사람을 만나다 보니, 상담이 어떤 교육이나 솔루션 등을 제시하는 것이라고 오해하고 있는 경우가 많다는 것을 알게 되었습니다. 또한 상담에 관련된 많은 연구를 하면 뛰어난 상담사일 것으로 착각을 하기도 합니다. 그러나 상담은 과학적 토대 위에서 진행되는 실무자의 영역에 훨씬 더 가깝습니다.

야구 해설을 잘한다고 해서 야구를 잘하는 것은 아닙니다. 노래를 즐겨 듣는다고 해서 뛰어난 가수가 되는 것은 아닙니다. 상담이란 실제적 영역이기에 전문가가 되기 위해서는 무수한 연습과 이에 기반을 둔 실전이 중요합니다.

상담을 할 때, 설명서만 열심히 읽는 것만으로 한계가 있는 이유는 내가 만나는 대상자가 어떤 고장이 난 TV나 컴퓨터가 아니기 때문입니다. 내 앞에 있는 존재는 역사가 있는 사람입니다. 만약 그 사람이 마흔 살이라면 40년이라는 셀 수 없을 만큼의 기억과 정서 그리고 사고를 품고 있는, 살아 있는 역사를 만나는 것입니다. 하나의 세계를 만나는 것입니다. 앞에 있는 내담자는 피와 살과 뼈를 가지고 있고 숨을 쉬고 있는 유기체이므로 상담의 본질은 인간과 인간이 만나는 장입니다. 따라서 상담에서는 부단한 연습과 반복, 실전이 매우 중요합니다. 어떤 대처는 매우 명확하지만, 때에 따라서는 상담사의 즉각적이고 유연한 대처가 핵심인 경우도 있습니다. 임상가의 전문성과 수월성은 이 토대 위에서 피어납니다.

요즘 상담 분야에 관한 관심이 뜨겁다 보니 상담과 관련한 여러 책이 출간되고 있습니다. 그러나 이론에 관한 책은 무수함에도, 정작 실습에 관련된 책은 상대적으로 현저히 적은 것이 현실입니다. 저는 현장에서 많은 상담사로부터 이러한 실제적인 책에 대한 갈급함을 많이 접하곤 했습니다.

사막을 걷고 있을 때 만난 오아시스처럼, 상담현장에서 실질적으로 도움이 되는 책을 바랐던 상담사들이 반가워할 만한 책이 출간되었습니다. 이 책은 이전에 김형숙 박사가 출간한 『초심상담사를 위한 상담 내비게이션』(2021)의 워크북으로 워크북의 역할에 걸맞게 상담의 개입, 과정, 태도, 관점, 발달단계, 자질, 윤리적 책임 등 실제적 과정을 생생하게 다루고 있습니다. 따라서 이론에서 배웠던 상담과 실습 현장에서의 차이로 인해 막막함을 느끼는 상담사, 상담은 꾸준히 하고 있으나 이 상담을 잘하는 것이 맞는지를 고민하는 길을 잃은 상담사, 상담의 실무를 처음부터 끝까지 제대로 배워 보고 싶은 상담사 모두에게 이 책은 큰 도움이 될 것입니다.

해당 책은 임상적 토대를 통해 실제 상담사가 상담의 각 과정에 어떻게 접근해야 하는지를 자세히 다루고 있기에 실제 상담사들이 함께 집단을 이루어 서로가 실제 상담의 관점, 설계, 개입하며 피드백을 하는 것이 가장 효과적인 활용일 것입니다. 그러나 개인도 얼마든지 이 책을 활용할 수 있습니다. 상담과정 전후에 이 책의 내용을 꾸준히 살펴보고 훈습하는 과정에서 개인은 모호했던 상담과정을 좀 더 명확하고 분명하게 알 수 있을 것입니다.

어두운 길을 걸을 때 등불은 커다란 희망이 됩니다. 상담에 관련된 워크북 중 가장 실용적이고 명확한 책이 출간되었다는 점에서 저 역시 가슴이 부풉니다. 많은 상담사가 이 책을 통해 상담의 전문성을 쌓기를 바라며 이 책을 강력 추천합니다.

연세대학교 미래융합연구원 연구교수
한국상담심리학회 상담심리사 1급
이헌주

〈추천사 2〉

상담 수련의 길로 들어섰을 때 '내가 잘 가고 있는 것인가?' 하는 생각에 막막함이 컸습니다. 그런 마음으로 내담자를 만나야 할 때면 마음이 더 어렵고 지치곤 했습니다. 그럴 때, 어두운 밤길에 등불을 밝혀 비춰 주는 앞서가 있는 사람이 있다면 그 길이 무섭지만은 않을 것입니다. 김형숙 교수님의 슈퍼비전으로 함께했던 수련 기간이 그러했습니다. 어려운 사례의 내담자를 만났을 때에도, 위기 사례로 소진이 될 때에도 슈퍼바이지의 어려움에 빛을 비춰 주시고 용기 내어 계속 걸어갈 수 있도록 해 주셨습니다. 그럼에도 초심 슈퍼바이지일 때는 슈퍼비전을 받고도, 막상 혼자 길을 가려 하면 다시 막막해지는 마음이 들었던 것 같습니다. 이 책은 상담에 대한 기술과 이론을 소개하는 것에 그치지 않고 사례와 연습을 통해 몸과 마음에 충분히 스며들도록 친절하고 따듯하게 안내하고 있어 당시의 저와 같은 마음을 느끼고 있는 상담사들에게 등불이 되어 주리라 생각합니다. 또한 상담을 위한 그룹 스터디를 하는 상담사 모임에도 함께 시연을 통해 연습하고 익힐 수 있는 지침서로 추천드립니다. 특히 상담사로서 발을 디딘 지 얼마 안 된 슈퍼바이지분들은 축어록을 통해 좋은 대안 반응을 배우고 싶지만 국내 사례의 축어록을 통해 배울 수 있는 책들이 시중에 많지 않고 내용도 제한적이어서 아쉬움이 컸을 텐데, 이 책에는 여러 상황의 축어록과 상담사와 내담자에게 도움이 되는 질문들이 담겨 있어 많은 도움이 되리라 생각합니다. 그뿐만 아니라 슈퍼바이지들이 내담자에게 조금 더 친절하게 안내하면서 함께 걸을 수 있게 돕고자 슈퍼바이저로서의 길을 걷기 시작한 상담심리사 1급, 임상심리전문가들에게도 이 책을 추천 드리고 싶습니다.

한국상담심리학회 상담심리사 1급
임상심리전문가
전희원

〈추천사 3〉

지금도 가끔은 그렇습니다만, 상담이론을 배워 가면서 임상실습을 처음 해 가던 그때, 귓속에 작은 이어폰을 끼고 상담실에 들어가면 좋겠다는 상상을 늘 했었습니다. '지금 이 때에 가장 적절한 반응과 할 말이 무엇인지 누군가 가르쳐 준다면 얼마나 좋을까?' 이런 상상을 하고는 했지요. 상담실 밖에서의 사정도 별반 다르지 않았습니다. 녹취를 풀다가 한숨이 나오는 것이 일상이었습니다. 상담 목표와 개입방법을 어떻게 잡아야 할지 밑그림이 보이지 않아 답답했던 시절이었습니다. 목적지와 갈 길을 확연히 보여 주는, 해상도 좋은 내비게이션을 얼마나 자주 갈망했는지 모릅니다.

상담의 길을 더듬더듬 걷기 시작하던 그 무렵, 이 책의 저자인 김형숙 박사님께 "박사님, 슈퍼비전을 해 주시다가, 제가 상담사로서는 영 안 되겠다 싶으면 꼭 말씀해 주세요. 안 되는데 시간만 뭉갤 수는 없으니까요."라며 부탁을 드렸던 기억이 납니다. 그러자 "아직 100회기도 못 해본 것 같은데, 벌써 결론을 내리려고요?"라는 짧은 반문이 돌아왔었지요. 상담이 많은 시간의 연습과 경험으로 한 땀 한 땀 빚어지는 것임을 알려 주면서, 초보 상담사였던 저의 부끄러움을 부드럽고도 쉽게 털어 내 주셨습니다.

그 후로 저는 꽤 오랜 기간 동안 저자에게 슈퍼비전을 받아 왔습니다. 저자와의 슈퍼비전은 상담 회기의 안쪽과 바깥쪽을 바라보는 저의 시야를 상당 부분 달라지게 만들어 주었습니다. 회기 안쪽에서 오고 가는 메시지들과 회기의 바깥을 감싸는 내담자의 삶의 맥락에 대한 이해가 슈퍼비전을 통해 좀 더 넓어지고 깊어져 왔다고 느끼고 있습니다.

이 책은 제가 받아 왔던 슈퍼비전의 윤곽과 속살을 모두 담고 있습니다. 상담 관계가 만들어지고 이어지는 바깥 맥락과 그것을 통해 성장과 치유가 일어나는 과정들이 Zoom in and out되며 자세히 소개되고 있습니다. 생생한 사례와 연습할 내용, 실제 축어록 등이 짜임새 있게 제시되어 있는 것도 이 책의 장점입니다. 다양한 사례를 반복 재생해 보면서, 자기만의 상담 스크립트를 써 나갈 기회들을 제공해 주고 있다고 확신합니다.

이 책을 통해 많은 분이 도움을 얻기를 바랍니다. 구체적인 지침을 알려 주는 이어폰 하나가 간절했던 시절을 떠올리며, 그 이어폰을 선물하는 마음으로 이 책을 추천합니다.

연세대학교 상담코칭학 박사
다리꿈발달상담교육센터 전문상담사
한혜영

머리말

2021년에 출간한 『초심상담사를 위한 상담 내비게이션』은 상담과정과 기술에 대해 상세하게 안내해 주기 때문에 상담현장에서 실질적인 도움이 되었다는 피드백을 다수 받은 바 있다. 그 책이 몇 번의 추가 제작을 진행했을 정도로 상담현장에서의 구체적인 길잡이가 필요했던 것이다.

『초심상담사를 위한 상담 내비게이션』 출간 후, 여덟 번의 특강 세미나를 진행하였으며, 대학원에서 상담실습과목의 교재로 채택해서 수업을 하였다. 학습효과 집단을 네 개로 나누어서 비교해 본 결과 흥미로운 사실을 알게 되었다.

① 책을 읽고 공부한 집단, ② 강의만 들은 집단, ③ 강의+시연 병행 집단, ④ 강의+시연+3인조(상담사, 내담자, 관찰자) 실습 병행 집단을 비교했을 때, ④ 강의+시연+3인조 실습 병행 집단이 가장 좋은 학습효과를 보인 것이다. 즉, 책을 읽고 교재를 공부한 후 제시된 질문에 답하면서 배운 것을 적용하고 〈시연보기〉와 〈3인조 실습〉에 적극적으로 참여하는 것이 상담기술을 배우는 가장 좋은 길임이 입증된 셈이다. 여기서 한 번 더 강조하고 싶은 것은 3인조 실습을 했을 경우에 유능한 상담사로 가는 접근이 더 쉬워진다는 사실이며, 이는 초심상담사뿐만 아니라 10년 정도의 상담 경력을 가진 상담사들에게도 마찬가지이다. 따라서 이 워크북은 이러한 임상적 실험을 바탕으로 고안하게 되었으며, 『초심상담사를 위한 상담 내비게이션』을 가장 잘 활용할 수 있는 방법으로 제시한 것이다.

이 워크북은 축어록이나 구체적인 예시들을 통해 좋은 질문을 배우고자 하는 초심상담사들의 욕구를 반영하였다. 특히 전체 축어록을 제시하여 상담사가 각 부분별로 어떻게 개입하는지를 보여 줌으로써, 초심상담사가 상담의 전체 흐름을 파악하고 상담의 맥락을 잡는 데 길잡이가 되어 줄 것이라고 확신한다.

워크북은 상담기술을 연습하는 참가자의 질문을 촉진하기 위해, 각 장 끝에 3인조 실습지를 축어록 형태로 제시하였다. 이 책에서 제시한 연습문제들을 쓰여 있는 그대로 사용하기보다는 함께 시연하는 참가자들과 토의해 보는 것이 중요하다. 이 실습 과정을 통해 상담사는 자신이 보완해야 할 부분을 알게 되며 관찰자가 피드백해 준 것을 기반으로 구체적인 수정을 할 기회를 가지게 될 것이다. 워크북을 따라 각 문제들에 대해 3인조 실습생들과 토론해 보면 상담사 자신의 성장에도 도움이 될 것이다.

워크북 활용 시 고려해야 할 사항

3인조 실습 문제

이 책은 전반적으로 초심상담사들이 둘 또는 집단으로 상담기술을 연습할 수 있도록 상담 연습 상황을 제시한다. 이 연습 과제들은 저자가 진행한 '상담 내비게이션 세미나'에서 오랫동안 사용한 자료와 저자가 직접 시연한 내용의 일부를 발췌한 것이다. 상담기술을 연습하기 전, 가상의 내담자(client) 상황에 대해 생각해 보고 반응을 형성할 수 있는 실습지를 제공한다. 연습문제에서는 각 내담자 상황에 대한 상담전략과 기술을 사용하여 실습해 볼 수 있도록 하였다. 또한 여러 가지 가능한 반응에 대하여 실습 참여자들, 곧 상담사-내담자-관찰자 상호 간 피드백을 비교해 볼 수 있다.

상담을 실습하는 동안, 상담사 역할을 맡은 이는 내담자 역할을 맡은 동료에게 연습 과제의 상담기술을 적용해 본다. 이때 관찰자는 상담사가 사용한 기술과 방법에 대하여 메모해 두었다가 실습이 끝나면 자신이 관찰하고 메모한 것을 근거로 상담사에게 피드백을 전달한다. 3인조 실습의 모든 참가자는 각 연습 상황에서 상담사, 내담자, 관찰자의 역할을 바꾸어 가며 다양한 입장에서 상담을 경험해 볼 수 있는 기회를 갖게 된다. 마지막으로 모든 실습 참가자는 그들 자신이 상담사로서 경험한 것과 어떻게 성장하고 있는지를 성찰해 보는 과제를 통해 스스로를 돌아볼 수 있다.

연습 상황 과정의 공개

3인조 실습조의 성공 여부는 자신의 개인적인 주제, 곧 주 호소문제를 얼마나 실습 상황 안에서 공개할 수 있는가에 달려 있다. 물론, 가상의 사례나 주제를 만들어 실습을 하는 것도 하나의 방법이다. 그러나 실제 참가자의 주 호소문제를 공개하여 실습하는 것이 더 나은 이유는 두 가지가 있다. 첫째, 가상의 상황은 진솔한 반응을 이끌어 내기 어렵다.

즉, 진정성이 결여된 상담 상황은 실제 상담에서 무엇이 효과적이었는지를 배우기 어렵다. 둘째, 진짜 문제를 다루지 않게 되면 무엇이 도움이 되었는지, 상담전략이 어떠했는지에 대해 내담자가 상담사에게 유용한 피드백을 해 주기 어렵다. 요컨대, 실습을 할 때 가상으로 임하게 되면 참여자들이 상담장면에 몰입하기보다는 주변적인 것, 예를 들면 '다른 참가자는 이때 어떻게 행동할까'처럼 전혀 도움이 되지 않는 방향으로 주의를 빼앗기게 된다.

그러므로 3인조 실습에서 내담자 역할을 맡은 이는 자기개방의 정도를 쉽고 안전한 주제부터 시작해서 심각한 주제로 발전시켜 나가는 것이 효과적이다. 때때로 쉬운 문제라고 생각해서 공개했다가 문제의 심각성이 드러나고, 이로 인해 상담사와의 관계가 불편해지는 경우도 발생하기 때문이다. 만약 그런 경우가 발생한다면 더 이상 탐색하기를 멈추고, "이 이야기는 여기까지 탐색하는 것이 나을 것 같습니다."라고 말하는 것이 안전하다.

이 워크북은 3인조 실습생이 미리 구조화된 범위에서 실습하도록 만들어졌다. 그러므로 저자는 3인조 실습 시간에 쉽고 안전하고 덜 심각한 것을 공개하는 것이 대체로 훈련과정에 도움이 된다고 생각한다.

만약 3인조 실습생이 자진해서 개인 신상 정보를 공개하지 않을 경우, 그들은 가상의 내담자 역할을 할 수 있다. 아무도 그 사람이 실제로 공개하는 것인지 문제가 가상의 경우인지 알 수 없고 비밀성을 보호할 수 있을 것이다. 이 책에서는 각 주제마다 연습할 수 있는 예시를 제시하였다. 3인조 실습 활동을 위한 내담자 주제는 연습에 이상적인 주제, 안전한 주제가 적절하다. 피해야 할 연습주제는 3인조 실습에서 다루지 않는 것이 안전하다.

연습에 이상적인 주제는 상담기술을 배우는 것에 대한 어려움, 상담기술 수행의 두려움, 시험 및 발표 불안, 취업문제, 전공 선택 또는 대학원 진학, 이성문제, 직장문제, 발표불안, 룸메이트 문제, 연애문제, 건강문제와 관련된다.

안전한 주제는 가벼운 가족문제, 독립 관련 갈등문제, 가벼운 인간관계, 학교 및 병영생활, 실존의 문제(예: 나는 누구인가? 삶과 죽음의 의미는 무엇인가?), 재정적 어려움, 외모 콤플렉스, 도덕적 딜레마와 연관된다.

3인조 실습에서 피해야 하는 주제는 약물 남용, 조현병 환자가 되는 것에 대한 두려움, 충격적인 상황(예: 성적 또는 신체적 학대, 강간, 괴롭힘, 아동학대, 심각한 의학적 상태), 이성 간의 심각한 문제, 수치스러운 감정, 심각한 가족 갈등, 성문제, 심각한 폭력, 자살사고이다.

최근 아동부터 노인까지 사회적으로 자살에 대한 내담자들을 자주 접하기 때문에 자살의 주제를 피하기 어려울 수 있다. 그러나 짧은 실습 과정에서 다루기에는 어려운 영역이다.

저자가 세미나 혹은 수업시간에 상담사들이 다루었던 주제들 중에는 개인 차이가 있을 수 있다. 비록 대부분 상담사에게 편안하게 공개할 수 있는 주제라고 판단되더라도 특정 대상에게는 그렇지 않을 수 있기 때문에 개인이 감당할 수 있는 주제가 어떤 것인지는 개인의 발달과 맥락에서 종합적으로 고려하는 것이 필요하다.

3인조 실습 과정의 비밀 보장

내담자를 존중하는 상담사는 사적인 정보를 공유하고 사고와 감정을 깊이 파악하는 방식으로 반응한다. 공유한 정보에 대한 비밀 보장은 상호 존중의 기초를 제공한다.

비록 3인조 실습 시간이 가상일지라도 개인적 정보이므로 비밀 유지는 반드시 필요하다. 상담사는 내담자의 동의 없이 정보를 공개해서는 안 된다. 다만, 상담사는 자신의 상담기술 향상과 관련한 경우 상담 내용을 슈퍼바이저와 동료끼리만 이야기할 수 있다.

내담자 역할 연습의 이익

3인조 실습 과정은 상담사가 상담기술을 배우는 것에 중점을 둔다. 상담사들은 자신이 내담자가 되어 개인적인 고민을 말하는 것이 도움이 되었으며, 다양한 상담기술 과정을 3인조 실습에서 직접 적용함으로써 실제 상담현장에 도움이 되었다고 이야기하였다. 더욱이 그들은 내담자가 되어 보고 나서 내담자와 공감을 형성하기가 쉬웠다고 한다. 내담자 되어 보기는 연습조들이 다른 시각으로 바라보게 하고, 상담사로 하여금 용기 있게 자신의 생각을 이야기하는 내담자를 존중하게 하였다. 나아가 초심상담사들은 상담사가 상담기술을 사용하는 것을 보고 상담기술 활용의 효과적인 혹은 비효과적 개입을 배울 수 있었다고 말했다.

그러나 3인조 실습이 심리상담의 대용품으로 사용되어서는 안 된다고 강조하고 싶다. 상담사들이 상담과정에서 얻는 개인적 고통은 숙련된 심리상담사에게 도움을 받아야 한다. 국가가 운영하는 상담센터에서는 무료 또는 저렴한 비용을 통해 심리문제를 다루고 자신에 대해 알아 갈 수 있는 아주 좋은 기회를 제공하고 있다. 무료로 상담받을 수 있는 곳에 대해 더 알기를 희망한다면, 저자의 책 『초심상담사를 위한 상담 내비게이션』의 제4장을 참고하길 바란다.

실습 조원과 상담 연습에서의 문제

친구이거나 이중관계가 있는 사람과 상담기술을 연습하는 것은 문제가 발생할 수 있다. 연습 회기 동안 상담사는 친구에 대한 정보를 모르는 것으로 가정하고 연습 회기에서 나왔던 것에만 반응하는 것이 좋다. 알고 있는 정보를 무시하는 것이 어렵지만 상담 연습 회기에서 다루었던 내용만 고려한다.

실습조원에게 피드백 방법

피드백 제공은 상담 훈련에서 가장 중요한 부분이다. 상담사들은 자신의 변화와 상담기술의 향상을 위해 피드백을 원한다. 상담기술을 배우는 것은 힘든 일이기 때문에 상담사는 긍정적인 피드백을 받고, 자신이 잘하고 있다고 느낄 때 격려를 받는다. 이와 같이 우리는 상담사로서 아주 잘하고 있다며 격려를 받을 때 자신감을 얻는다. 반면, 상담사의 상담기술 향상을 위해서는 명확하게 피드백해 주는 관찰자도 필요하다. 상담사들에게 긍정적인 피드백만 지속할 시에는 상담사로서 놓쳤거나 무의식적 패턴을 수정할 기회를 놓치게 된다. 그러나 지나친 비판이나 평가는 상담사에게 상처를 유발할 수 있다.

관찰자는 처음에 긍정적인 피드백을 제공한 다음에 구체적인 피드백을 약간 제공하는 것을 추천한다. 이것은 한 번에 모든 것을 고치려고 하는 것보다 덜 당황스럽게 하면서 더 알맞게 변화할 수 있도록 만든다. 예를 들어, 관찰자는 다음과 같이 말할 수 있다.

> 민들레님은 주의집중과 경청기술을 잘 사용하신 것 같아요. 특히 안정적으로 눈을 맞추고 듣는 동안 앞으로 몸을 기울이며, 중간에 말을 끊지 않은 것이 내담자에게 안정감을 주었다고 봐요. 하지만 한 번에 질문을 너무 많이 해서 내담자가 어느 것에 반응해야 하는지에 대해 혼란을 가중시키지 않았을까 하는 생각도 들어요. 내담자분은 어떠셨을까요?

피드백은 일반적이고 구체적이지 못한 진술(예: "내담자와 접촉이 잘 안 되고 있다.")보다는 행동적인 진술(예: "천장을 너무 많이 보고 머리를 만진다.")로 피드백하는 것이 더 명확하다. 명료한 피드백은 상담사가 어떻게 변해야 할지 구체적으로 알게 해 준다.

가장 효과적인 피드백 상대는 상담사에게 직접적으로 상담을 받아 보고 그것이 효과적이었는지 아니었는지 경험해 본 내담자이다. 그다음으로 도움이 되는 피드백 상대는 연습 회기를 지켜보고 어떤 일이 있었는지를 메모한 관찰자이다. 같은 상담전략에 대해 관찰자가 다양한 관점에서 상담사에게 피드백해 주는 것이 도움이 되는데, 이것은 상담전략에는 정석이 없다는 것을 알려 줄 수 있기 때문이다.

반복 연습하기

유능한 상담사가 되기 위해 계속 연습하는 것이 필요하다. 전문적인 심리상담사가 되기 위해서는 많은 훈련이 필요하다(김형숙, 2021a). 이 책의 독자들에게 자신 있게 말하고 싶다. "상담사는 태어나는 것이 아니라 훈련되는 것이다." 끊임없이 전문적인 훈련을 수행하고 연습한다면 유능한 상담사가 될 것이다.

상담기술을 배운다는 것은 튼튼한 기초를 가진 집을 짓는 것과 같이 많은 시간이 소요되고, 많은 훈련을 필요로 한다. 효율적인 상담은 끊임없는 훈련을 요하는데, 경험이 많은 상담사도 종종 기본을 복습하고 기술을 새롭게 연마한다. 이 책이 상담기술을 향상시키고 유능한 상담사가 되는 데 관심을 갖게 하며, 상담사의 잠재 능력을 찾는 데 보탬이 되기를 바란다.

워크북 활용 방법

이 책은 전문적 상담사나 비전문적 상담사 모두의 다양한 상담 상황에 적용할 수 있으나 가장 적합한 대상은 심리상담 전문가가 되기 위해 훈련받는 수련생 혹은 상담실습과목을 수강하고 있는 대학 및 대학원 학생일 것이다. 이 책은 상담심리, 임상심리, 사회복지, 심리상담 관련 학부나 석·박사과정의 상담연습 교재로도 사용할 수 있다. 물론 가족이나 부부를 대상으로 하는 심리상담사들은 효과적인 상담을 하기 위해 부부 및 가족상담개입 전문지식을 더 배워야 한다. 그럼에도 불구하고 만약 기초 상담기술을 배운다면 수련생들은 후에 부부 및 가족상담을 배울 때 도움이 될 탄탄한 기초를 세울 수 있다. 상담기술의 탄탄한 기초를 쌓는 것은 상담사들이 치료를 위한 다른 접근법을 배우는 데 도움이 된다.

이 책은 총 3부로 구성되었다. 제1부 상담기술, 제2부 상담진행과정, 제3부 상담사의 발달단계 및 역량이다. 이 중 독자들의 필요에 따라 어떤 것을 먼저 시작해도 된다. 상담기술을 먼저 연습하기를 원하는 독자들은 제1부부터 시작하는 것이 효과적이다. 상담과정별 실습이 필요한 경우에는 제2부의 순서대로 따라간다면 상담을 진행하는 데 방향을 잡을 수 있을 것이다. 대학이나 대학원 1학기 학생이라면 제3부를 통해 상담사 자신을 먼저 점검하는 것이 필수이다.

제1부에서는 3개의 사례가 소개된다. 제1부의 4장 내용 중 행동적 개입기술에는 전체 축어록 2개를 실었다. 그중 〈사례 2〉 전체 축어록은 첫 회기 위기상담에서 다루어야 하는 중요한 요소가 잘 나타나 있다. 또한 상담구조화, 안전 확인하기, 호소문제와 목표 연결법, 유발요인과 유지요인 관련 질문법, 목표합의점, 상담사의 경계를 망라하여 볼 수 있는 그림을 제공한다. 〈사례 3〉 축어록은 청소년 내담자를 대상으로 체계적 둔감법으로 개입하는 상담 전체(50분)를 보여 줄 것이다. 이 완전한 축어록이 이 책의 독보적인 특징이다. 두 개의 전체 축어록으로 3인조 실습 때마다 반복 연습한다면, 상담사로서 유능감을 가지게 될 것이라 확신한다. 또한 제1부 상담기술에서는 각 장 처음에 내담자의 심리적 위치를 파악하는 〈표〉를 제시했다. 심리적 위치 표가 별도로 제시되지 않은 장은 앞장과 같은 것으로 이해하면 된다.

이 책에서 소개하는 상담개입기법은 연습하기 위한 부분만 소개한다. 이론적 근거나 구체적인 방법은 이 책에서 다루지 않음을 밝힌다. 자칫 이 책이 기법만을 다루는 것으로 오해가 될 수 있기 때문이다. 이 책은 상담사들이 3인조 실습을 함으로써 연습하기 위한 모듈의 관점에서 안내한 것이다.

맺는말

이 책에 인용된 사례는 저자가 세미나에서 시연한 내용이며 시연자의 동의하에 인용되었다. 그리고 저자에게 상담을 받은 내담자가 출간에 동의한 내용 중의 일부도 인용되었다. 내담자 정보가 드러나지 않도록 증상과 결정적 배경 정보 외에는 저자에 의해 각색되었다. 자신의 사례를 사용하도록 동의해 준 내담자와 시연자에게 고마움을 전한다.

이 책은 함께 수고해 준 사람들의 덕분으로 완성되었다. 『초심상담사를 위한 상담 내비게이션』 출간 이후 진행된 세미나에 참여하신 분들이 연습과 실습을 겸비하는 워크북의 필요성을 알려 주셨다. 저자의 세미나와 강의를 들었던 것을 기초로 '상담사들이 알지만 실제 현장에서 안 되는 이유가 무엇인가?'라는 요구조사의 응답으로 책이 시작된 것이다.

책을 집필하는 동안 초고를 읽은 후 시간을 할애하며 진솔한 느낌을 나누어 주신 성은영, 신민아, 이운정, 장혜원, 최이원 선생님께 감사를 전한다. 이분들의 피드백으로 이 책의 내용이 상담수련생 및 상담사들에게 어떻게 전달될지를 가늠할 수 있었다. 또한 '상담 내비게이션 tv' 유튜브 구독자분들이 주신 댓글과 『초심상담사를 위한 상담 내비게이션』 책 리뷰를 주신 분들께 감사의 마음을 전하고 싶다. 상담 내비게이션 세미나 1~8기를 수강하신 선생님들에게 가장 큰 감사를 전한다. 이분들의 의견이 책의 방향과 내용을 다듬는 가장 귀한 가늠자가 되어 주었다. 이헌주, 이은미, 조성희, 한혜영 박사님의 귀중한 피드백과 제안에도 깊은 감사를 드린다. 모든 교육자가 느끼는 것이겠지만 저자에게 수업을 받은 연세대학교 연합신학대학원 임상실습, 고급임상실습수업을 들었던 학생들과 슈퍼비전을 받았던 교육생들에게 느끼는 감사 또한 무척 크다. 다리꿈발달상담교육센터에서 수련하는 선생님뿐만 아니라 청소년상담복지센터, 건강가정지원센터, 각 시 · 도 교육청 및 대학교에서 상담하면서 먼 길을 마다 않고 찾아와 고민을 나누어 주신 선생님들 덕분에 동료 상담자이자 슈퍼바이저로서 상담에 대해 더 깊이 고민하며 심화된 워크북을 내놓을 수 있었다. 이분들과의 상호작용으로 상담에 대한 고민과 이해의 뿌리를 상담 현장 중심에 둘 수 있었다.

자신의 경험을 이 책의 자료로 사용하도록 허락해 주신 내담자와 상담시연자료를 교육자료와 출판에 활용하는 데 동의해 주신 분들께 느끼는 큰 감사를 말로 표현할 수 없다. 이분들의 기여로 상담현장의 좀 더 생생한 모습과 고민을 담을 수 있었다.

그리고 이 책을 집필하는 동안 묵묵히 참아 주고 함께 하며 격려해 준 가족들에게도 고마움을 전한다.

마지막으로 이 책이 나올 수 있도록 도와준 학지사의 김진환 사장님과 임직원분들께 감사드린다. 특히 이영봉 과장님은 책의 전체 맥락과 세부사항이 균형을 이룰 수 있도록 도와주셨다. 그분의 전문지식과 사려 깊은 조언에 힘입은 바 크다.

저자 김형숙

차례

제2부 상담진행과정

제5장 접수면접

제6장 상담초기

제7장 상담중기

제8장 상담종결

제3부 상담사의 발달단계 및 역량

제9장 상담사의 자기인식과 성장

제 1 부

상담기술

상담 내비게이션 워크북

상담기술은 상담사로서의 개입을 구체적으로 배우는 기술이다.

상담기술에 대한 전체 그림(김형숙, 2021a, p. 306)을 기준으로 예시한다.

상담은 내담자의 삶의 이야기에서 잃어버린 지점을 알아차리게 하고, 내담자가 자신의 삶의 이야기로 살아가도록 돕는 과정이다. 내담자는 대개 행동, 감정, 신체감각, 욕구, 자신(self)과 관련된 이야기를 한다. 상담사는 내담자의 심리적 위치 지점을 알게 되면 어떻게 개입하고 반응해야 할지를 쉽게 알 수 있다. 정서 도식은 내담자의 심리적 위치를 파악할 수 있는 지점인 행동, 표면감정, 신체감각, 속감정, 욕구, 자기자신을 말한다. 이러한 정서 도식은 내담자가 어느 지점에서 삶의 이야기를 잃어버렸는지를 알아차리게 하는 도구이다. 상담사는 내담자의 이야기를 들을 때 정서 도식을 따라가면서 내담자의 심리적 위치를 파악하고 반응하면 쉽게 찾아갈 수 있다.

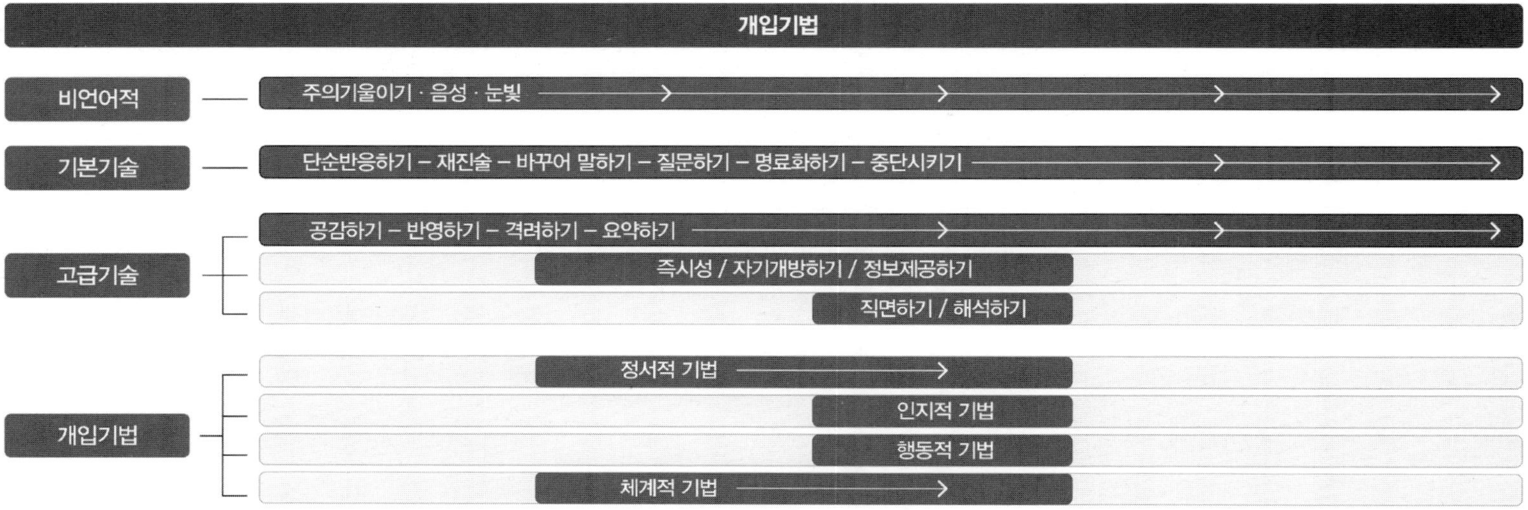
개입기법
비언어적
주의기울이기 · 음성 · 눈빛
기본기술
단순반응하기 – 재진술 – 바꾸어 말하기 – 질문하기 – 명료화하기 – 중단시키기
고급기술
공감하기 – 반영하기 – 격려하기 – 요약하기
즉시성 / 자기개방하기 / 정보제공하기
직면하기 / 해석하기
개입기법
정서적 기법
인지적 기법
행동적 기법
체계적 기법

상담개입기술

제1장

비언어적 상담기술

1. 주의집중과 경청하기

주의집중과 경청 기술은 내담자와 라포를 형성하는 가장 기본적인 기술이다. 내담자의 심리적 위치가 행동, 감정, 신체감각, 욕구, self 어느 위치에 있든 사용되는 기술이다(김형숙, 2021a, p. 344).

내담자의 심리적 위치	공감 수준 상태
행동	**내담자의 행동 경향성을 반영한다.**
표면감정	**행동 이면의 표면감정을 반영한다.**
신체감각	**표면감정 이면에 있는 신체감각을 반영한다.**
속감정	**표면감정 이면의 속감정을 반영한다.**
욕구	**속감정 이면의 욕구를 반영한다.**
자기자신	**자기자신(self)의 존재를 인정해 준다.**

1) 주의집중과 경청 핵심체크

(1) 상담사의 주의집중과 경청 핵심체크

다음은 상담 시 내담자가 주의집중하고 경청한다고 느낄 수 있는 상담사의 태도이다. 주의집중과 경청은 상담 초기에 라포형성 과정에 영향을 미치는 중요한 요소이다. 그러나 상담사가 놓치기 쉬운 요소이기도 하다.

분류	상담사의 태도
1. 고개 끄덕이기	고개를 약간 끄덕임
2. 시선 접촉	지나친 응시는 공격적으로 비침, 인중 근처를 바라보는 편안한 시선
3. 몸 기울이기	내담자 쪽으로 상담사의 몸을 조금 기울여 내담자의 말을 잘 듣겠다는 자세를 취함. 지나치게 기울이면 침범으로 느껴질 수 있음
4. 산만한 행동 자제하기	상담 중 전화 받기, 다른 업무를 보는 것, 손이나 머리카락을 만지작거리는 행동
5. 과하지 않은 반응	상담사의 과한 반응은 내담자의 주의를 산만하게 함
6. 과한 웃음	상담사가 과도하게 자주 웃는 것도 내담자의 이야기에 방해가 됨
7. 목소리	상담사의 높은 목소리는 내담자의 편안함에 방해가 될 수 있음
8. 빠르지 않은 속도	상담사의 빠른 말의 속도는 내담자가 자신의 이야기를 집중하는 데 방해가 될 수 있음
9. 상담 기록 메모	계속 메모할 경우 내담자의 이야기에 집중하지 않는 것으로 비춰질 수 있음

(2) 3인조 실습

① 실습방법

- 상담사, 내담자, 관찰자의 역할을 정하고 자신의 상황이나 상담사례 혹은 가상의 상황을 설정한 후 한 회기 상담을 진행한다. 이 과정에서 상담사는 내담자에게 다음 표에 제시된 상황이나 태도로 반응한다.
- 내담자는 상담사의 태도에 따라 어떤 감정과 생각이 드는지 〈내담자가 느끼는 감정과 생각〉에 구체적으로 기록한다.

상황	상담사의 태도	내담자가 느끼는 감정과 생각
1-1	내담자를 향해 고개를 끄덕인다.	
1-2	내담자를 향해 고개를 끄덕이지 않고 바라본다.	
2-1	내담자의 눈을 계속 응시한다.	
2-2	내담자의 눈을 자연스럽게 바라볼 때도 있다.	

3–1	내담자 쪽으로 상담사의 몸을 조금 기울인다.	
3–2	내담자 쪽으로 상담사의 몸을 많이 기울인다.	
3–3	상담사가 정자세로 앉아서 이야기를 듣는다.	
4–1	상담 중 내담자에게 양해를 구하고 전화 받는다.	
4–2	상담 중 톡을 하면서 일을 처리한다.	
4–3	상담사의 핸드폰 벨이 울린다.	
4–4	손이나 머리카락을 만지작거리고 하품한다.	
5–1	내담자에게 과하게 반응한다.	
5–2	내담자에게 적절하게 반응한다.	
6–1	내담자의 이야기에 큰 소리로 웃는다.	
6–2	계속 웃는 모습으로 듣는다.	
7–1	톤이 높게 반응한다.	
7–2	톤이 낮게 반응한다.	
8–1	상담사가 빠르게 이야기한다.	
8–2	상담사가 느리게 이야기한다.	
9–1	내담자가 이야기한 것을 몰두해서 기록한다.	
9–2	종종 메모하면서 내담자의 이야기를 듣는다.	
9–3	기록을 하지 않고 내담자를 바라본다.	

• 관찰자는 상담사의 주의집중과 경청이 적절했는지 해당 번호에 ∨체크하고 상담사의 비언어적인 표현이 있었다면 구체적으로 기록한다. (1: 매우 부적절함, 3: 약간 부적절함, 5: 보통, 7: 적절함, 10: 매우 적절함) 상담사의 비언어적인 것을 관찰해서 적는다.
• 조원들은 각 역할을 모두 경험해 볼 수 있도록 역할을 바꿔 가면서 3번 반복해서 실습한다.

	주의집중과 경청태도					상담사의 비언어적인 것 기록
	1	3	5	7	10	
1–1						
1–2						
2–1						
2–2						
3–1						
3–2						
3–3						
4–1						
4–2						
4–3						
4–4						

5-1						
5-2						
6-1						
6-2						
7-1						
7-2						
8-1						
8-2						
9-1						
9-2						
9-3						

② 실습 후 피드백

- 상담을 마친 후 다음 질문에 답하면서 피드백을 주고받는다.
- 상담사는 제시된 주의집중과 태도 중에서 상담사로서 어떤 것이 편안했는지, 느낀 점이 무엇인지 나눈다.
- 내담자는 상담사의 주의집중과 경청에 대해 느낀 점을 내담자의 입장에서 피드백한다.
- 관찰자는 상담사의 주의집중과 경청에 대해 긍정적 측면에서 먼저 피드백한 후 부정적 피드백을 한다.

③ 성찰하기

- 평소 당신은 상담을 할 때 상대에게 주의집중하기와 경청하기를 얼마나 사용하는가? 하지 못한다면 그 이유는 무엇이라고 보는가? 주의집중하기와 경청하기를 사용하는 데 알아차린 것은 무엇이며, 이것을 어떻게 극복할 수 있을까?

- 상담사들은 특히 내담자의 비언어적 메시지를 접할 때 주의집중하기 사용을 고민한다고 한다. 이 기법을 사용하면 내담자나 당신에게 어떤 도움이 되겠는가?

- 이번 주의집중과 경청을 통해 배운 점과 내게 변화가 필요한 지점, 앞으로 상담현장에서 적용해 보고 싶은 계획을 적어 본다.

배운 점	
변화가 필요한 지점	
적용 계획	

2. 내담자와 상담사의 상담환경

1) 내담자와 상담사의 편안함 핵심체크

상담실은 상담사와 내담자가 물리적 공간에서 관계가 형성되고 치료가 되는 중요한 공간이다. 내담자와 라포가 형성되기 위한 최적의 거리와 의자 배치법 등을 확인하자.

환경 상황	핵심체크
의자 배치	어떻게 앉는 것이 편안한가?
앉는 위치	문 앞에 상담사가 앉았는가?
물리적 거리	앉아 보니 어느 정도의 거리가 적절한가?
시계	소리가 나지 않는 시계는 상담사의 방향으로 되어 있는가?
방음	상담실에서 이야기한 것이 밖에 나가지 않을 정도로 방음이 되어 있는가?
조명	조명이 너무 어둡거나 너무 밝은가?

(1) 편안한 의자 배치방법

네 가지 의자 배치방법 (—: 의자, ○: 사람)에 따라 상담사 내담자가 느끼는 편안함의 정도를 숫자로 적어 보자. (1: 매우 불편함, 3: 약간 불편함, 5: 보통, 7: 편안함, 10: 매우 편안함)

의자 배치방법 종류	내담자 편안함	상담사 편안함
① 마주 봄		
② 비스듬히 마주 봄		
③ 각자 앞을 봄		
④ ㄱ자 형		

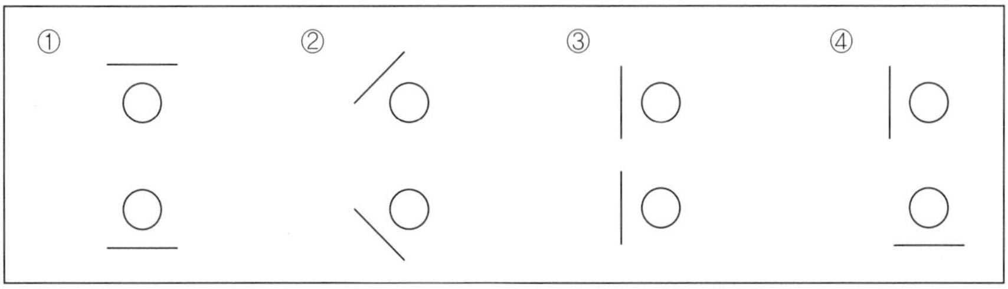

(2) 편안한 공간 거리

상담사와 내담자가 함께 편안한 공간 거리를 정해 보자. 처음에 선 상태에서(혹은 앉아서 해도 상관없음) 15 걸음(약 4m) 정도 떨어져서 대화를 시작한다. 그러다가 점점 거리를 좁혀 가면서 이야기해 본다. 계속 가까이 다가가라. 서로가 너무 가까워서 불편함을 느낄 때까지 다가간다. 그러고 나서 두 사람 모두가 편안하게 느껴지는 최적의 거리를 찾아보라. 이 활동 후에 3인조 실습에서 이야기해 보자.

2) 3인조 실습

(1) 실습방법

- 상담사가 가장 편안하게 느끼는 배치는 어떤 것인지 이야기 나눈다.
- 상담사는 내담자와 함께 편안한 공간 거리에 대해서 이야기 나눈다.
- 상담사와 내담자가 가장 편안하게 느끼는 위치에서 자유로운 상담주제로 한 회기 상담을 진행한다.
- 조원들은 각 역할을 모두 경험해 볼 수 있도록 역할을 바꿔 가면서 3번 반복해서 실습한다.

(2) 실습 후 피드백

- 상담사는 이번 실습을 하면서 어려웠던 점을 나눈다.
- 내담자는 다양한 의자 배치와 물리적 거리에서 앉아 보고 어떤 배치가 가장 편안한지 이야기 나누고 그 이유를 다음 표에 기록한다.
- 관찰자는 의자 배치 및 물리적 거리에 대해 토의하고 기록해 본다.

상황	가장 편안한 배치와 그 이유
의자 배치	
물리적 거리	

(3) 성찰하기

- 평소 상담실에서 내담자와 어떤 배치와 어느 정도의 거리로 상담하는가? 이번 실습을 통해 무엇을 알게 되었는가?

• 이번 내담자와 상담자의 상담환경을 통해 배운 점과 내게 변화가 필요한 지점, 앞으로 상담현장에서 적용해 보고 싶은 계획을 적어 본다.

배운 점	
변화가 필요한 지점	
적용 계획	

3. 내담자의 비언어적 메시지

1) 내담자의 행동관찰 후 메시지 파악 핵심질문

내담자가 하는 다음의 행동을 보면 상담사는 가설적 질문을 할 수 있다. 행동관찰에 대한 질문은 신뢰관계가 형성된 이후에 하는 것이 효과적이다.

항목	주의해야 할 태도	가설적 질문
얼굴 표정	• 눈썹 치켜뜨기 • 하품 • 입술을 깨물거나 꽉 다문 입 • 부적절한 희미한 미소 • 지나친 머리 끄덕임	• 긴장되고 불안한가?
자세	• 팔짱 끼거나 비껴 앉은 자세 • 의자에서 몸을 흔들거나 손을 흔듦 • 입에 손이나 손가락을 대는 것 • 손가락으로 지적하는 행위	• 상담실에 오는 것이 내키지 않았나?

눈 맞춤	• 시선을 피함 • 상담사보다 높거나 낮은 눈높이 • 시선을 한곳에 고정하는 것	• 지금 상당히 긴장되고 위축되어 있나?
어조	• 우물대거나 주저하는 어조 • 너무 잦은 문법적 실수 • 너무 긴 침묵 • 들뜬 듯한 혹은 너무 높은 목소리 • 신경질적인 웃음과 잦은 헛기침 • 너무 작거나 큰 소리로 말하기	• 긴장과 불안으로 방어하고 있는 건가? • 자신의 어려움을 드러내고 싶어 하지 않는 건가?

2) 3인조 실습

① 실습방법

- 상담사, 내담자, 관찰자의 역할을 정하고 자신의 상황이나 상담사례 혹은 가상의 상황을 설정한 후 한 회기 상담을 진행한다. 이 과정에서 상담사는 내담자에게 다음 표에 제시된 상황이나 태도를 보고 상담사가 할 수 있는 질문을 적어 본다.
- 내담자는 침묵하며 내담자의 비언어적인 행동을 다양하게 취한다.
- 관찰자는 상담사의 반응을 관찰하고 적절성 체크에 번호를 적는다.
  (1: 매우 부적절함, 3: 약간 부적절함, 5: 보통, 7: 적절함, 10: 매우 적절함) 상담사의 질문을 관찰해서 적는다.
- 조원들은 각 역할을 모두 경험해 볼 수 있도록 역할을 바꿔 가며 3번 반복하여 실습한다.

항목	내담자의 비언어적 행동	적절성 체크	상담사의 질문
얼굴 표정	• 눈썹 치켜뜨기 • 하품 • 입술을 깨물거나 꼭 다문 입 • 부적절한 희미한 미소 • 지나친 머리 끄덕임		

자세	• 팔짱끼거나 비껴 앉은 자세 • 의자에서 몸을 흔들거나 손을 흔듦 • 입에 손이나 손가락을 대는 것 • 손가락으로 지적하는 행위		
눈 맞춤	• 시선을 피함 • 상담사보다 높거나 낮은 눈높이 • 시선을 한곳에 고정하는 것		
어조	• 우물대거나 주저하는 어조 • 너무 잦은 문법적 실수 • 너무 긴 침묵 • 들뜬 듯한 혹은 너무 높은 목소리 • 신경질적인 웃음과 잦은 헛기침 • 너무 작거나 큰 소리로 말하기		

② 실습 후 피드백

- 상담사는 내담자의 비언어적 행동 중 어떤 것이 불편했는지, 느낀 점이 무엇인지 토의한다.
- 내담자는 상담사의 반응과 질문에 대해 느낀 점을 내담자의 입장에서 피드백한다.
- 표에 제시된 비언어적 행동실습을 하면서 내담자에게 도움이 된 것은 무엇인가?
- 상담사의 반응에서 누락되었다고 생각하거나 추가하고 싶은 것이 있는가?
- 상담사의 반응 중에서 불필요하거나 방해가 된 것은 무엇인가?

③ 성찰하기

- 이번 내담자의 비언어적 메시지를 통해 배운 점과 내게 변화가 필요한 지점, 앞으로 상담현장에서 적용해 보고 싶은 계획을 적어 본다.

배운 점	
변화가 필요한 지점	
적용 계획	

4. 상담과정별 개입법

1) 비언어적 메시지 상담과정별 핵심체크

내담자의 비언어적 메시지는 과호흡, 눈 마주침을 하지 않는 것, 힘든 이야기를 하면서 미소 짓기, 눈물 흘리는 것이다. 이러한 비언어적 메시지를 알아차릴 수 있는 상담과정별 핵심적인 특징과 질문이다.

항목	상담초기	상담중기	상담종결
과호흡	• 편안한 상태 안내: 호흡과 이완 • 안정감 주는 단어 • 안전기지 신호	• 호흡하면 괜찮아집니다. • 이야기를 하면서 호흡이 격해질 수 있습니다.	• 거의 나타나지 않음
눈 마주침 안 함	• 안전감 주기 • 이른 개입으로 상담이 중단될 수 있음	• 직면 • 이야기하시면서 허공을 보시는데 불편하실까요?	• 내담자의 불안을 도전과제로 알려 주기
힘든 이야기 하면서 미소	• 관찰하고 메모기록 • 이른 개입으로 상담이 중단될 수 있음	• 직면 • 힘든 이야기를 하실 때마다 웃으시네요.	• 패턴으로 알려 주기
눈물 흘릴 때	• 안전감 주기: 상담하면 많이 웁니다. 우는 것도 마음이 이야기하는 것입니다. 제가 기다릴게요. 우셔도 됩니다.	• 심층 이야기로 들어가는 지점 • 아버지 이야기를 하면서 눈에 눈물이 고이셨네요.	• 눈물을 잠깐 다루고 종결 이야기로 진행 • 상담 마치려니 여러 마음이 교차하시죠. 그럴 수 있습니다.

2) 상담과정별 연습

다음 각 상황에서 내담자의 이야기를 듣고 빈칸에 상담과정별(상담초기, 상담중기, 상담종결) 상담사의 반응을 채워 보자. 조원들이 함께 토의하면서 적절한 반응을 기록해 보자. 단, 상담사 반응은 정답이 아니고 다양한 반응이 있을 수 있다.

[연습 4-1] 과호흡일 때

내1: (아버지 이야기를 하면서 격한 호흡을 한다)

상1: 상담초기

상담중기

상담종결

내2: (호흡이 더 가빠지면서) 그래도 안 돼요. 계속 떠올라요.

상2: 상담초기

상담중기

상담종결

[연습 4-2] 눈 마주침을 안 할 때

상1: (중간에 물을 마시고 싶어 나갔다 들어오면서 상담사와 눈을 마주쳤다) 아, 눈을 보니깐 되게 좋다.

내1: 내가 사람 눈을 보는 게 힘들어요.

상2: 상담초기

상담중기

상담종결

내2: 저는 그렇게 생각을 안 했어요. 상대가 나를 어떻게 보나 하는 생각만…….

상3: 상담초기

상담중기

상담종결

[연습 4-3] 힘든 이야기를 하면서 미소 지을 때

내1: (힘든 이야기를 하면서 미소 짓는다)

상1: 상담초기

상담중기

상담종결

내2: 아, 제가 그래요?

상2: 상담초기

상담중기

상담종결

내3: 아, 몰랐어요. 제가 아마 힘든 것을 이야기하면 안 된다고 생각하나 봐요.

상3: 상담초기

상담중기

상담종결

내4: 내가 사람들과 잘 지내야 하니까요.

상4: 상담초기

상담중기

상담종결

[연습 4-4] 눈물을 흘릴 때

내1: (눈물이 눈가에 맺혀 있다)

상1: 상담초기

상담중기

상담종결

내2: (눈물이 흘러내린다)

상2: 상담초기

상담중기

상담종결

내3: (소리 내서 울기 시작한다)

상3: 상담초기

상담중기

상담종결

내4: (울음을 삼키고, 소리를 안 내려고 참는다)

상4: 상담초기

상담중기

상담종결

내5: (눈물을 그친다)

상5: 상담초기

상담중기

상담종결

내6: 후련하다, 슬프다.

[연습 4-5] 침묵할 때

내1: (침묵하면서 말을 안 한다)

상1: 상담초기

상담중기

상담종결

3) 3인조 실습

(1) 실습방법

- 상담사, 내담자, 관찰자의 역할을 정하고 위의 상황 중 하나를 선택하여 그 상황이 포함되도록 자신의 사례 혹은 가상의 사례를 설정한 후, 다음 지시에 따라 한 회기 상담을 진행한다.
- 내담자는 위의 5가지 상황 중 선택한 상황에 제시된 내담자 이야기를 그대로 읽거나 제시된 대로 비언어적 표현을 한다.
- 상담사는 위에서 빈칸에 채운 반응을 떠올리면서 다양하게 반응한다.
- 관찰자는 위에서 제시된 상황대로 진행하는 상담을 관찰하면서 상담사의 반응이 어디에 초점을 맞추고 있는지 다음 표에 ∨체크하고 기록한다.

• 조원들은 각 역할을 모두 경험해 볼 수 있도록 역할을 바꿔 가면서 3번 반복해서 실습한다.

상담과정	신체감각단서 확인	감정반응	비언어적 반응
접수면접 및 상담초기			
상담중기			
상담종결			

(2) 실습 후 피드백

• 상담사는 [연습 4-1]~[연습 4-5]를 반응할 때 어려웠던 점을 나눈다.
• 내담자는 5가지 상황에서 상담사의 반응을 받았을 때, 어떤 반응이나 질문이 좋았고 유용했는지 피드백한다.
• 관찰자의 피드백을 듣고 상황별 가장 유용한 상담사의 반응에 대해 토의하고 다음의 상담과정별로 기록해 본다.

상황	유용한 상담과정별 반응
4-1	상담초기
	상담중기
	상담종결
4-2	상담초기
	상담중기
	상담종결

4-3	상담초기	
	상담중기	
	상담종결	
4-4	상담초기	
	상담중기	
	상담종결	
4-5	상담초기	
	상담중기	
	상담종결	

(3) 성찰하기

- 상담사의 비언어적 반응에 대해서 내담자와 관찰자는 어떤 피드백을 했는가? 이를 통해 상담사로서 배운 점은 무엇인가?

- 평소 대화할 때 상대방의 비언어적인 단서를 얼마나 민감하게 받아들이는가? 비언어적 단서를 받아들이는 자신의 민감도에 따른 어려움은 무엇이며, 극복방안은 무엇인가?

- 이번 상담과정별 개입법을 통해 배운 점과 내게 변화가 필요한 지점, 앞으로 상담현장에서 적용해 보고 싶은 계획을 적어 본다.

배운 점	
변화가 필요한 지점	
적용 계획	

제2장

기본적 상담기술

기본적 상담기술은 내담자의 심리적 위치 중 행동, 표면감정, 신체감각을 파악하기 위해 사용된다.

내담자의 심리적 위치	공감수준상태
행동	**내담자의 행동 경향성을 반영한다.**
표면감정	**행동 이면의 표면감정을 반영한다.**
신체감각	**표면감정 이면에 있는 신체감각을 반영한다.**
속감정	표면감정 이면의 속감정을 반영한다.
욕구	속감정 이면의 욕구를 반영한다.
자기 자신	자기 자신(self)의 존재를 인정해 준다.

1. 재진술과 앵무새 반응

재진술은 내담자의 행동과 신체감각을 내담자에게 말로 되돌려줄 때 효과적이다.

1) 재진술

(1) 재진술 핵심체크

내담자의 심리적 위치	재진술 방법
행동	상황: ~한 상황이네요.

	사건: ~한 일이 있으셨네요.
	대상(사람, 사물): ~하게 여기시네요.
신체감각	~ (아버지의 눈감는 모습)을 보셨네요.

(2) 앵무새 반응과 차이

	재진술	앵무새
차이	내담자의 진술 중 상황, 사건, 대상, 생각에 대한 핵심내용을 상담사의 참신한 말로 바꾸어 되돌려주는 것	내담자의 말을 단순하게 따라가는 것
예시	• 제가 민들레님의 말을 이해하기로는 ~인 것 같네요. • 그 말은 마치 ~처럼 들리네요. • ~인지 궁금하네요. • 민들레님은 ~라고 여기고 계시는군요.	끝부분만 ~하군요, ~하구나.
주의점	• 내담자가 한 이야기를 상담사가 자신의 말로 표현한다. • 내담자가 여러 가지 이야기 중 한 가지 핵심내용이나 주제에 집중하도록 표현한다.	많이 사용하면 지루함을 느낄 수 있다.

(3) 재진술과 앵무새 반응 연습

다음에 제시된 내담자의 진술을 읽고, 재진술과 앵무새 반응 중 해당되는 것을 적어 보자. 만약 진술이 재진술이라면 아래에는 앵무새 칸에 앵무새 반응을 적어 본다.

〈사례 1〉

- 20대 후반 여성(민들레), 직장인, 막내
- 주 호소문제: 아버지를 볼 때마다 화가 나지만 무서워서 말을 꺼내기가 망설여져요.
- 가족력: 내담자의 부(父)는 사회복지사로 가정보다 장애인을 돌보았다. 민들레에게 아버지가 필요할 때 아버지는 늘 곁에 없었다. 민들레는 아버지가 자신보다 남을 돌보는 것을 우선하는 것을 보면서 자신이 중요하지 않은 존재처럼 생각되어 서운했지만 표현하지 못했다. 두 살 언니와는 갈등관계로 지낸다.
- 발달력: 부의 직장으로 이사가 잦았던 내담자는 전학 간 초등학교에서 왕따를 당했다.

중 · 고등학교 때는 잘 적응하여 원하는 대학에 진학했지만, 우울감을 호소하며 자퇴를 고민하였다. 모(母)의 지지와 설득으로 대학을 졸업하고 원하는 기업에 들어갔다.

[연습 1-1]

"민들레님이 어렵게 용기 내서 이야기를 했는데……. 아빠가 미안하다고 하고 아프다고 하고 한숨을 쉬면서 머리를 만지고 있는 모습을 보면서 나의 모습을 보는 것 같네요."

〈앵무새 반응〉

〈재진술〉

[연습 1-2]

"민들레님의 마음이 고통스러울 정도로 큰 상처를 입었기 때문에 아빠한테 다시 마음을 열 수가 없을 것 같아요."

〈앵무새 반응〉

〈재진술〉

[연습 1-3]

"내가 이런 이야기까지 알려 주어야 하나. 그럼에도 아빠가 여전히 자기 입장만 변명하고 있네요."

〈앵무새 반응〉

〈재진술〉

[연습 1-4]

"이번 일로 민들레님의 가장 예민한 마음의 일부가 거의 무너져 버리게 되었군요."

〈앵무새 반응〉

〈재진술〉

[연습 1-5]

"민들레님이 처음 기대한 것은 아빠와 이야기만 해 보는 것이었는데 아빠와 이야기도 하시고 아빠한테 삐진 마음도 가지셨네요."

〈앵무새 반응〉

〈재진술〉

[연습 1-6]

"내가 삐졌는데도 아빠가 알아차리지 못한 것을 보고 나니 아빠가 삐진 마음까지 알아봐 주기를 바라셨네요"

〈앵무새 반응〉

〈재진술〉

[연습 1-7]

"이런 한마디 이야기를 하고 싶을 때도 아버지 상태를 살펴야 하는 마음이시네요."

〈앵무새 반응〉

〈재진술〉

[연습 1-8]

"아빠가 민들레님의 아픈 이야기를 힘들어하면서 피하고 있는 모습을 볼 때 속으로는 꼬시다고 생각이 드시네요."

〈앵무새 반응〉

〈재진술〉

[연습 1-9]

"아빠는 아빠의 욕구를 위해서 몸을 망가뜨리면서…… 내 이야기를 하고 있는 고작 몇 시간 이야기를 못 들어 주는 것을 보면 속상하시네요. 그런데도 말을 못 알아듣는 아빠가 미울 것 같아요."

〈앵무새 반응〉

〈재진술〉

[연습 1-10]

"집을 나가고 싶었는데 아빠처럼 되지 않기 위해서, 아빠를 닮지 않으려고 그 자리에서 버티셨네요."

〈앵무새 반응〉

〈재진술〉

(4) 재진술 연습

다음에 제시된 내담자의 진술을 읽고, 재진술 반응을 각자 쓰시오.

[연습 1-11]

〈사례 1〉의 내용을 동일하게 사용한다.

"저는 엄마 마음을 잘 이해하기 힘들어요. 저한테는 일한다고 하고 산책하고 책 반납하고 오려고 나가는 것이……."

〈재진술〉

[연습 1-12]

"나름 바보인 것 같아요. 하기 싫다고 이야기하면 되는데, 목구멍까지 이렇게 찼는데 그 이야기가 나오지 않아요."

〈재진술〉

[연습 1-13]

"저를 갉아먹는 허울뿐인 자존감에서 벗어나고 싶어요. 왜 나만 이렇게 힘들어해야 하나 이런 내가 너무 싫은 거예요."

〈재진술〉

[연습 1-14]

"엄마한테 하기 싫다고 이야기를 한다는 것이 공포예요. 이야기를 하면 안 될 것 같고…… 제가 버려질 것 같아요. 이야기를 하는 순간……."

〈재진술〉

(5) 3인조 실습

① 실습방법

- 내담자는 위의 재진술 연습에 제시된 상황들 중 하나를 선택한 후 상담상황을 설정하고 진술하면서 상담을 받는다.
- 상담사는 내담자의 진술을 경청하고 내담자 진술 후에는 적절하게 재진술(진술 중 중요한 부분에 초점을 맞춘 후 몇 개의 단어를 사용해서)을 한다. 이때 상담사는 앵무새 반응과 재진술 반응을 함께 사용한다.
- 관찰자는 상담을 관찰하면서 상담사의 재진술 반응에 대해서 적절함의 정도와 함께 상담사 반응의 특이점을 다음 표에 기록한다. (1: 매우 부적절함, 3: 약간 부적절함, 5: 보통, 7: 적절함, 10: 매우 적절함)

• 조원들은 각 역할을 모두 경험해 볼 수 있도록 역할을 바꿔 가면서 3번 반복해서 실습한다.

상황	상담사 태도					반응의 특이점
	1	3	5	7	10	
1-11						
1-12						
1-13						
1-14						

② 실습 후 피드백

• 상담사는 재진술과 앵무새 반응을 연습한 후 어떤 기분이 들었는가를 말해 본다.
• 내담자는 재진술과 앵무새 반응을 받는 입장에서 어떤 감정을 느꼈는지 나눈다. 또한 내담자는 상담사의 재진술과 앵무새 반응 중에서 어떤 것이 유용하고 유용하지 않았는지에 대해서 상담사에게 피드백을 한다.
• 관찰자는 상담사의 재진술과 앵무새 반응에 대해 피드백을 한다. 긍정적인 피드백을 먼저 하고 나서 일부 부정적인 피드백을 한다.

③ 성찰하기

• 상담사로서 당신은 평소 상대방의 이야기를 듣고 어떻게 반응하는가? 상대방은 당신의 반응을 듣고 뭐라고 이야기를 하는가? 상대방과의 대화에서 당신의 어려움은 무엇이며, 이것을 어떻게 극복할 수 있을까?

• 이번 재진술과 앵무새 반응을 통해 배운 점과 내게 변화가 필요한 지점, 앞으로 상담 현장에서 적용해 보고 싶은 계획을 적어 본다.

배운 점	
변화가 필요한 지점	
적용 계획	

2. 질문하기

질문하기는 내담자의 행동을 구체적으로 탐색할 때 효과적이다.

내담자의 심리적 위치	공감수준상태
행동	**내담자의 행동 경향성을 반영한다.**
표면감정	**행동 이면의 표면감정을 반영한다.**
신체감각	표면감정 이면에 있는 신체감각을 반영한다.
속감정	**표면감정 이면의 속감정을 반영한다.**
욕구	**속감정 이면의 욕구를 반영한다.**
자기 자신	자기 자신(self)의 존재를 인정해 준다.

1) 질문하기 핵심체크

(1) 효과적인 사용 시기

질문 종류	최적 상황	질문
폐쇄형 질문	위기상황, 자살 등 사실적인 관계를 확인할 때	아버지를 생각하면 화가 나시나요?
개방형 질문	위기를 제외한 상담상황	아버지를 생각하면 어떤 마음이 드시나요?

직접질문	상담목표 합의, 상담회기 연장, 명료한 답변이 필요할 때	아버지와의 관계에서 무엇이 달라지기를 원하세요?
간접질문	명료하지 않은 상황을 물을 때	아버지와 관계를 회복하고 싶으신지 궁금하군요.
'왜' 질문	소크라테스 질문	아버지 전화를 왜 안 받으셨을까요?
대안질문	어떻게로 질문	아버지 전화가 오면 어떻게 하고 싶으실까요?
양자택일형 질문	포커스가 필요할 때	관계가 회복된다면, 아버지와 어머니와의 관계 중 어떤 것에 먼저 주력하고 싶으실까요?

(2) 내담자를 멀리하는 질문

유형	설명	질문 예시
체크 질문	확인하는 질문이 계속되는 것	지난주 아버지와의 관계 회복을 위해서 이야기를 시도해 보기로 했는데 했을까요? 해 보셨을까요? 아버지 반응과 상관없이 민들레님이 먼저 시도하셨을까요?
제안형	질문을 가장한 조언	~라고 생각지 않으세요? ~하지 않으시겠어요?
공격형	직접적 질문	그래서 하시고 싶은 말이 무엇인가요?
억측형	특정 대답을 강요하는 것	민들레님은 ~이 없나요? 정말 ~하지 않으시죠?
지시형	지시가 숨어 있는 것	지난 3회기에 제가 그러면 아버지가 화를 낼 것이라고 했는데 잊어버리셨나 봐요.

2) 질문 구별 연습

(1) 질문 확인하기

[연습 2-1]

다음 각 질문을 확인하고 어떤 종류의 질문인지 빈칸에 적어 보자.
분류 칸에 개방형 질문(Open-ended: O-E)은 개방, 폐쇄형 질문(Closed question: Cl)은 폐쇄처럼 직접, 간접, 왜, 대안, 양자택일형, 체크, 제안, 공격, 억측, 지시 중에서 적어 보자.

질문 종류	분류
1. 아버지에게 말하지 못할 때 어떤 감정이 먼저 올라오나요? 2. 어떤 것이 가장 두려우실까요? 3. 그래서 하기 싫다는 마음을 어떻게 전달하고 싶으신 건가요? 4. 지난 5회기에 아버지는 부끄러워서 마음에 있는 것을 말하지 못한다는 것을 이해하셨죠. 잊어버리셨을까요? 5. 아버지에게 서운한 마음을 표현해 보기로 했는데 벌써 5회기가 지나가네요. 그동안 해 보셨을까요? 6. 아버지가 변하지 않을 사람이라고 말했잖아요. 아버지와 회복하기를 바라신다면 먼저 이야기를 해야 한다고 생각하지 않으세요? 7. 민들레님이 아버지에게 화가 난다고 말을 하지 않으시죠? 8. 자해했을 때 자살시도나 계획도 있으셨나요?	

(2) 개방형 질문 기타 질문 연습

• 다음 각 상황에서 내담자의 이야기를 듣고 할 수 있는 상담사의 개방형 질문 3가지씩 써 보자.

[연습 2-2]

"엄마 존재가 무서운 것이 아니에요. 말하고 싶은데 꺼내고 싶은데 답답하고…… 말은 안 나오고……."(계속 울고 있다)

• 개방형 질문: 질문1 ____________________
질문2 ____________________
질문3 ____________________

• 기타 질문: 질문1 ____________________
질문2 ____________________
질문3 ____________________

[연습 2-3]

내가 말을 하지 않으면 두려움은 생기지 않아요. 말을 하면 두려움이 생겨요. 말을 하면 두려움이 최대치가 돼요. 그 말을 하고 난 직후 내가 견뎌 낼 힘이 없어요.

• 개방형 질문: 질문1 ____________________
질문2 ____________________

질문3 ____________________

• 기타 질문: 질문1 ____________________

질문2 ____________________

질문3 ____________________

[연습 2-4]

이 일로 실체를 알게 되었어요. 내가 왜 그렇게 두려워했는지를……. 그동안 내가 왜 사람들한테 그렇게 배려하고 맞춰 주고 살았는지……. 그러니 더 싫은 거예요. 이제 그 밑바닥을 알게 되니까…….

• 개방형 질문: 질문1 ____________________

질문2 ____________________

질문3 ____________________

• 기타 질문: 질문1 ____________________

질문2 ____________________

질문3 ____________________

[연습 2-5]

"온 사방에서 지금 너무 많은 압박감이 몰려와요. 가족, 직장, 친구, 뭐든지요. 내가 받고 싶은 것을 이야기를 못 해요. 내가 받고 싶은 것이 있으면 내가 먼저 그만큼을 먼저 해 주고 있어요."

• 개방형 질문: 질문1 ____________________

질문2 ____________________

질문3 ____________________

• 기타 질문: 질문1 ____________________

질문2 ____________________

질문3 ____________________

3) 3인조 실습

(1) 실습방법

- 상담사, 내담자, 관찰자의 역할을 정하고 위에 제시된 상황들 중 하나를 선택하여 그 상황이 포함되도록 자신의 사례 혹은 가상의 사례를 설정한 후, 다음의 지시에 따라 한 회기 상담을 진행한다.
- 내담자는 상담 중에 [연습 2-2]~[연습 2-5]까지 제시된 내담자의 이야기를 그대로 읽으며 재현한다.
- 상담사는 내담자의 이야기를 듣고 다양한 질문의 유형으로 반응하며 상담을 진행한다.
- 관찰자는 상담사가 사용한 질문이 무엇이며 그 질문을 사용한 빈도를 숫자로 표기한다. 또한 자주 나온 내담자의 비언어적인 반응을 기록한다.
- 조원들은 각 역할을 모두 경험해 볼 수 있도록 역할을 바꿔 가면서 3번 반복해서 실습한다.

질문 종류	빈도	내담자 비언어적 반응
폐쇄형 질문		
개방형 질문		
직접질문		
간접질문		
'왜' 질문		
대안질문		
양자택일형질문		

체크질문		
제안형		
공격형		
억측형		
지시형		

(2) 실습 후 피드백

- 상담사는 [연습 2-2]부터 [연습 2-5]까지 제시된 상황에서 질문을 하면서 어려웠던 점을 나눈다.
- 내담자는 상담사의 질문에서 느꼈던 점과 함께 유용했던 점에 대해 피드백한다.
- 관찰자는 상담사가 했던 질문들 중에서 효과적인 질문에 대해 피드백하고 상황별 가장 유용한 질문에 대해 토의하고 가장 유용했던 질문을 다음 표에 기록해 본다.

상황	유용한 대안적 질문
2-2	
2-3	
2-4	
2-5	

(3) 성찰하기

• 상담과정에서 자주 사용하는 질문 유형은 무엇인가? 당신의 어려움은 무엇이며, 이것을 어떻게 극복할 수 있을까?

• 이번 질문하기를 통해 배운 점과 내게 변화가 필요한 지점, 앞으로 상담현장에서 적용해 보고 싶은 계획을 적어 본다.

배운 점	
변화가 필요한 지점	
적용 계획	

3. 명료화하기

1) 명료화하기 핵심체크

명료화는 내담자의 행동, 표면감정, 신체감각을 구체적으로 탐색할 때 효과적인 기술이다.

내담자의 심리적 위치	정서과정 공감수준상태
행동	**내담자의 행동 경향성을 반영한다.**
표면감정	**행동 이면의 표면감정을 반영한다.**
신체감각	**표면감정 이면에 있는 신체감각을 반영한다.**
속감정	표면감정 이면의 속감정을 반영한다.
욕구	속감정 이면의 욕구를 반영한다.
자기 자신	자기 자신(self)의 존재를 인정해 준다.

2) 명료화하기 연습

(1) 내담자의 진술에 구체성이 필요할 때

• 다음 내담자의 이야기를 듣고 할 수 있는 상담사의 명료화 반응을 써 보자.

[연습 3-1] 누락 명료화

내9: 아빠는 이유 없이 화를 내세요.

상9: ____________________

내10: 나한테는 화를 내지 않는데, 엄마한테 잘못했다고 이야기하는 것을 보면 어처구니가 없거든요.

[연습 3-2] 일반화 명료화

내12: 저는 언제나 집이 불안해요.

상12: ____________________

[연습 3-3] 왜곡 명료화

내13: 제가 아빠 기다리는 강아지는 아니잖아요. 아빠가 늘 집에 있다면 제 마음대로 놀러 갈 수도 있는데…… .

상13: ____________________

(2) 내담자의 진술 내용이 정확한지에 대해 확인할 때

[연습 3-4]

상15: 그래~ 그러면 민들레님이 괜찮지 않다는 것을 어떻게 알 수 있을까요? '이정도면 괜찮겠다.'는 기준이 있을 것 같은데…….

내15: 내 이야기를 할 때 '그렇구나.' 하고 인정해 주면…….

상16: ____________________

(3) 내담자의 진술 내용이 모호하거나 혼동될 때

[연습 3–5]

내17: 내가 억울한 일을 당해도 '재가 이래서 내가 억울하다.' 그래야 되는데 막상 말을 해야 할 때 뭐라고 해야 할지 모르겠어요. 그러면 제가 또 잘못한 것처럼 상황이 흘러가요. 아무 일 없었던 것처럼 넘어가 버리고……. 나는 억울한데 아빠가 더 힘들다는 이야기를 하면 내가 억울한 것을 말할 수 없게 돼요.

상18: ____________________

(4) 상황별 연습

다음 내담자의 이야기를 듣고 가능한 상담사의 명료화 반응을 3개 정도 써 보자.

[연습 3–6]

내1: "이 집에서는 뭔가를 해야 하는 것은 당연한 거야. 맡은 역할을 하지 않으려면 이유가 있어야 돼." 그런데 지금도 책임을 지고 싶지 않아요.

명료화: ____________________

____

[연습 3–7]

내2: 내가 어릴 때 밖에서 친구들 따까리를 하면 하지 말라고 엄마가 이야기했어요. 근데 지금 생각해 보면 그렇게 만들어 놓고 하지 말라고 하는 것이 말이 안 되는 거잖아요.

명료화: ____________________

____

[연습 3–8]

내3: 그게 그렇게 슬프게 들리는 거야. 어쩔 수 없어요. 남들한테 사랑을 구걸할 수밖에 없어요. 나 자신도 싫은데…….

명료화: ____________________

____

[연습 3-9]

내4: 이런 일이 올 때마다 독립을 이야기했을까. 20살 되면 독립한다고 그렇게 이야기하면서 왜 부모는 나한테 독립을 한다고 하지 않는 것인가?

명료화: ______________________________

____

[연습 3-10]

내5: 나 나름대로 엄마한테 안 해도 되나……. 무조건 집중해야 된다. '우리 설날에 옷 보러 갈까?' 하고 안 해도 되지 않나 해서 시도해 보는 것인데……. 아, 일에 집중해야 하는구나. 엄마에 빗대어서 이야기를 하는 거지요.

명료화: ______________________________

____

[연습 3-11]

내1: 포기하는 것이 낫겠다는 생각이 들죠. 계속 어필을 해 봤자 나아지는 것도 없었고, 그냥 알았다고 하면서 똑같이 행동하니까. 처음에는 기대를 했지만, 얘기해도 안 되는 것이구나. 내가 괜한 기대를 했구나. 점점 포기한 것 같아요. 얘기하는 것 자체를.

명료화: ______________________________

____

[연습 3-12]

내1: 계속 갈등이 생각나요. 그리고 스트레스를 제가 확 (크게 느껴지니까) 스트레스를 받기 때문에 그걸 해소하려고 (응) 얘기를 하는 거죠. (응) 문제가 있어서, 스트레스 받았으니까 (그렇지) 그 문제를 해결하려고 얘기를 하는 건데 (응) 그런 문제해결이 안 되니까 저는 스트레스를 받고 (응) 뭐 그러다 보니까 (응) 악순환이 되는 거죠. (응) 그런 것도 제가 뭐 이렇게 해결하려고 하면 (응) 이쪽에서 스트레스를 받는 거고. (응) 그러니까 이제 그게 악순환이 되다 보니까, 아, 그냥 끊자. (끊자) 내가 다른 데로 가자. (응) 도망가자.

명료화: ______________________________

____

3) 3인조 실습

(1) 실습방법

- 상담사, 내담자, 관찰자의 역할을 정하고 위에 제시된 7가지 상황들 중 하나를 선택하여 그 상황이 포함되도록 자신의 사례 혹은 가상의 사례를 설정한 후, 다음 지시에 따라 한 회기 상담을 진행한다.
- 내담자는 [연습 3-6]부터 [연습 3-12]까지 제시된 내용 중 선택하여 내담자의 이야기를 그대로 읽는다.
- 상담사는 내담자의 이야기를 듣고 다양한 명료화로 반응하며 상담을 진행한다.
- 관찰자는 상담사의 명료화 반응이 어떤 종류의 명료화인지 ∨체크하고, 명료화 반응의 목적이 적절했는지(진술내용의 정확성, 모호하거나 혼동)의 여부에 대해서도 ∨체크한다.
- 조원들은 각 역할을 모두 경험해 볼 수 있도록 역할을 바꿔 가면서 3번 반복해서 실습한다.

상황	구체성			진술내용의 정확성	모호하거나 혼동
	누락	왜곡	일반화		
3-6					
3-7					
3-8					
3-9					
3-10					
3-11					
3-12					

(2) 실습 후 피드백

- 상담사는 상황별 명료화 반응을 하면서 어려웠던 점에 대해 나눈다.
- 내담자는 상담사의 명료화 반응에서 느낀 점과 함께 유용했던 점에 대해서 피드백한다.
- 관찰자는 효과적인 명료화 반응에 대해 피드백하고 상황별 가장 유용한 명료화 반응에 대해 토의하고 기록해 본다.

상황	유용한 명료화 반응
3-6	
3-7	
3-8	
3-9	
3-10	
3-11	
3-12	

(3) 성찰하기

- 일상생활에서 평소 자신의 이야기를 명료하게 전달하는가? 이때 어려움은 무엇이고 어떻게 극복할 수 있는가?

- 상담과정에서 명료화 반응을 활용하는가? 이때 어려움은 무엇이고 어떻게 극복할 수

있는가?

- 이번 명료화를 통해 배운 점과 내게 변화가 필요한 지점, 앞으로 상담현장에서 적용해 보고 싶은 계획을 적어 본다.

배운 점	
변화가 필요한 지점	
적용 계획	

4. 중단시키기

1) 중단시키기 핵심체크

중단시키기는 내담자가 행동과 관련된 사건이나 상황의 이야기를 장황하게 이야기하거나 이야기를 쏟아부을 때 사용하면 효과적이다.

(1) 들어 주는 것이 어떤 도움이 되는지 확인하기

다음 각 상황에서 내담자의 이야기를 듣고 할 수 있는 상담사의 반응을 3가지씩 써 보자.

[연습 4-1]

내1: (12분 동안 거침없이 쏟아붓듯이 이야기를 하고 있다)

상1: 반응1 ______________________

반응2 ______________________

반응3 ______________________

(2) 환기시키기

[연습 4-2]

내2: 아, 네. (지난 회기 때 한 이야기를 계속 장황하게 쏟아붓고 있다)

상2: 반응1 ______________________________

반응2 ______________________________

반응3 ______________________________

(3) 말 끊은 것에 상처가 있다면 공감하면서 들어 주기

[연습 4-3]

내1: 그거라고 말했어요. 저를 이해하지 못한다고 생각한 거예요. 그날 이야기하는 동안에는 (음) 뭔가 수용받았다는 느낌이 없었어요.

상1: ______________________________

내2: 어떻게 하실 필요 없어요. (어~) 제가 그랬다는 걸 이야기하는 거예요. 제 느낌을 (음~) 이야기하는 거예요.

상2: ______________________________

내3: 어떤 것이 걱정이 되시는데요?

상3: ______________________________

내4: 그러니까요. 지금 이해된다고 말씀하셨잖아요. 그런데 저는 이해받았다는 느낌이 없어요.

상4: ______________________________

내5: 그러니까요. 그냥 제가 이야기를 할 때 그냥 좀 듣고 계시면 좋겠어요. 제가 이 이야기할 때 뭔가 이야기를 하고 싶어서 말을 한 거잖아요. (음) 그런데 질문을 하시면 그 생각이 선생님이 저한테 주시는 질문에 따라 그게 흘러가요. (그렇죠) 제가 그리 흘러가고 싶은 게 아니라 (네) 처음에 이야기를 꺼낼 때는 뭔가 뒤에 따라올 이야기들이 있어서 이야기를 시작을 했는데 (네네) 준비한 이야기는 못하고 (음~) 선생님이 저한테 주시는 그 질문에 따라 이야기의 방향이 이렇게 흘러가요. 그럼 제가 집에 갈 때 제가 정말 하고 싶었던 이야기는 이거였는데, 나 오늘도 이야기 못 하고 왔네. (음~음~) 그런 거죠.

상5: ______________________________

내6: 근데 그 상담의 목표를 굳이 여기서 이루지 않아도 저는 될 것 같아요.

상6: ____________________

내7: 네. 그냥 저는 이야기가 하고 싶은 거예요. (내담자 크게 웃으며)

상7: ____________________

내8: 저는 이야기가 하고 싶은 거예요.

2) 중단시키기 연습

(1) 상황별 연습

다음에 제시된 내담자의 진술을 읽고 상담사의 적절한 중단시키기 반응을 적어 보자.

[연습 4-4]

내1: 지금까지는 일이 힘들어도 그냥 해서 끝내 버리면 된다는 생각이었는데, 요새는 그렇게 할 힘도 없고 너무 어려워서 더 이상 내가 해낼 수 없겠다는 생각만 반복해서 드는 것 같아요. 이런 이야기를 엄마한테 얘기해서라도 풀어 보고 싶은데, 그런데 그것조차 할 수가 없어요. 저라고 얘기를 안 해 본 것은 아닌데 어릴 때부터 엄마는 항상 바빴고, 제가 이야기를 할 때마다 비난하는 눈초리와 말뿐이었거든요. 그래서 이번에도 제가 힘들다고 얘기하면 엄마가 어떤 반응을 보일지 다 예상이 되는 거예요. 그게 다른 사람들한테 이야기할 때도 그런 생각이 나서 결국 뭐하러 얘기해서 남들까지 힘들게 하냐는 마음이 들어요.

중단시키기: ____________________

____

[연습 4-5]

내2: 진짜 마지막으로 이것만 하고 더 이상 하지 않을 거라고 수도 없이 다짐했어요. 그런데 또 마지막이라고 생각하니까 이것만 하고 나면 말할 수 있을 것 같았다가, 또 그렇게까지 해야 하나 싶기도 하고……. 엄마한테 용기 내서 이야기해도 해결되는 게 없으면 더 답답하고, 엄마가 기다리지 않고 다그쳐 물어보면 더 얘기를 못 하겠으니 미치겠고……. 물론 엄마가 화를 낸 것이 아니라는 건 알아요. 그냥 그 목소리나 어투에 지레 예민해지는 것 같아요. 저는 어렸을 때 오빠 눈치까지 봤어야 했는데……. 이런 나를 좀 더 이해해 줄 수는 없는 건지…….

중단시키기: ______________________________

____

[연습 4-6]

내3: 내가 제일 의지하고 의지할 수밖에 없는 엄마한테 그걸 말하기가 무서워요. 엄마가 돌아서 버리면 나는 정말 이 세상에서 혼자가 되는 거니까요. 어렸을 때 엄마 말을 안 듣거나 싫다고 이야기하면 제게 돌아오는 것은 냉대였어요. 그치만 엄마를 차갑고 무심하게 만드는 건 다 제 탓이고, 제가 칭찬받을 일을 하면 되는 거니까……. 아마 그때부터 다른 사람이 싫어하는 일을 대신하며 저를 낮추는 것이 제 기쁨이 됐을 거예요. 이 궂은일을 하는 동안에는 내가 쓸모 있고 사랑받는 시간이니까. 하기 싫어도, 다가오지 말라고 하면서도 겉으로는 웃으면서 제가 다 하고 있어요. 단순히 사람들을 좋아해서 그런다고 생각했는데 알고 보니 이게 제 마지막 무기였더라구요.

중단시키기: ______________________________

____

[연습 4-7]

내4: 가족 일을 안 하면 내가 소외될 것 같고 나도 가족끼리 이야기를 하고 싶은데 한편으로는 '내가 이렇게까지 해야 하나?' 하고 슬퍼져서 마음이 복잡해요. 예전 일이 스쳐 지나가면서…… "하기 싫어."라고 이야기해서 간단히 끝날 거면 그렇게 하겠는데 하기 싫다고 하면 뭔가 변명이 있어야 될 것 같고. 아픈 사람처럼 변명을 해야 받아 줄 것 같아서요. 그런데 엄마 아빠 일이면 나올 수밖에 없는 것도 지금 커 버리니까 너무 원망스러운 거예요. 책임감이 뭘까……. 나라도 하기 싫은 것이 있으면 이상한 책임감이 발동돼요. 내가 말하는 것도 책임이 붙는다는 생각이 들어요.

중단시키기: ______________________________

____

3) 3인조 실습

(1) 실습방법

- 상담사, 내담자, 관찰자의 역할을 정하고 위에 제시된 4가지 상황들 중 하나를 선택하여 그 상황이 포함되도록 자신의 사례 혹은 가상의 사례를 설정한 후, 한 회기 상담을 진행한다.
- 내담자는 [상황 4-4]부터 [상황 4-7]까지 제시된 내용 중 하나를 선택하여 내담자의 이야기를 그대로 읽으면서 상황을 재현한다.
- 상담사는 내담자의 이야기를 듣고 다양한 중단시키기로 반응해 본다.
- 관찰자는 상담사의 중단시키기 반응이 적절했는지를 ∨체크하고 반응의 특이점을 기록한다. (1: 매우 부적절함, 3: 약간 부적절함, 5: 보통, 7: 적절함, 10: 매우 적절함)
- 조원들은 각 역할을 모두 경험해 볼 수 있도록 역할을 바꿔 가면서 3번 반복해서 실습한다.

상황	상담사 태도					반응의 특이점
	1	3	5	7	10	
4-4						
4-5						
4-6						
4-7						

(2) 실습 후 피드백

- 상담사는 상황별 중단시키기 반응에서 어려운 점에 대해 나눈다.
- 내담자는 상담사의 중단시키기 반응에서 느낀 점과 함께 유용했던 점에 대해 피드백한다.

• 관찰자는 효과적인 중단시키기 반응에 대해 피드백하고 상황별 가장 유용한 중단시키기 반응에 대해 토의하고 기록해 본다.

상황	유용한 중단시키기 반응
4-4	
4-5	
4-6	
4-7	

(3) 성찰하기

• 상담과정에서 중단시키기 반응을 활용하는가? 이때 어려움은 무엇이고 어떻게 극복할 수 있는가?

• 이번 중단시키기를 통해 배운 점과 내게 변화가 필요한 지점, 앞으로 상담현장에서 적용해 보고 싶은 계획을 적어 본다.

배운 점	
변화가 필요한 지점	
적용 계획	

제3장

고급 상담기술

상담의 고급기술은 내담자의 행동부터 표면감정, 신체감각, 속감정, 욕구, 자기자신(self)의 위치까지 모두 파악하기 위한 효과적인 개입기술이다.

내담자의 심리적 위치	공감수준상태
행동	**내담자의 행동 경향성을 반영한다.**
표면감정	**행동 이면의 표면감정을 반영한다.**
신체감각	**표면감정 이면에 있는 신체감각을 반영한다.**
속감정	**표면감정 이면의 속감정을 반영한다.**
욕구	**속감정 이면의 욕구를 반영한다.**
자기자신	**자기자신(self)의 존재를 인정해 준다.**

1. 공감하기

1) 정서 파악하기

(1) 속감정과 표면감정 핵심체크

[연습 1-1]

표를 보고 표면감정에 해당되는 것은 '표', 속감정에 해당되는 것은 '속'이라고 적어 보자.

속감정과 표면감정 특징	표/속
감정: 수치심, 슬픔, 두려움	
감정: 분노, 우울,	
순서: 가장 먼저 나오는 감정	
치료: 완화, 표현	
출현: 속감정이 미충족 시 나옴	
순서: 속감정에 대한 반응성 정서	
치료: 촉진, 수용	
출현: 애착욕구 미충족 시 내면의 가장 깊은 곳에서 느낌	

(2) 내담자의 심리적 위치 파악 연습

핵심체크에서는 표면감정과 속감정의 반응 특성을 알아보았다. 다음으로 내담자의 심리가 위치해 있는 지점을 변별하는 실습을 한다. 이는 앞의 실습을 심화시키는 것으로, 우리가 가려는 방향—내담자에 적절한 공감하기—을 구체화해 준다.

다음 〈표 3-1〉은 내담자의 심리적 위치를 나타나는 6가지 지점이 소개되어 있다.

〈표 3-1〉 내담자의 심리적 위치

행동	행동화 경향성이 큰 내담자들은 폭발, 비난, 공격하는 행동을 하고, 내면화 가능성이 큰 내담자들은 참고, 회피하고, 도망가는 행동 경향성을 가진다.
표면감정	내담자의 행동 경향성 이면에 있는 정서를 반영해 주는 위치이다.
신체감각	내담자의 얼굴표정의 변화, 목소리의 높낮이 혹은 떨림의 변화, 호흡의 변화, 눈의 초점이 흔들린다든가, 땀을 흘린다든가, 눈물을 흘린다든가, 얼굴근육이 떨리는 행동 등의 신체적 표현에 주목하면서 신체감각의 변화를 내담자에게 그대로 알려 준다.
속감정	내담자의 표면감정 이면에 있는 정서를 반영해 주는 위치이다.
욕구	내담자가 원하는 것을 알려주는 지점이다.
자기자신	자기자신(self)에 대한 인식이 생기는 가장 깊은 위치로 정체성과 관련되어 있다.

다음에 주어진 10개의 상황에서 나타난 내담자의 반응을 읽어 보고 그 반응이 위의 표에서 구분한 6가지 중 어떤 심리적 위치를 나타내는 것인지 써 보자('행동' '표면감정' '신체감각' '속감정' '욕구' '자기 자신'). 각 사례에 대한 대답을 마칠 때까지 정답을 보지 않는 것이 더 도움이 된다. 정답을 확인한 후에 사례 내용을 다시 읽어 보고 자신이 한 것과 다른 반응을 3인조 실습팀에서 토의해 보시오.

[연습 1-2]

초등학교 5학년 때 영어 그룹 과외를 할 때 '못한다, 못한다' 하니까 나는 그냥 너무 싫은 거야. 그 숙제를 항상 못 했어. 모르니까! 근데 이번만큼은 진짜 내가 완벽하게 해서 그래도 '저 해 왔죠.' 이걸 보여 주고 싶었는데 내가 그때 뭘 또 착각을 했는지 못 한 거예요……. 내가 밖에 나가서 손을 막 벽에다 긁고 결국 밤이 되어 가지고 목도리로 막 목을 조르고 그랬단 말이야. 그때부터는 그냥 숨었지. 영어시간 할 때는 다른 데 가 있고. (　　　　　)

[연습 1-3]

그래도 오늘은 이만큼은 넘어가겠지 하고 했는데 그게 안 돼 버린 거야. 그때 내가 진짜, 그때가 내가 살아왔던 기간 중에서 제일 큰 절망감을 맛봤어. 그래서 그때 진짜 죽고 싶었거든. (　　　　　)

[연습 1-4]

근데 지금이 딱 그 느낌인 거야. 내가 열심히 해. 너무 열심히 해도 이 부장은 나를 그냥 못하는 아이, 부족한 아이로 보니까 내가 거기서 너무 스트레스를 받는 거야. 내가 아무리 열심히 해 봐도 또 뭐라고 지적을 하겠지. 또 마음에 안 들어 하겠지. 그거에 내가 너무 무기력해지는 거야.
(　　　　　)

[연습 1-5]

그게 너무 힘든 거야. 이 사람이 나한테 편견을 가지고 있다는 게 이미 느껴져. 중학교 1학년 때도, 대학교 1학년 때도, 모든 공통점이 나를 못하는 아이, 부족한 아이라고 단정 지어 버리니까. 거기서 내가 자꾸 막 맴돌게 되는 거야. 그래서 더 눈치가 보이게 되고, 너무 힘들어. (　　　　　)

[연습 1-6]

나는 평가받을 사람이 아니다. 나는 나다. 잘하고 못하고가 아니라 나는 나로서 서 있고 싶어.
(　　　　　)

[연습 1-7]

부장이 또라이인 거지. 다른 데서나 내 동기 언니랑 있을 때는 칭찬을 했다고 그러는데 나는 그 얘기가 안 들리는 거야. 또 평가를 받고 그 시선을 못 견디겠는 거야. 그 사람이 날 바라보는 시선을. 막

숨이 막혀. 그래서 막 최악의 수를 생각해. 내가 견디기 힘들 때 하는 게 최악의 수를 생각해. 입에도 못 담을 말을 들었다는 상상을 해. 그러고 들으면 그것보다는 항상 덜하니까 넘어갔다 이러는데. (   )

[연습 1-8]

숨이 막히고, 나를 짓눌러 오고, 고통스럽고. 뭔가 이미지가 떠올라. 이미지는 나를 막 쥐어짜는 기분이야. 이 모든 압축기가 나를 막 하나로 뭉쳐서. (   )

[연습 1-9]

그 이미지를 더 들여다보고 내가 직접적으로 받았던 표정, 얼굴, 구체적으로 하나하나 떠오르니까 줄줄 나오는 거야. 이미지로 했을 때는 그냥 검은색 이미지지, 불에 다 태워 버리는 거지 했는데 이게 뭔지를 알아 버린 거야, 내가. 이 암덩어리의 실체를 알아 버렸어. 이 얼굴들, 표정들. (   )

[연습 1-10]

위에서 나를 계속 바라보고 있는 것을 보니 난 벌벌 떨고 있어. (   )

[연습 1-11]

그게 너무 신기했어. 5학년 때 나의 이미지는 종이만큼 납작했거든? 근데 말하면 말할수록 나만한 크기로 쑥쑥 크는 거야. 그래서 결국 나와 하나가 되어 버린 게. (   )

2) 내담자의 심리 위치별 공감하기

(1) 공감실습

다음의 [연습 1-12]~[연습 1-17]에는 〈사례 1〉의 일부를 발췌한 것이다. 제시된 내담자 진술은 내담자가 고등학교 재학 중 반복되는 자해로 인해 어머니의 권유로 처음 상담실을 방문했을 때이다.

주어진 상황에서 내담자의 진술을 읽고 내담자의 심리적 위치를 알 수 있는 근거 단어나 문장을 찾아보고 적절한 상담사의 공감 반응을 써 보자.

[연습 1-12] 행동 위치 시 공감법

내: 초등학교 5학년 때인가. 수치심이었어요. 결국엔 다 똑같은 수치심이었고 "너 왜 그래?"라는 말이 나한테 크게 반응하게 된 거야. 정말 아무렇지도 않은 말인데, 걔가 한 말은. 근데 내가 걔를 좋아했었어요. 내가 좋아하는 애가 나를 그렇게 본다는 게 막 내가 뭔가, 뭘 잘못했나, 진짜 별것도 아닌데 사실. 근데 그냥 '부끄럽다, 부끄러울 때는 자해가 나의 수단이지.'라고 생각해 버린 것같아요.

근거 단어(문장): ______________________

____

공감 반응: ______________________

____

[연습 1-13] 표면감정 위치 시 공감법

내: 내가 잘못했다고 생각하는 거지. 어린 아이인 나의 마음은. 내가 뭘 못해서 혼났다는 생각이 드니까. 근데 내가 아파 봐, 내가 다쳐 봐, 그럼 이거에 관심이 쏠리니까 그렇게 자꾸 시선을 돌렸던 것 같아요. 나는 이 부끄러운 감정이 없고 이런 게 있다! 이렇게 다른 걸 보여 주는 거지. 관심을 이걸로 쏟게 하기 위해.

근거 단어(문장): ______________________

____

공감 반응: ______________________

____

[연습 1-14] 신체감각 위치 시 공감법

내: 숨이 막히고, 나를 짓눌러 오고, 고통스럽고, 뭔가 이미지가 떠올라. 이미지는 나를 막 쥐어짜는 기분이야. 이 모든 압축기가 나를 막 하나로 뭉쳐서…….

근거 단어(문장): ______________________

____

공감 반응: ______________________

____

[연습 1-15] 속감정 위치 시 공감법

내: 그래도 오늘은 이만큼은 넘어가겠지 하고 했는데 그게 안 돼 버린 거예요. 그때 내가 진짜, 그때가 내가 살아왔던 기간 중에서 제일 큰 절망감을 맛봤어요. 그래서 그때 진짜 죽고 싶고 무기력했거든요.

근거 단어(문장): ______________________________

____

공감 반응: ______________________________

____

[연습 1-16] 욕구 위치 시 공감법

내: 나는 평가받을 사람이 아니다. 나는 나다. 잘하고 못하고가 아니라 나는 나로서 서 있고 싶어요.

근거 단어(문장): ______________________________

____

공감 반응: ______________________________

____

[연습 1-17] 자기자신 위치 시 공감법

내: 그게 너무 힘든 거야. 상대방이 나한테 편견을 가지고 있다는 게 이미 느껴져. 중학교 1학년 때도, 대학교 1학년 때도, 모든 공통점이 나는 못하는 아이, 부족한 아이라고 단정 지어 버리니까 거기서 내가 자꾸 막 맴돌았던 것 같아요. 그래서 더 눈치가 보이게 되고, 너무 힘들었어요.

근거 단어(문장): ______________________________

____

공감 반응: ______________________________

____

3) 3인조 실습

(1) 실습방법

- 3인조 실습은 위에서 연습한 상담사의 반응들을 조원들과 함께 실제 상담에 적용해

보는 시간이다.

- 상담사, 내담자, 관찰자의 역할을 정하고 위에 제시된 6가지 상황 중 하나를 선택하여 그 상황이 포함되도록 자신의 사례 혹은 가상의 사례를 설정한 후, 다음 지시에 따라 한 회기 상담을 실제로 진행한다. 한 회기는 50분으로 진행하되 불가능할 경우 최소한 30분 이상 진행한다.
- 내담자는 [연습 1-12]부터 [연습 1-17]까지 제시된 내용 중 한 가지를 선택하여 내담자의 이야기를 그대로 읽으며 재현한다.
- 상담사는 내담자의 이야기를 듣고 위에서 연습한 내담자의 정서위치 파악에 집중해서 적절한 공감 반응을 해 본다.
- 관찰자는 상담사의 공감 반응이 적절했는지를 다음 표에 ∨체크하고 반응의 특이점을 기록한다. (1: 매우 부적절함, 3: 약간 부적절함, 5: 보통, 7: 적절함, 10: 매우 적절함)
- 조원들은 각 역할을 모두 경험해 볼 수 있도록 역할을 바꿔 가면서 3번 반복해서 실습한다.

상황	1	3	5	7	10	반응의 특이점
1-12						
1-13						
1-14						
1-15						
1-16						
1-17						

(2) 실습 후 피드백

- 상담사는 심리위치별 공감하기 반응에서 어려운 점에 대해 나눈다.
- 내담자는 상담사의 공감하기 반응에서 느낀 점과 유용했던 점을 피드백한다.
- 관찰자는 효과적인 공감하기 반응에 대해 피드백하고 상황별 가장 유용한 공감하기 반응에 대해 토의하고 기록해 본다.

심리위치	유용한 공감하기 반응
1-12	
1-13	
1-14	
1-15	
1-16	
1-17	

- 표에는 3인조 실습 후 다른 조원들로부터 받은 피드백을 요약하여 기록해 본다.

상담사로서 피드백받은 내용
관찰자로부터:
내담자로부터:

내담자로서 상담사의 반응을 듣고 느낀 점

(3) 성찰하기

• 평소 상대방의 이야기를 들을 때 공감하면서 듣는가? 상대방은 공감을 받는다고 표현하는가? 이때 어려움은 무엇이고 어떻게 극복할 수 있는가?

2. 반영하기

1) 반영과 공감 사용 핵심체크

분류	반영	공감
개념	내담자의 생각, 느낌, 행동 등을 거울처럼 비추어 되돌려주는 기술	상담사의 입장에서 내담자의 사고, 느낌, 경험, 행동 등 내담자의 세계를 정확하게 이해하고 있음을 내담자에게 전달하는 기술 능력
주의	내담자의 언어적 표현뿐만 아니라 자세, 몸짓, 목소리, 눈빛 등 비언어적 행동에서 나타나는 감정까지도 반영하는 것이 중요함	상담사는 내담자가 표현하는 말뿐만 아니라 그 밑에 깔려 있는 중요한 감정, 태도, 신념 및 가치 기준을 포착하는 것이 중요함

2) 반영하기 핵심체크

(1) 반영기술 핵심체크

반영기법	예시
당신은 ~을 느낍니다.	민들레님이 부족한 자신을 느끼네요.
당신은 ~ 때문에 ~을 느낍니다.	민들레님이 부족하기 때문에 무엇을 해야 할지 맴도는 자신을 느끼네요.
나는 당신이 ~을 느끼고 있을까 궁금합니다.	민들레님이 자신의 부족함을 느끼고 있을까 궁금합니다.
아마도 당신은 ~을 느끼고 있을 것입니다.	아마도 민들레님은 부족함을 느끼고 있을 것입니다.
당신은 ~ 하게 들립니다.	민들레님은 부족한 자신을 바라보는 것으로 들립니다.

(2) RISSSC manner 핵심체크

RISSSC	안내
반복(Repeat)	내담자가 말한 중요한 단어와 문장을 여러 차례 반복
이미지(Image)	추상적인 단어로는 표현이 불가능한 정서를 포착

단순함(Simple)	단어와 문구를 단순하고 간결하게 유지하는 것
천천히 진행(Slow)	속도를 늦추면서 정서적 과정 진행
부드러움(Soft)	부드러운 목소리로 진행
내담자의 언어(Client's words)	내담자가 말한 단어를 그대로 사용

[연습 2-1]

다음 각 상황에서 내담자의 이야기를 듣고 할 수 있는 상담사의 RISSSC 반응을 써 보자.

내: 압박감보다는 숨이 막히고, 나를 짓눌러 오고, 고통스럽고, 뭔가 이미지가 떠올라요. 이미지는 나를 막 쥐어짜는 기분이에요. 이 모든 압축기가 나를 막 하나로 뭉쳐서…… 누르는 느낌은 있는데 눈동자가 사라졌어요.

상: 그 누르는 느낌에서 호흡을 해 보실래요. '민들레님은 평가받아야 될 대상이 아닙니다. 민들레님은 그 자체로서 빛나는 존재입니다. 그 느낌은 민들레님의 것이 아니라 그들이 준 잘못된 것입니다.' (눈물을 흘린다)

반복(Repeat): ____________________

이미지(Image): ____________________

단순함(Simple): ____________________

천천히 진행(Slow): ____________________

부드러움(Soft): ____________________

내담자의 언어(Client's words): ____________________

(3) 과거형을 현재형으로 질문하기

다음 각 상황에서 과거형을 현재형으로 질문하는 상담사의 반응을 써 보자.

[연습 2-2]

내1: 초등학교 때는 아버지가 무조건 무서웠어요. 때리고 협박하고, 쫓아내고.

상1: ____________________

내2: 두리번거리고 어떻게 해야 할지 몰라서 숨어 있어요.

상2: ____________________

내3: "아무리 화가 나도 나를 때리지 마, 말로 해. 미안하다고 진심으로 사과해." "미친 짓 하면서 나를 무섭게 하지 마."라고 말해 주고, "데리고 나가 주면 좋겠어요.."라고 말해 주고, 데리고 나가 주면 좋겠어요.

상3: ____

내4: 네가 잘못한 거 아니야. 그런 상황에서는 누구나 제대로 말하기 힘들거든.

상4: ____

내5: 그럴 수도 있겠다는 생각이 들어요.

(4) 감정의 강도에 맞추어 반응하기

다음 각 상황에서 내담자의 이야기를 듣고 감정의 강도에 맞추어 상담사의 반응을 써 보자.

[연습 2-3]

내1: 초등학교 5학년 때 영어 그룹 과외를 할 때 '못한다, 못한다', 하니까 나는 그냥 너무 싫었어요. 그 숙제를 항상 못 했고. 모르니까! 근데 이번만큼은 진짜 내가 완벽하게 해서 그래도 '저 해 왔죠' 이걸 보여 주고 싶었는데 내가 그때 뭘 또 실수했는지 착각을 했는지 못 한 거예요. 내가 밖에 나가서 손을 막 벽에다 긁고 결국 밤이 되었을 때 목도리로 막 목을 조르고 그랬어요.

상1: (행동 위치)

상2: (표면감정 위치)

상3: (속감정 위치)

3) 반영하기 연습

(1) 상황별 연습

[연습 2-4]

다음 각 상황에서 내담자의 이야기를 듣고, 상담사의 반영하기 반응을 3개씩 써 보자.

내1: 그런 상황이 안 오는 것이 최고지만 그렇지 않으면 안도감을 주면 될 것 같아요.

반영하기: ____

____

[연습 2-5]

내2: 그 사람이 어떤 표정을 짓느냐가 중요하진 않은 것 같아요. 대신 엄마가 이렇게 이야기를 해 주면 될 것 같은 생각이 들어요. 안도감이 들도록 알려 주면 될 것 같아요.

반영하기: ______________________________

____

[연습 2-6]

내3: 분노 때문에 저도 모르게 아빠한테 이야기한 것 같아요. 그러고 나서는 아빠가 싫어졌어요. 상담을 통해 이야기해 봐도 상황이 좋아질 것 같지는 않다는 생각이 들었어요. 상담사가 내 마음을 잘 모르는 것 같아요.

반영하기: ______________________________

____

[연습 2-7]

내4: 엄마가 미워요. 내가 엄마한테 이런 이야기를 하면 엄마는 무슨 생각을 할까 싶어요. 저는 그냥 사랑한다는 말을 듣고 싶은데 엄마가 그건 당연하다고 하면 화가 나요. 내가 사랑받을 수 있는 존재라는 것을 알면 될 것 같은데……. 그다음에 어떻게 해야 할지 잘 모르겠네요. 내가 사랑받는 존재라는 것을 느끼면 더 이상 불안해하지 않을 것 같아요.

반영하기: ______________________________

____

[연습 2-8]

내5: 내가 버려질까 봐 미움받을까 봐 하는 무서움이었던 것 같아요. 지금 팀장한테는 그런 마음은 들지 않아요. 다만, 뭔가를 해내야지 이 상태가 지속되는 것 같아요. 그러고 보니 지금까지 내가 잘해야지 인정의 상태가 지속된다는 생각은 타인과의 관계에서 항상 생겼던 것 같아요. 저는 이 마음이 잘못됐다는 걸 받아들이고 이 사람의 인정을 받지 않아도 내가 가치 있다고 느끼고 싶어요. 더 이상 상대에게 인정받아야지 하는 생각을 하고 싶지 않아요.

반영하기: ______________________________

____

4) 3인조 실습

(1) 실습방법

- 내담자는 [연습 2-4]부터 [연습 2-8]까지 제시된 내용 중 선택하여 내담자의 이야기를 그대로 읽는다.
- 상담사는 내담자의 이야기를 듣고 다양하게 반영해 본다.
- 관찰자는 상담사의 반영 반응이 적절했는지를 ∨체크한다. 동시에 사용한 반영기법을 기록한다. (1: 매우 부적절함, 3: 약간 부적절함, 5: 보통, 7: 적절함, 10: 매우 적절함)
- 3인조는 역할을 바꿔 가며 상황별 반영하기를 실습해 본다.

상황	1	3	5	7	10	반영기법
2-4						
2-5						
2-6						
2-7						
2-8						

(2) 실습 후 피드백

- 상담사는 상황별 반영하기 반응에서 어려운 점에 대해 나눈다.
- 내담자는 상담사의 반영하기 반응에서 느낀 점과 유용했던 점을 피드백한다.
- 관찰자는 효과적인 반영하기 반응에 대해 피드백하고 상황별 가장 유용한 공감하기 반응에 대해 토의하고 기록해 본다.

상황	유용한 반영하기 반응
2-4	
2-5	
2-6	
2-7	
2-8	

(3) 성찰하기

- 평소 상대방의 이야기를 들을 때 반영하는가? 이때 어려움은 무엇이고 어떻게 극복할 수 있는가?

- RISSSC manner 기법을 사용해 본 적이 있는가?

- 반영하기 연습을 통해 배운 점과 변화되어야 할 지점, 상담장면에서의 적용 계획을 적어 본다.

배운 점	
변화가 필요한 지점	
적용 계획	

3. 직면하기

1) 직면하기 핵심체크

(1) 직면 단계

직면단계	핵심체크
1단계	관찰하기: 불일치(언어적 메시지와 비언어적 메시지, 믿음과 경험 간, 가치와 행동, 말과 행동, 경험과 계획, 언어적 메시지 간) 관찰하기: 양가성 관찰하기: 이중 메시지
2단계	불일치를 요약하고 명료화하고 내적, 외적 갈등을 탐색하기(갈등으로 인해 내담자가 어떤 딜레마에 빠져 있는지, 불일치를 계속 유지함으로써 어떤 욕구가 충족되고 있는지를 탐색하기)
3단계	수용 가능한 정도로 공감적 직면
4단계	직면의 효과성을 관찰하고 평가하기: 내담자의 변화단계 측정(CAS: 불일치를 인정하지 않음, 불일치의 일부만 인정함, 불일치를 완전히 인정하고 해소하기 위해 노력함)

(2) 공감적 직면방법

• 한편으로는 _________하지만, 다른 한편은 _________군요.
• 당신은 _________라고 이야기하지만, 또 _________라고 이야기도 하는군요.
• 당신은 _________라고 이야기하지만, 비언어적으로는 _________처럼 보이는군요.
• 나는 _________라고 들었지만, 또 _________라고도 들리는군요.

(3) 불일치 상황별 핵심질문

불일치 6가지 상황	예시
언어적 표현과 비언어적 표현	지금 기쁘다고 하시는데 한숨을 쉬시네요.
말과 행동	아무 일 없이 모든 것이 잘 진행되고 있다고 말하고 있는데, 표정이 굳어 있고 목소리가 힘이 없게 들리네요.

두 가지 행동	아빠한테 맞추지 않겠다고 했음에도 여전히 아빠한테 맞추고 계시네요.
두 느낌	민들레님은 아빠가 무섭다고 하지만 아빠가 챙겨 주는 것은 좋아하시네요.
이상적 자아와 경험하는 자아 (경험과 계획)	내 스스로 세운 기준이 높다고 하시면서 직장에서의 높은 기준 때문에 힘들어하시네요.
가치와 행동	아버지에 대한 미움이 있지만 용서해야 될 것 같아서 아버지를 챙겨주고 계시네요.

2) 직면하기 연습

다음 각 상황에서 내담자의 이야기를 듣고, 상담사의 직면하기 반응을 3개씩 써 보자.

[연습 3-1]

내1: 엄마는 나한테 필요한 것을 까먹는 반면, 아빠는 내가 말하기도 전에 이것이 필요하겠거니 하고 도움을 줘요. 그런데 막상 내가 필요로 하는 것은 따로 있는데 그걸 말로 표현하지는 않아요. 엄마는 아예 모르니까 화를 낼 수 있는 명분이 있는데 아빠는 나를 돌봐 주니까 정작 필요한 다른 욕구를 표현하기 힘들어요. 그래서 아빠에 대한 감정은 너무 복잡한 것 같아요.

직면하기: ______________________________

____

[연습 3-2]

내2: 아빠는 내 욕구를 살피고 있는데 화를 내도 되는지…… 화를 내기에는 죄책감이 들어요. 아빠도 시골 내려가서 할 일이 있고 힘들다고 하니까…… 잘해 주는 것이 싫어요. 잘해 주면 내가 화낼 수 없잖아요.

직면하기: ______________________________

____

[연습 3-3]

내3: 선생님이 이야기한 것처럼 제가 힘이 생겼다는 이야기에 동의하기 힘들어요. 저 그 자체로 괜찮다고 받아들이기가 힘들어요. 저는 스스로 가치증명을 해서 인정받았다고 생각이 들어요.

아직 저는 가치가 없네요. 나에 대한 인식이 바뀐 것일까요. 회사에서 일을 안 하고 돈을 받는 선배들을 보면서 제가 이상하다고 생각했던 것 같아요.

직면하기: ______________________________

____

[연습 3-4]

내4: 선생님 말씀대로 무섭지만 견딜 수 있는 상태는 된 것 같아요. 예전에는 무서움이 100이었다면 지금은 30 정도 된 것 같아서 많이 줄어든 것 같은데……. 한편으로 내 안에 숨겨져 있는 마음이 드러난 것 같아요. 제가 답답해요. 화가 나요. 내가 이렇게 문드러져 살아왔다고 생각하니까. 그런데 알아 버린 것도 마음에 안 들어요. 그래서 직장과 가족에게 이런 마음을 이야기했죠.

직면하기: ______________________________

____

3) 3인조 실습

(1) 실습방법

- 내담자는 [연습 3-1]부터 [연습 3-4]까지 제시된 내용 중 선택하여 내담자의 이야기를 그대로 읽는다.
- 상담사는 내담자의 이야기를 듣고 4단계 직면을 연습한다.
- 관찰자는 상담사의 직면 단계가 적절했는지를 ∨체크한다. 동시에 사용한 직면기법을 기록한다. (1: 매우 부적절함, 3: 약간 부적절함, 5: 보통, 7: 적절함, 10: 매우 적절함)
- 3인조는 역할을 바꿔 가며 상황별 직면하기를 실습한다.

상황	1	3	5	7	10	사용한 직면단계
3-1						
3-2						

3-3						
3-4						

(2) 실습 후 피드백

- 상담사는 4단계 직면하기 연습에서 어려운 점에 대해 나눈다.
- 내담자는 상담사의 4단계 직면하기 연습에서 느낀 점과 유용했던 점을 피드백한다.
- 관찰자는 4단계 직면하기 연습에 대해 피드백하고 상황별 가장 유용한 직면하기 반응에 대해 토의하고 기록해 본다.
- 표에는 3인조 실습 후 다른 조원들로부터 받은 피드백을 요약하여 기록해 본다.

상황	유용한 직면하기 반응
3-1	
3-2	
3-3	
3-4	

(3) 성찰하기

- 상담사로서 '6가지 불일치 상황' 중 주로 어떤 것이 나타나는가?

- 직면하기를 통해 배운 점과 변화되어야 할 지점, 상담장면에서 적용할 계획을 적어 본다.

배운 점	
변화가 필요한 지점	
적용 계획	

4. 해석하기

1) 해석하기 핵심체크

해석	해석 지침
해석준비	탐색적 질문으로 서서히 해석 주제에 접근하고 적절한 시점에 해석을 사용하는 것이 유용함
해석자료	내담자가 상담 중에 이야기한 진술, 즉 임상자료(clinical data)에 들어 있는 사실과 정보들을 사용함
해석시기	라포형성 이후 적절함
해석 부적합 내담자	• MMPI 자아강도(Es)나 방어척도(K)가 낮은 경우 • 우울이 심한 내담자 • 어린 청소년 • 지적능력이 낮은 내담자
해석방법	긍정적이고 적극적인 내용의 해석은 내담자의 저항의식과 방어기제의 발동을 방지하는 효과를 얻을 수 있음
해석예시	"내가 보기에는 ~같은데요." "~할 가능성도 있지요." "~해석도 있을 수 있습니다." "당신은 ~때문에 ~처럼 행동하는 것 같습니다." "아마, ~것들이 원인일 수도 있을 것 같군요." "당신의 ~한 태도는 ~로 인한 것 같습니다."
성찰적 해석	"당신의 어린 시절과 현재 간에 어떤 연관성이 있다는 것을 알 수 있나요?" "당신의 이전 관계와 현재와의 관계에 어떤 연관성이 있다는 것을 알 수 있나요?" "당신의 이전 상담사와의 관계와 지금 상담사와의 관계 간에 어떤 연관성이 있다는 것을 알 수 있나요?"
해석 후 확인	"제가 말했던 것에 대한 당신의 반응이 궁금합니다." "제가 지금까지 이야기한 것이 당신에게 얼마나 맞나요?"

2) 해석하기 연습

다음 각 상황에서 내담자의 이야기를 듣고, 상담사의 해석하기 반응을 3개씩 써 보자.

[연습 4-1]

내1: 대학교 때 학교에서 거의 낙제에 가까운 성적이에요. 책상에 오래 앉아 있으려고 노력하고 공부할 시간을 더 가지기 위해 남자친구랑 헤어지기까지 했어요. 그런데도 집중을 못하고 창밖을 응시하거나 사람들을 살펴요. 동시에 '너는 재능이 없다'는 교수님의 말이 정말인 것 같아요.

해석하기: ______________________________

____

[연습 4-2]

내2: 4학년 때 졸업이 임박했고, 졸업 후 무엇을 할 것인지 결정해야 하는데 고민했었어요. 부모님이 취업 압박을 주시는데 저는 제가 바라는 것이 무엇인지조차 헷갈렸거든요. 전공 성적이 나빠서 퇴학당하는 꿈을 주기적으로 꾸는데, 꿈속에서 저는 수업을 받을 수 없을 것 같고, 그 수업의 어떤 내용도 이해하지 못했어요. 실제로 저는 제대로 시험을 본 적이 없어요. 이번 전공과목에서도 D학점을 받았거든요…….

해석하기: ______________________________

____

[연습 4-3]

내3: 근데 최근 결혼을 해도 되겠다는 생각을 한 것 같아요. 남친이 나에게 조건 없는 사랑을 주니까 안도감을 느낀 것 같아요. 그런데 아이는 낳고 싶지 않아요. 자신이 없어요. 그래서 부모님에게 어떻게 이야기를 꺼내야 할지 고민이 돼요. 이런 걸 보면 저는 아직 엄마 눈치를 보는 것 같아요.

해석하기: ______________________________

____

3) 3인조 실습

(1) 실습방법

- 내담자는 해석하기 [연습 4-1]부터 [연습 4-3]까지 제시된 내용 중 선택하여 내담자의 이야기를 그대로 읽는다.
- 상담사는 내담자의 이야기를 듣고 다양하게 해석하기를 실습해 본다.
- 관찰자는 상담사의 해석 반응이 적절했는지를 ∨체크한다. 동시에 사용한 해석기법을 기록한다. (1: 매우 부적절함, 3: 약간 부적절함, 5: 보통, 7: 적절함, 10: 매우 적절함)
- 3인조는 역할을 바꿔 가며 상황별 해석하기를 실습해 본다.

상황	1	3	5	7	10	사용한 해석기법
4-1						
4-2						
4-3						

(2) 실습 후 피드백

- 상황별 유용한 해석하기 반응을 써 보자.

상황	유용한 해석하기 반응
4-1	
4-2	
4-3	

- 상담사는 해석하기 연습에서 어려운 점에 대해 나눈다.
- 내담자는 상담사의 해석하기 반응에서 느낀 점과 유용했던 점을 피드백한다.
- 관찰자는 효과적인 해석하기 반응에 대해 피드백하고 상황별 가장 유용한 해석하기 반응에 대해 토의하고 기록해 본다.

(3) 성찰하기

- 평소 상대방의 이야기를 들을 때 해석하려고 하는가? 이때 어려움은 무엇이고 어떻게 극복할 수 있는가?

- 상담과정에서 내담자가 상처받을까 봐 해석하기가 고민될 때 어떻게 반응하는가?

- 해석하기를 통해 배운 점과 변화되어야 할 지점, 상담장면에서의 적용 계획을 적어 본다.

배운 점	
변화가 필요한 지점	
적용 계획	

5. 즉시성

다음 표는 즉시성과 자기개방을 사용할 때 유용한 핵심체크사항이다.

1) 즉시성과 자기개방 사용 핵심체크

분류	즉시성	자기개방
사용 시기	1. 상담자와 내담자의 상담관계에서 방향감이 없는 관계가 나타날 때 2. 긴장감이 감돌고 있을 때 3. 신뢰에 의문이 제기될 때 4. 사회적 거리가 있다고 볼 때 5. 내담자 의존성이 있을 때 6. 역 의존성이 있을 때 7. 친밀감이 과할 때	1. 내담자가 현재의 갈등을 자기만 겪는 혼자만의 문제로 지각하고 있을 때 2. 상담사의 이야기가 내담자에게 도움이 된다고 판단될 때 3. 상담사의 비슷한 경험이 도움을 줄 수 있다고 여겨질 때 4. 대답을 절실히 원하는 내담자의 질문이 있을 때
주의점	라포 형성 이후 사용	정해진 시기가 없지만 민감성 있게 듣고 사용
방법	현재시제로 기술 민들레님이 ~ 이야기를 하니 제 마음이 아픕니다.	과거시제로 기술 저도 민들레님처럼 ~한 경우가 있었습니다.

2) 즉시성 사용 핵심체크

다음은 즉시성을 상담에 사용할 때 적용할 수 있는 핵심질문이다.

내담자 상황	즉시성 표현 예시
1. 문제가 없다고 말할 때	문제가 없다고 이야기하시면서 상담에 오는 것이 어떤 의미일까요? 상담이 도움이 되실까 걱정이 됩니다.
2. 상처 이야기할 때	저 역시 가슴이 아픕니다. 그러나 민들레님의 깊은 상처를 나눠 주셔서 안심이 됩니다.
3. 비난할 때	저는 민들레님을 어떻게 도와야 할지 고민이 됩니다. 상담관계에 대해 어떻게 느끼시는지 궁금해요.
4. 잘 모른다고 할 때	저는 민들레님이 이 상담에 대하여 어떻게 느끼는지 확신할 수 없었는데 회기 내내 생각하게 되었다고 말할 때 놀랐어요.

5. 말을 거부할 때	제가 하는 모든 말을 거부하셔서 말하기가 조심스러웠어요.
6. 관계 질문해야 할 때	민들레님이 오늘 회기에서 했던 반응이 궁금하네요.
	제가 민들레님을 격려했을 때 어떤 것을 느꼈나요?
	민들레님이 지금 저에게 바라는 것은 무엇인가요?
7. 내담자에 대한 상담사 반응에 대한 진술	오늘 민들레님과 거리감이 느껴지는데 어떻게 느꼈는지 궁금합니다.
	오늘 민들레님과 감정을 나누니 심리적으로 접촉되는 것이 느껴지네요.
8. 드러나지 않은 것을 명백하게 할 때	오늘 또 늦었네요. 상담에 오는 것이 민들레님에게는 어떤 느낌인지 궁금하네요.
	계속 시계를 보고 있네요. 민들레님은 지금 상담에 대해서 어떻게 느끼고 있나요?
	아버지를 말할 때, 민들레님이 화난 것처럼 보였어요. 민들레님 안에서 무슨 일이 일어나고 있나요?
9. 내담자가 상담사에게 반응하는 것이 타인과의 관계와 유사한지 확인할 때	민들레님은 아무도 당신을 이해하지 못한다고 말하고 있어요. 지금 제가 당신을 이해하지 못하고 있는 것이 무엇인지 말해 줄 수 있나요?
	누군가 당신을 비난하면 매우 흥분한다고 말했는데 바로 지금 미루는 것을 제가 이야기할 때 뒤로 물러서네요. 제가 민들레님을 비난한다고 느끼시나요?
	민들레님이 제 질문을 피하는 것을 보니 속상하네요.

3) 즉시성 연습

다음의 내담자 상황을 보고 즉시성을 표현할 수 있는 예시를 적어 보자.

[연습 5-1]

내담자 상황	즉시성 표현 예시
1. 문제가 없다고 말할 때	
2. 상처 이야기할 때	
3. 비난할 때	
4. 잘 모른다고 할 때	
5. 말을 거부할 때	
6. 관계 질문해야 할 때	

7. 내담자에 대한 상담사 반응에 대한 진술	
8. 드러나지 않은 것을 명백하게 할 때	
9. 내담자가 상담사에게 반응하는 것이 타인과의 관계와 유사한지 확인할 때	

4) 3인조 실습

(1) 실습방법

- 내담자는 즉시성 상황 1~9까지 제시된 내용 중 선택하여 내담자의 이야기를 그대로 읽는다.
- 상담사는 내담자의 이야기를 듣고 다양하게 즉시성을 실습해 본다.
- 관찰자는 상담사의 즉시성 반응이 적절했는지 숫자를 기록한다. (1: 매우 부적절함, 3: 약간 부적절함, 5: 보통, 7: 적절함, 9: 매우 적절함)
- 3인조는 역할을 바꿔 가며 상황별 즉시성을 실습해 본다.

관찰항목	상황								
	1	2	3	4	5	6	7	8	9
1. 상담자는 내면에서 일어나는 반응과 상담에서 일어나는 현상을 민감하게 자각하는가?									
2. 상담사는 자신의 감정에 일치적으로 표현했는가?									
3. 상담자 내면에서 일어나는 반응과 생각을 신뢰하고 허용하는가?									
4. 상담사가 자신의 문제를 투사하고 있는가?									
5. 상담사는 내담자와 라포 형성을 충분하게 고려했는가?									

(2) 실습 후 피드백

- 상담사는 즉시성 반응에서 어려운 점에 대해 나눈다.
- 내담자는 상담사의 즉시성 반응에서 느낀 점과 유용했던 점을 피드백한다.
- 관찰자는 효과적인 즉시성 반응에 대해 피드백하고 상황별 가장 유용한 즉시성 반응에 대해 토의하고 기록해 본다.

상황	유용한 즉시성 반응
1	
2	
3	
4	
5	
6	
7	
8	
9	

(3) 성찰하기

- 즉시성을 통해 배운 점과 변화되어야 할 지점, 상담장면에서의 적용 계획을 적어 본다.

배운 점	
변화가 필요한 지점	
적용 계획	

6. 자기개방

1) 자기개방 사용 핵심체크

다음은 상담 시 자기개방을 사용할 때 고려해야 할 핵심사항이다.

영역	자기개방 핵심체크
자기개방 목적	내담자의 성장에 도움이 되는가?
자기개방 근거	자기개방 이외의 다른 개입을 시도했는가?
자기개방 방법	자기개방 수준이 적당한가? 자기개방이 내담자에게 부담이 되는가?
자기개방 시간	적절한 타이밍에 하는가?
적절한 타이밍	신뢰 관계가 형성되었는가? 이야기의 맥락상 내담자에게 필요한 것인가?
상담주제의 일치성	상담주제와 일치하는가?

2) 자기개방 연습

다음 각 상황에서 내담자의 이야기를 듣고, 상담사의 자기개방 반응을 써 보자.

[연습 6-1]

내1: 제가 이 나이에 상담공부를 한다는 것이 맞나? 할 수나 있을까 하는 생각을 하거든요. 내가 상담직업에 적성이 맞지 않는 것 같아요. 투자한 것만큼 받을 수는 있을까? 아니 내 용돈벌이는 할 수 있을까 라는 생각을 해요. 지금도 내가 돈이 없는데 이 나이에 나를 위해서 돈을 쓰는 것 같아 눈치가 보이거든요.

자기개방: ______________________________

____

[연습 6-2]

내1: 저는 지금 학교에서 거의 낙제에 가까운 성적이에요. 책상에 오래 앉아 있으려고 노력하고 공부할 시간을 더 가지기 위해 여자친구랑 헤어지기까지 했어요. 그런데도 집중을 못 하고 창밖을 응시하거나 사람들을 살펴요. 동시에 '너는 재능이 없다'는 교수님의 말이 정말인 것 같아요.

자기개방: ______________________________

____

[연습 6-3]

내1: 아이가 죽고 난 후 삶의 의미가 없더라구요. 가해자를 죽이고 싶은 마음이 있고…… 갑작스런 소식에 일이 손에 잡히지도 않아요.

자기개방: ______________________________

____

3) 3인조 실습

(1) 3인조 실습방법

① 상담사는 자기개방 표현예시를 먼저 연습해 본다.

② 내담자는 위의 자기개방 연습에 나온 내담자 상황별 역할을 한다.

③ 관찰자는 상담사의 자기개방 반응이 적절했는지를 ∨체크한다. 동시에 사용한 자기개방기법 중 벗어난 것이 있다면 기록한다. (1: 매우 부적절함, 3: 약간 부적절함, 5: 보통, 7: 적절함, 10: 매우 적절함)

④ 3인조는 역할을 바꿔가며 상황별 자기개방을 연습해 본다.

상황	1	3	5	7	10	핵심체크사항
6-1						
6-2						
6-3						

(2) 실습 후 피드백

- 상담사는 상황별 자기개방하기 반응을 내담자에게 할 때 어려웠던 점을 나눈다.
- 내담자는 다양한 자기개방하기 반응을 받는 입장에서 어떤 질문이 좋았고 유용했는지에 대해서 피드백한다.
- 관찰자의 피드백을 듣고 상황별 가장 유용한 자기개방하기 반응에 대해 토의하고 기록해 본다.

상황	유용한 자기개방하기 반응
6-1	
6-2	
6-3	

(3) 성찰하기

- 상담사로서 당신은 평소 이야기를 할 때 상대에게 자기개방을 사용하는가? 하지 못한다면 그 이유는 무엇이라고 보는가? 당신의 어려움은 무엇이며, 이것을 어떻게 극복할 수 있을까?

- 상담사들은 자기개방을 과도하게 사용한다. 이럴 때 내담자는 어떤 마음이 들까를 생각해 본 적이 있는가?

- 자기개방하기를 통해 배운 점과 변화되어야 할 지점, 상담장면에서의 적용 계획을 적어 본다.

배운 점	
변화가 필요한 지점	
적용 계획	

7. 상담사의 다양한 반응 인식하기

1) 상담사 반응 실습

[연습 7-1] 다양한 상담 개입기술로 실습하기

지금까지 실습한 상담 개입기술을 종합적으로 실습해 보는 시간이다. 상담사의 질문에 나타난 개입기술을 다음 목록의 첫 글자의 약자로 써 보자.

- 개방형 질문=개
- 폐쇄질문=폐
- 지시반응=지
- 과제주기=과
- 명료화하기=명
- 재진술=재
- 해석하기=해
- 자기개방=자
- 격려하기=격
- 정보 제공하기=정
- 인정하기=인
- 공감하기=공
- 즉시성=즉
- 직면하기=직
- 반영하기=반
- 중단시키기=중

상담사의 질문	개입기술
1. 아빠가 어디 갔다 왔냐고 추궁하면 어떻게 반응할 것인가?	
2. 제가 이해했는지 확인해 볼게요. 엄마한테 커밍아웃하고 싶은 걸까요?	
3. 민들레님은 아버지와 화해하는 것을 원하지 않는군요.	
4. 두렵겠지만 아버지에게 '싫어.'라고 말할 수 있을 거예요.	
5. 아버지가 때리면 핸드폰을 들고 집 밖으로 나가서 경찰에 신고하세요.	
6. 지금도 아버지에게 이야기하는 것이 두려우실까요?	
7. 민들레님은 아버지와 싸우기를 원하지만, 여전히 비위를 맞추고 있으시네요.	
8. 아빠에게 무섭다고 무조건 이야기해 보세요.	

9. 민들레님은 남편의 폭력 속에서 어릴 때 아빠의 폭력이 떠올라서 더 무섭게 느껴지시는 것 같습니다.	
10. 민들레님은 지금 몇 분 동안 아버지에 대한 분노를 얘기하는 것을 점점 더 불편해하고 있는 것 같습니다.	
11. 잠시 멈춰도 되겠습니까? 제가 자세한 사항 몇 가지를 놓치고 있는 것 같아요.	
12. 결혼 생활보다 어릴 때 아빠에게 폭력을 당할 때가 훨씬 더 두렵고 힘들었네요.	

[연습 7-2]

〈사례 2〉 축어록 기록방법(제4장의 '모델링')대로 표기해 본다. 단, 상41~상80까지 기록한다.

번호		축어록 내용	상담 개입기법	대안 질문하기
상	41			
상	42			

⋮

개입기법	횟수	개입기법	횟수	개입기법	횟수
비언어적 반응		명료화		해석	
단순반응		중단시키기		즉시성	
재진술		요약		자기개방	
앵무새 반응		공감		과제 주기	
간접질문		반영		정서적 개입	
직접질문		격려		인지적 개입	
개방형 질문		설명 또는 조언		행동적 개입	
폐쇄형 질문		직면		체계적 개입	

제4장

정서, 인지, 행동적 개입기술

다음 그림(김형숙, 2021a. p. 308)에 제시된 개입기술들은 앞서 연습했던 공통적 상담개입기술을 충분히 연습을 한 후 사용하는 것이 안전하다. 지금부터는 상담이론적 접근에 따라 사용되는 정서적, 인지적, 행동적, 체계적 개입기술을 연습하고자 한다.

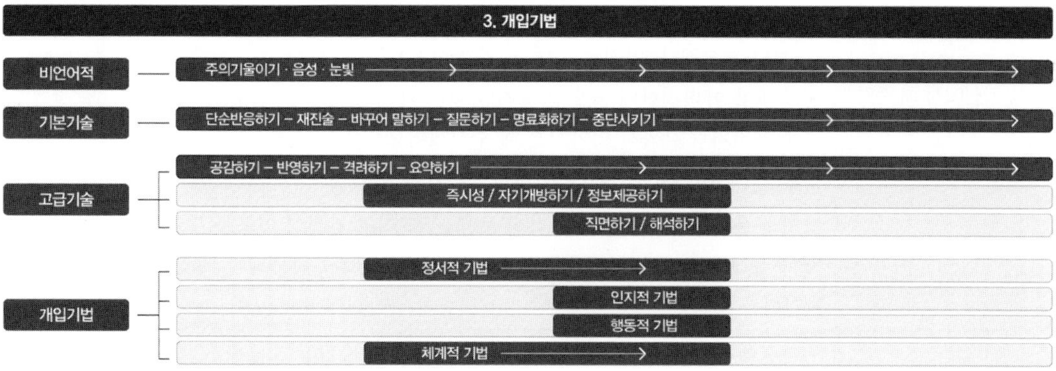

〈상담사의 개입기술〉

1. 정서적 개입기술

정서적 개입기술은 내담자의 심리적 위치 중 속감정, 욕구, 자기자신(self)을 탐색하거나 반응할 때 효과적이다(김형숙, 2021a, p. 344).

내담자의 심리적 위치	공감수준상태
행동	내담자의 행동 경향성을 반영한다.

표면감정	행동 이면의 표면감정을 반영한다.
신체감각	표면감정 이면에 있는 신체감각을 반영한다.
속감정	**표면감정 이면의 속감정을 반영한다.**
욕구	**속감정 이면의 욕구를 반영한다.**
자기자신	**자기자신(self)의 존재를 인정해 준다.**

1) 자기 수용 및 챙김

(1) 자기 수용 및 챙김 핵심체크

사용 시기	• 상담 초기에 사용
사용 대상	• 자기 인정이나 수용이 어려운 내담자
자기 수용이 안 되고 있는 단서	• 자기비난, 자기혐오(내 모습이 너무 싫다, 내 존재 자체가 너무 혐오스럽다, 나를 볼 때마다 자괴감이 느껴진다)
듣고 싶은 말을 자신에게 해 주기	• 상대방(아버지)한테 듣고 싶은 말은 무엇인가요? (그냥 수고했다, 인정해 주면 될 것 같아요) • 그 말을 아버지한테 들으면 좋지만 내가 나에게 해 주는 방법도 있습니다. 두 팔로 아기처럼 감싸서 이야기를 해 주시겠어요?
사용 예시	• **수 · 고 · 애 · 괜**(수고했다, 고맙다, 애썼다, 괜찮아) 잠시 눈을 감고 두 팔로 나를 감싸 보세요. 그리고 자신의 이름을 부르면서 이야기해 주실래요? (민들레야 수고했다, 민들레야 고맙다, 민들레야 애썼어, 민들레야 괜찮아)
주의점	• 자신에게 너그럽지 못한 내담자일 때, 신체나 자기상에 대한 수치심이 크기 때문에 이 과정이 오래 걸릴 수 있다. • 내담자가 '못 하겠다.' '어색하다.'라고 거부 반응을 보일 때 상담사는 포기하면 안 된다. '그럴 수 있다.'라고 내담자의 마음을 먼저 공감한 후 다시 시도해 볼 수 있도록 한다. • 상담사가 어떠한 상황이 와도 다룰 수 있으리라는 믿음이 없거나 충분한 실습이 되지 않을 경우에는 사용하지 않는다.

(2) 3인조 실습

① 실습방법

• 이 실습은 내담자가 자기 수용 및 챙김으로 자기 만남을 할 수 있도록 돕기 위한 상담

사의 반응을 연습해 보는 것이다. 위의 표에서 배웠던 체크 사항들을 떠올리면서 조원들과 실제로 상담을 진행하며 배운 것들을 적절하게 적용해 본다.

- 먼저 상담사, 내담자, 관찰자의 역할을 정하고 자기수용 및 챙김 핵심체크에서 배웠던 사용 예시대로 자기 수용 및 챙김을 반복해서 읽고 충분히 익숙해질 때까지 연습한다.
- 상담사는 자기 수용 및 챙김 기법을 적절하게 사용하여 50분으로 한 회기 상담(최소 30분 이상)을 진행한다.
- 관찰자는 상담사와 내담자의 비언어적인 것을 관찰한다. 자기수용 및 챙김이 가장 잘 드러난 내담자의 비언어적인 표정과 그 지점에서 반응한 상담사의 질문을 피드백한다.

② 실습 후 피드백

- 상담사는 자기 수용 및 챙김 반응을 할 때 어려웠던 점에 대해 나눈다.
- 내담자는 상담사의 자기 수용 및 챙김 반응에서 느낀 점과 유용했던 점을 피드백한다.
- 관찰자는 상담사의 자기 수용 및 챙김 반응 및 기록한 언어적 반응과 비언어적 반응에 대해서도 피드백한다.
- 다음의 표에는 3인조 실습 후 다른 조원들로부터 받은 피드백을 요약하여 기록해 본다.

상담사로서 피드백받은 내용
관찰자로부터: 내담자로부터:

내담자로서 상담사의 반응을 듣고 느낀 점

③ 성찰하기

• 평소 상대방의 이야기를 들을 때 자기 수용 및 챙김 반응을 잘 하는 편인가? 만약 그렇지 않다면 어려움은 무엇이고 어떻게 극복할 수 있는가?

• 이번 실습을 통해서 배운 점은 무엇인가?

• 이번 실습을 통해서 새롭게 알게 되었거나 이미 알고 있었던 것과 다르게 느낀 부분이 있는가?

2) 안전기지 기법

(1) 안전기지 기법 핵심체크

사용 대상	• 트라우마가 심한 내담자 • 깊은 우울로 힘이 필요한 내담자 • 자신감이 없거나 심하게 위축되어 지지가 필요한 내담자
준비 사항	• 심상작업의 목표와 이유 설명하기 눈을 감고 상황을 떠올리면서 민들레님이 살면서 경험한 어려움을 더 잘 다룰 수 있게 될 것입니다. 지금 겪고 계신 고통과 어릴 적 경험의 관계를 알아차릴 수 있으며 나를 더 잘 이해하게 될 것입니다. • 심상작업의 근거 설명하기 뇌는 상상과 현실을 구분하지 못합니다. 상상하는 것과 현실에서 실제로 하는 것이 뇌에서는 동일한 신경학적인 과정을 거치게 됩니다. 뇌의 이런 특성을 활용해서 민들레님의 고통을 해결하는 방법을 심상작업이라 합니다. • 심상을 떠올리는 호흡하기 눈을 감고 3번 호흡을 해 봅시다. 숨이 들어가고 나가는 것에만 집중해 볼게요.

사용 방법	• 내가 가장 안전하고 편안하다고 느끼는 장소, 혹은 대상, 그것은 실제여도 되고 상상의 인물이나 장소여도 괜찮습니다. 그 어떤 것이든 떠올려 보세요. • 눈앞에 그것이 보이면 고개를 끄덕여 주세요. • 무엇이 보이시나요? (시각, 청각, 체각 심상을 활용하여 그 장면을 묘사하기) • 그 이미지를 내 몸 어딘가에 저장된 이미지로 언제든지 떠올릴 수 있도록 몸에 신호장치(버튼)를 만들어 보겠습니다. 내 신체 어디에 저장하고 싶으세요? (엄지손가락이라고 한다) • 신호 장치를 통해 충분히 느끼고 언제든 저장된 그 이미지를 불러올 수 있습니다. 그 이미지가 떠오르면 천천히 눈을 뜨셔도 됩니다. • 자꾸 떠오르는 이미지나 장면은 무엇인가요? • 경고 알람 찾기: 위험하다고 느낄 때 나의 몸은 어떻게 반응하나요? • 무엇이 나를 안전하다고 느끼게 하거나, 편안한 상태로 만들어 주나요? • 나는 어느 장소에서 가장 편안함을 느끼나요?
주의점	• 라포 형성이 된 이후 사용 • 전 회기에서 충분히 탐색한 후 사용 • 현실과 환상을 구분하지 못하거나 눈을 계속 감고 이완된 상태를 유지하지 못하는 내담자에게는 적절치 않음

(2) 3인조 실습

① 실습방법

- 이 실습은 안전기지 기법을 위한 상담사의 반응을 연습해 보는 것이다.
- 먼저 상담사, 내담자, 관찰자의 역할을 정하고 위의 표에서 배웠던 사용 예시대로 안전기지 기법을 반복해서 읽고 충분히 익숙해질 때까지 연습한다.
- 상담사는 안전기지 기법을 적절하게 사용하여 50분으로 한 회기 상담(최소 30분 이상)을 진행한다.
- 내담자는 상담사의 안내대로 따라간다.
- 관찰자는 상담사가 사용한 표현과 그 표현에 따른 내담자의 반응을 관찰하고 다음 표에 기록한다.

상담사의 안전기지 만들기 표현	내담자의 반응

② 실습 후 피드백

- 상담사는 안전기지 기법을 진행할 때 어려웠던 점에 대해 나눈다.
- 내담자는 안전기지 기법 상담을 통해 느낀 점과 유용했던 점을 피드백한다.
- 관찰자는 상담사의 표현과 내담자의 반응에 피드백한다.
- 다음에는 3인조 실습 후 다른 조원들로부터 받은 피드백을 요약하여 기록해 본다.

상담사로서 피드백받은 내용
관찰자로부터:
내담자로부터:

내담자로서 상담사의 반응을 듣고 느낀 점

③ 성찰하기

- 내담자에게 안전기지 기법을 진행해 본 적이 있는가? 이때 경험했거나 예상되는 어려움은 무엇이고 어떻게 극복할 수 있을까?
- 이번 실습을 통해 만든 자신의 안전기지는 무엇인가?
- 이번 실습을 통해서 새롭게 알게 되었거나 이미 알고 있었던 것과 다르게 느낀 부분이 있는가?

3) 미래 목표 달성을 위한 심상기법

(1) 미래 목표 달성을 위한 심상기법 핵심체크

사용 대상	• 자기혐오, 자기비난 등 부정적인 자기상이 강한 내담자 • 발표 등에서 자신감이 부족한 내담자 • 현재의 상황에 대한 불만족이 높고, 자신이 잘못된 길에 서 있다고 느끼는 내담자 • 우울로 일관된 생각 혹은 현실에 대한 비관적 태도에 매몰된 내담자
사용 방법	• 눈을 감고 3번 호흡을 해 봅시다. 자신이 어떻게 숨을 들이쉬고 내쉬는지에 집중해 볼게요. 지금까지 살아오면서 성취했거나 행복했던 기억을 떠올려 보세요. • 어떤 장면이 떠오르면 손을 들어 표시해 주십시오. 만약 아직 장면이 안 떠오르면 잠시 더 기다려 볼게요. • 민들레님의 모습이 어떻게 변하길 원하나요? 혹은 그 상황에서 민들레님이 원하는 것은 어떤 건가요? • 어떻게 그것이 달성되었다는 것을 알 수 있나요? 또는 어느 정도가 되면 그것을 이루었다고 생각할 수 있을까요? • 원하는 그것이 나에게 어떤 이유 때문에 중요한가요? • 그것이 달성되면 나에게 어떤 유익이 있나요? • 그것은 나에게 어떤 인생의 가치를 추구하게 만드나요? • 내가 원하는 모습이 또는 그 이상의 모습이 지금 당장 이루어졌다고 가정하고, 그 인생을 살아가는 자신의 모습을 상상해 보세요. • 눈앞에 그 모습이 보이시면 고개를 끄덕여 주세요. 무엇이 보이시나요? • 주변을 살펴보세요. 그곳은 어디며 주변에 어떤 사람들이 있나요? • 그런 모습을 보니 몸에서는 어떤 느낌이 드나요? • 그 느낌에 조금 머물러 보면서 그 장면을 바라봅시다. • 그것을 달성하기 위해 어떤 자원이 더 필요한가요? 혹은 어떤 자원이 그것을 달성하게 도와주나요? (용기라고 말하면) 좀 더 필요한 것이 있다면 어떤 것을 보완하면 될까요? • 이러한 자원들을 내 몸 어디에 저장하고 싶나요? (손바닥이라고 말하면) 손바닥의 느낌에 머무르면서 하나씩 저장해 봅시다. • 저장하고 난 손바닥의 느낌은 어떤가요? (짜릿짜릿하다) 짜릿한 그 느낌이 손바닥에서 내 몸 전체로 퍼져 가는 것을 느껴 봅니다. • 충분히 저장하고 느껴 봅시다. • 이런 자원들을 가지고 다시 한번 그 장면을 상상해 봅시다. 그 장면이 떠오르시나요? 그 장면에 머물러 봅시다. • 원하는 모습을 조금 더 바라보세요. 그것은 나에게 어떤 의미를 주나요? • 그러한 삶을 살고 있는 나는 어떤 가치관을 가지고 있나요? • 그러한 가치관을 가지고 있는 나는 어떤 사람인가요? • 충분히 그 모습을 저장해 봅시다. 숨을 크게 쉬고 다시 현재로 돌아옵니다.

주의점	• 억지스러운 노력처럼 보이지 않고 자연스럽게 진행 • 상담의 전후맥락을 고려하여 진행

(2) 3인조 실습

① 실습방법

- 상담사는 미래목표 달성을 위한 심상기법으로 실습하기 전에 주의점에 대해서 확인한다. 만약 내담자가 전 회기에 힘들었다면 심상으로 들어가기보다 힘들었던 지점을 충분히 다룬다.
- 상담사는 미래목표 달성을 위한 심상기법을 사용하기 전에 이 책 102쪽에 나오는 〈안전기지 기법〉 준비사항을 내담자에게 안내한다.
- 상담사는 내담자가 미래 목표 달성을 위한 심상기법으로 상담을 진행한다.
- 내담자는 상담사의 안내대로 따라간다.
- 관찰자는 상담사가 사용한 표현과 그 표현에 따른 내담자의 반응을 관찰하고 다음 표에 기록한다.

상담사의 미래 목표 달성을 위한 심상기법 표현	내담자의 반응

② 실습 후 피드백

- 상담사는 내담자에게 미래 목표 달성을 위한 심상기법으로 상담을 진행할 때 어려웠던 점에 대해 나눈다.
- 내담자는 미래 목표 달성을 위한 심상기법으로 통해 느낀 점과 유용했던 점을 피드백한다.
- 관찰자는 상담사의 표현과 내담자의 반응에 피드백한다.
- 다음 표에 3인조 실습 후 다른 조원들로부터 받은 피드백을 요약하여 기록해 본다.

상담사로서 피드백받은 내용
관찰자로부터:
내담자로부터:

내담자일 때 상담사의 반응을 듣고 느낀 점

③ 성찰하기

- 내담자에게 미래 목표 달성을 위한 심상기법으로 상담을 진행해 본 적이 있는가? 이때 경험했거나 예상되는 어려움은 무엇이고 어떻게 극복할 수 있을까?

- 이번 실습을 통해서 배운 점은 무엇인가?

- 이번 실습을 통해서 새롭게 알게 되었거나 이미 알고 있었던 것과 다르게 느낀 부분이 있는가?

4) 시각 심상기법

(1) 시각 심상기법 핵심체크

사용 상황	• 상담 전 회기에서 이미지 이야기를 할 경우 • 상담 회기 동안 상담변화 인지가 안 된 경우
사용 방법	• 눈을 감고 3번 호흡을 해 봅시다. 숨이 들어가고 나가는 것에 집중해 볼게요. • (이전 회기에서 이야기했던 어머니가 동생과 차별을 했던 이야기) 그 장면이 보이시면 손을 들어 표시해 주십시오. 만약 아직 장면이 안 떠오르면 잠시 더 기다려 볼게요. • 그 장면에서 무엇이 보이나요? 나는 어떤 모습으로 있나요? • 표정은 어떤가요? • 어떤 자세를 취하고 있나요? • 무엇을 하고 있나요? • 주변을 둘러보세요. 그곳은 어디로 보이나요? (시각에 초점) • 주변은 어떤 색깔로 보이나요? (대답을 못 하면 다시 묻는다: 무채색일까요? 색깔이 보이실까요?) • 지금 그 장면을 바라보는 내 신체는 어떤 반응을 하나요?
주의점	• 전 회기에 힘들었는지, 그 이후 어떤 마음이었는지를 체크 후 진행 • 전 회기 내용을 잘 상기하거나 충분한 숙지 후 진행

(2) 3인조 실습

① 실습방법

- 상담사는 시각 심상기법으로 실습하기 전에 주의점에 대해서 확인한다. 만약 내담자가 전 회기에 힘들었다면 심상으로 들어가기보다 힘들었던 지점을 충분히 다룬다.
- 상담사는 시각 심상기법을 사용하기 전에 이 책 102쪽에 나오는 〈안전기지 기법〉 준비사항을 내담자에게 안내한다.
- 먼저 상담사, 내담자, 관찰자의 역할을 정하고 위의 표에서 배웠던 사용 예시대로 시각 심상 만들기를 반복해서 읽고 충분히 익숙해질 때까지 연습한다.
- 상담사는 시각 심상기법을 적절하게 사용하여 50분으로 한 회기 상담(최소한 30분 이상)을 진행한다.
- 내담자는 상담사의 안내대로 따라간다.
- 관찰자는 상담사가 사용한 표현과 그 표현에 따른 내담자의 반응을 관찰하고 다음

표에 기록한다.

시각 심상 기법 누락 부분	내담자의 반응

② 실습 후 피드백

- 상담사는 내담자에게 시각 심상 기법으로 상담을 진행할 때 어려웠던 점에 대해 나눈다.
- 내담자는 시각 심상 기법으로 상담받을 때 느낀 점과 유용했던 점을 피드백한다.
- 관찰자는 상담사의 표현과 내담자의 반응에 피드백한다.
- 다음 표에 3인조 실습 후 다른 조원들로부터 받은 피드백을 요약하여 기록해 본다.

상담사로서 피드백받은 내용
관찰자로부터:
내담자로부터:

내담자로서 상담사의 반응을 듣고 느낀 점

③ 성찰하기

- 내담자에게 시각 심상 기법으로 진행해 본 적이 있는가? 이때 경험했거나 예상되는 어려움은 무엇이고 어떻게 극복할 수 있을까?

- 이번 실습을 통해서 배운 점은 무엇인가?

- 이번 실습을 통해서 새롭게 알게 되었거나 이미 알고 있었던 것과 다르게 느낀 부분이 있는가?

5) 청각 심상기법

(1) 청각 심상기법 핵심체크

사용 대상	• 소리 트라우마가 있는 내담자 • 가정폭력 등 큰 소리에 예민한 내담자
사용 방법	• 눈을 감고 3번 호흡을 해 봅시다. 숨이 들어가고 나가는 거에만 집중해 볼게요. • (이전 회기 내용: 내가 어머니와 방에서 문을 잠그고 있을 때, 아버지가 소리 지르면서 망치로 문을 부수는 일이 초등학교 시기 내내 있었다. 그 이후로 큰 소리만 나면 놀라고 몸이 얼어붙는다. 지난 회기 이야기했던 그 장면이 보이시면 손을 들어 표시해 주십시오. 만약 아직 장면이 안 떠오르면 잠시 더 기다려 볼게요. • 어떤 소리가 들리시나요? 볼륨을 천천히 올려 봅니다. • 그 [감정, 느낌, 생각, 그 사람(중요한 타자)]이 나에게 말을 한다면 어떤 말을 할 것 같나요? • 그 소리의 크기는 어느 정도일까요? • 그 소리를 들은 나는 어떤 자세를 취하고 있나요? • 그 소리를 들은 나는 어떤 말을 하고 싶은가요? • 그 소리를 낸 상대는 뭐라고 말을 하나요? • 볼륨을 천천히 다시 낮춰 봅니다. 볼륨을 낮췄을 때 나의 감정(신체)은 어떤가요?

주의점	• 내담자의 속도에 맞춰서 기다려 준다. • 적절한 질문을 통해 심상 작업에 더 집중하고 구체적인 이미지를 떠오를 수 있게 한다.

(2) 3인조 실습

① 실습방법

- 상담사는 청각 심상기법으로 실습하기 전에 주의점에 대해서 확인한다. 만약 내담자가 전 회기에 힘들었다면 심상으로 들어가기보다 힘들었던 지점을 충분히 다룬다.
- 상담사는 청각 심상기법을 사용하기 전에 이 책 102쪽에 나오는 〈안전기지 기법〉 준비사항을 내담자에게 안내한다.
- 먼저 상담사, 내담자, 관찰자의 역할을 정하고 위의 표에서 배웠던 사용 예시대로 청각 심상 안내문을 반복해서 읽고 충분히 익숙해질 때까지 연습한다.
- 상담사는 청각 심상기법을 적절하게 사용하여 50분으로 한 회기 상담(최소한 30분 이상)을 진행한다.
- 내담자는 상담사의 안내대로 따라간다.
- 관찰자는 상담사가 사용한 표현과 그 표현에 따른 내담자의 반응을 관찰하고 다음 표에 기록한다.

청각심상 기법 누락 부분	내담자의 반응

② 실습 후 피드백

- 상담사는 내담자에게 청각 심상기법으로 상담을 진행할 때 어려웠던 점에 대해 나눈다.
- 내담자는 청각 심상기법으로 상담받을 때 느낀 점과 유용했던 점을 피드백한다.
- 관찰자는 상담사의 표현과 내담자의 반응에 피드백한다.
- 다음 표에는 3인조 실습 후 다른 조원들로부터 받은 피드백을 요약하여 기록해 본다.

상담사로서 피드백받은 내용
관찰자로부터:
내담자로부터:

내담자로서 상담사의 반응을 듣고 느낀 점

③ 성찰하기

• 내담자에게 청각 심상기법으로 상담을 진행해 본 적이 있는가? 이때 경험했거나 예상되는 어려움은 무엇이고 어떻게 극복할 수 있을까?

• 이번 실습을 통해서 배운 점은 무엇인가?

• 이번 실습을 통해서 새롭게 알게 되었거나 이미 알고 있었던 것과 다르게 느낀 부분이 있는가?

6) 안전거리 기법

(1) 안전거리 기법 핵심체크

사용 대상	• 학교폭력 또는 가정폭력 피해자가 가해자의 단서를 보고 무서워서 접근을 두려워하는 내담자 • 부모 등 권위자에게 뭔가 이야기해도 소용이 없다고 생각하는 내담자
사용 방법	• 지난 시간에 어머니에게 물어보고 싶었지만 묻지 못하고 10년 동안 마음에 묻어 둔 이야기를 해 보는 시간을 가져보려고 합니다. • 대화하기 어려운 대상(어머니)과 나(12살 나)를 여기에 배치해 보실래요? • 대화하기 어려운 대상과의 장면을 떠올려 봅니다. 어떤 장면이 보이시나요? • 그 대상은 어디를 보고 있나요? • 어떤 표정을 짓고 있나요? • 어느 정도 거리에 있는 것으로 보이나요? • 내가 보고 있는 곳에서 대략 어느 정도 떨어진 것 같나요? • (거리가 멀리 있는 경우) 좀 더 가까이 가 볼게요. (3걸음, 7걸음, 10걸음으로 심리적 부담감을 물리적 거리로 조절해 나가면서 그 사람과 같은 심리적 거리에서 볼 수 있게 한다) • 그곳에 있는 나는 어떤 감정을 느끼고 있을까요? (시각적 체각화) • 그 감정에 조금 더 머물러 볼게요. 천천히 그 느낌을 느껴 보세요. • 그 느낌이 나에게 말을 건넨다면 뭐라고 말할 것 같나요? (체각의 청각화) • 그 말에 대해서 나는 뭐라고 대답하고 싶나요? 지금 그 말을 들으니 나는 어떤 기분이 드나요?
주의점	• 거리를 좁히는 과정은 점진적으로 진행할 것 • 내담자가 심리적 평정을 유지하기 어려워할 때, 안아(holding) 주고, 그의 감정에 머물러 주는 인내가 필요함

(2) 3인조 실습

① 실습방법

- 상담사는 안전거리 기법으로 실습하기 전에 주의점에 대해서 확인한다. 만약 내담자가 전 회기에 힘들었다면 심상으로 들어가기보다 힘들었던 지점을 충분히 다룬다.
- 상담사는 안전거리 기법을 사용하기 전에 이 책 102쪽에 나오는 〈안전기지 기법〉 준비사항을 내담자에게 안내한다.
- 상담사는 안전거리 기법을 적절하게 사용하여 50분으로 한 회기 상담(최소한 30분 이상)을 진행한다.

- 내담자는 상담사의 안내대로 따라간다.
- 관찰자는 상담사가 사용한 표현과 그 표현에 따른 내담자의 반응을 관찰하고 다음 표에 기록한다.

안전거리 만들기 누락 부분	내담자의 반응

② 실습 후 피드백

- 상담사는 내담자에게 안전거리 기법으로 상담을 진행할 때 어려웠던 점에 대해 나눈다.
- 내담자는 안전거리 기법으로 상담받을 때 느낀 점과 유용했던 점을 피드백한다.
- 관찰자는 상담사의 표현과 내담자의 반응에 대해서 피드백한다.
- 3인조 실습 후 다른 조원들로부터 받은 피드백을 요약하여 기록해 본다.

상담사로서 피드백받은 내용
관찰자로부터:
내담자로부터:

내담자로서 상담사의 반응을 듣고 느낀 점

③ 성찰하기

- 안전거리 기법으로 상담을 진행해 본 적이 있는가? 이때 경험했거나 예상되는 어려움은 무엇이고 어떻게 극복할 수 있을까?

- 이번 실습을 통해서 배운 점은 무엇인가?

- 이번 실습을 통해서 새롭게 알게 되었거나 이미 알고 있었던 것과 다르게 느낀 부분이 있는가?

7) 빈의자 기법

(1) 빈의자 기법 핵심체크

사용 대상	• 싫거나 관계를 개선하고 싶을 때 • 애도 작업이 필요할 때 • 불편한 감정의 대상(부모님, 친구, 가해자)에게 직접 이야기하기 무서울 때
사용 방법	1. 빈의자 기법 소개 지난 회기에서 민들레님은 화가 나지만 무서워서 아버지한테 말하지 못한 이야기를 하셨어요. 오늘은 민들레님이 아버지한테 직접 이야기하는 것처럼 말을 해 보면서 지금 느껴지는 감정들을 알아차리는 연습을 시도해 보려고 해요. 마음 깊숙한 곳에 담아 두었던 화와 억울함을 표현하고 나면 그런 감정들이 다소 사라지기도 합니다. 그러면서 아버지에 대한 입장을 새롭게 가지게 될 것입니다. 하기 힘들면 그만하고 싶다고 이야기하셔도 됩니다. 이것은 정답이 없습니다. 할 수 있는 데까지만 하면 됩니다. 2. 시작하기 여기 빈의자에 그 사람(아버지)이 앉아 있다고 상상합니다. 그 사람에게 하고 싶은 말을 해 볼 겁니다. 그 동안 마음속에 하고 싶었던 이야기를 하는 것입니다. 입을 떼는 것이 어려울 수 있습니다.

3. 호칭 부르기

일단 호칭을(예: 아버지) 부르는 것부터 시작해도 됩니다. 가해자일 경우 호칭을 부르기 힘들 때도 있습니다. 그럴 때는 별칭을 사용해도 됩니다(예: 성폭력 가해자-탈 쓴 늑대, 아버지-네 살 독불이, 이기적인 동료-야금야금이, 왕따 가해자-쓰레기 1, 2, 3)

4. 구체적인 장면이나 자연스러운 대화 과정에서 시작하기

시작은 내담자와의 대화에서 자연스럽게 흘러나온 말을 활용해서 시작한다. 예를 들어, "아버지를 생각할 때면 화가 치밀어올라서 미쳐 버릴 것 같아요. 그런데 난 여전히 아버지 비위를 맞추고 있어요. 아버지의 태도가 어떻게 돌변할지 몰라서요."라고 말하면 "지금 아버지에게 그 '화'를 이야기하도록 해 보지요."

5. 한두 마디 이야기 후에 심정 묻기

"지금 이름을 불러 보고 이야기를 해 보니 어떠신가요?" 등과 같이 내담자의 마음 상황을 파악한 후 진행해 나가는 것이 치료적이다.

6. 못하겠다고 할 때

"쑥스럽고 어색하죠. 처음 해 보는 것은 그럴 수 있습니다. 민들레님에게 오늘 '지금 여기'에서의 시도는 '10살 그때'의 마음으로 이동이 될 것 같아요. 어려우시면 지난 회기 아빠한테 따지고 싶었던 것(예: 편지)을 한번 읽어 보면서 하셔도 괜찮습니다."

※ 대부분 시도하기 어려울 때는 죄책감이 등장하는 경우가 있다. 화를 내거나 원하는 것을 이야기할 때 나를 키워 준 부모를 욕하는 것 같은 죄책감이 커져 버리면 중단이 된다. 이 경우에는 죄책감을 먼저 다루는 것이 효과적이다.

7. 바라보는 것이 두렵다고 할 때

내담자는 대상을 빈의자로 마주한다는 것에서부터 부담을 느낄 수 있다. 그럴 경우에는 빈의자를 뒤로 돌려 놓고 뒤에 있는 대상을 바라보며 말하도록 하는 것도 괜찮은 방법이다. 혹은 의자를 옆에 두고 앉아서 앞을 보면서 이야기하는 방법도 대상에 대한 두려움을 적게 하면서 이야기에 집중할 수 있도록 도울 수 있다. 앞을 보고 말하기(대상 옆으로 앉기), 뒤를 보고 말하기(대상 뒤에 앉기) 등을 거쳐 마주하고 앉아 이야기하기로 점진적인 시도를 계획해도 좋다.

8. 적용점

- 대상에게만 적용할 뿐만 아니라 '과거의 나(예: 12살 창피했던 나)'에게 이야기하는 것도 활용할 수 있는 방법이다.
- 양가적인 자아(예: 위로받기를 원하는 나 vs. 말하면 버림받을까 봐 두려워하는 나)로 시작해도 가능하다.

주의점

- 위의 과정을 한 회기에 모두 진행해야 하는 것은 아니다.
- 내담자의 이야기 맥락 속에서 상대방에게 하고 싶은 이야기만 할 수 있다.
- 다음 회기에 연이어서 제3자의 자리로 진행해도 된다.

(2) 3인조 실습

① 실습방법

- 상담사는 빈의자 기법을 사용하기 전에 주의점에 대해서 확인한다. 만약 내담자가 전 회기에 힘들었다면 빈의자 기법을 사용하기보다 힘들었던 지점을 충분히 다룬다.
- 상담사는 빈의자 기법을 적절하게 사용하여 50분으로 한 회기 상담(최소한 30분 이상)을 진행한다.
- 내담자는 상담사의 안내대로 따라간다.
- 관찰자는 상담사가 사용한 표현과 그 표현에 따른 내담자의 반응을 관찰하고 다음 표에 기록한다.

빈의자 기법 누락 부분	내담자의 반응

② 실습 후 피드백

- 상담사는 내담자에게 빈의자 기법을 진행할 때 어려웠던 점에 대해 나눈다.
- 내담자는 빈의자 기법을 통해 느낀 점과 유용했던 점을 피드백한다.
- 관찰자는 상담사의 표현과 내담자의 반응에 대해서 피드백한다.
- 3인조 실습 후 다른 조원들로부터 받은 피드백을 요약하여 기록해 본다.

상담사로서 피드백받은 내용
관찰자로부터: 내담자로부터:

내담자로서 상담사의 반응을 듣고 느낀 점

③ 성찰하기

• 내담자에게 빈의자 기법으로 상담을 진행해 본 적이 있는가? 이때 경험했거나 예상되는 어려움은 무엇이고 어떻게 극복할 수 있을까?

• 이번 실습을 통해서 배운 점은 무엇인가?

• 이번 실습을 통해서 새롭게 알게 되었거나 이미 알고 있었던 것과 다르게 느낀 부분이 있는가?

2. 행동적 개입기술

1) 시연

(1) 시연 핵심체크

	〈사례2〉 불안하고 자신감이 바닥으로 떨어져요.
접수 면접 정보	• 인적 사항: 30대 후반 여성, 대졸, 결혼기간 6년, 전업주부 • 가족관계: 남편(30대 중반), 12개월 아들 • 호소문제: 불안하고 자신감이 바닥으로 떨어져요. • 이전 상담경험: 상담 2~3회기 정도 (대학생 때, 사회생활 후 우울감 문제) • 상담 경위: 가정폭력 피해자로 경찰에서 의뢰된 비자발적인 내담자 • 가족력: 남편이 결혼 후 평상시 개인 시간(게임, 술, 사람들과의 만남)을 갖고 싶어 하고 이를 간섭하면 싫어함. 남편이 밖에 나가고 싶어 할 때 못 나가게 하면 다툼의 빌미가 되며, 내담자는 혼자 있게 될 때 버림받는 느낌이 든다고 함. 남편은 부정적인 생각을 많이 하고, 화나면 물건을 던지고 벽을 치는 등 분노 조절에 어려움을 보임. 이런 모습이 있을 때마다 내담자는 위축됨 • 성장배경: 모의 통제하에 모범생 딸로 성장, 집에서 벗어나고 싶어 결혼을 선택함 • 스트레스 대처: 스트레스를 받으면 아무것도 못하고 집중이 어려우며 불안함. 가끔 친구에게 전화함
시연 목적	위기 사례의 첫 회기에서 상담사는 무엇을 다루어야 하는지를 체크하고 상담사의 시연질문을 보고 실습한다.

(2) 첫 회기 상담 시연 과정

① 목표: 안전감 제공하기

• 상담개입: 상담사 소개와 접수면접자의 내용 연결하기

상1: 안녕하세요! 민들레님 저는 상담사 김형숙입니다. **접수 상담사로부터 민들레님의 상담 내용을 전달받았고 처음 뵙게 되어서 인사를 나눕니다.** 상담실에 오시면서 어려운 일은 없으셨을까요?

내1: 아~ 네. 안녕하세요. 선생님. 그냥 접수면접 하면서 선생님이 그렇게 다른 선생님 안내해

주신다고 그래서 저는 그냥 접수 상담 선생님이 해 주셨으면 좋았겠는데 했거든요.

상2: 맞아요. 그렇죠. 접수 선생님이 상담을 해 주셨으면 좋았겠다 그런 마음이 드셨을 것 같아요. 접수하는 분이 있고 상담하는 상담사들이 있어요. 민들레님에게 아쉬움이 있으실 것 같아요. 지난 접수면접 시간에 상담했던 내용들에 이어서 상담을 진행해 보도록 하겠습니다.

② 위기상황 탐색

- 상담개입: 내담자가 바뀐 상담사에 대한 불편감을 드러낼 때 지지한다. 상담사가 내담자의 불편감에 긴 시간을 할애하지 않고 접수면접 내용으로 위기상황을 탐색한다.

상3: 아 네. 네, 민들레님 마음을 솔직하게 얘기를 해 주니까 오히려 편안하네요. 지금처럼 불편한 점이나 어려운 점이 있을 때 편하게 말씀해 주시면 상담에 큰 도움이 된답니다.

내3: (고개를 들어 올리면서 조심스럽게 눈치 보면서) 네.

상4: 지난 접수상담 때 많은 이야기를 하셨네요. 남편이 화가 나면 물건을 던지고 벽을 치고 분노조절이 안 된다고 신고되어서 상담을 받게 되셨어요. 이렇게 신고되어 지금 상담을 받게 되셨는데 일주일 동안 폭력이 있었는지, 민들레님께서 좀 안진하셨는지? 걱정이 되어서 물어봅니다.

내4: 제가 신고를 하고, 상담을 받고 그러니까 지난 한 주 동안은 그냥 지나간 것 같아요. 그래도 여전히 소리는 몇 번 지르고 했는데, 남편이 조금 제 눈치를 보는 것 같았어요.

상5: 네 그랬군요. 지난 접수면접 시간에도 적으신 것처럼 남편이 화가 나면 주로 부정적 생각을 많이 하시고 화나면 물건을 던지고 벽을 쳤는데 이제 소리만 지르(시)고 물건 던지는 건 멈추셨네요.

내5: (소리가 높아지면서 손을 들어 던지는 시늉을 하며) 던지려고 하다 그냥 이렇게 내려놓고,

상6: 물건을 잡아 들지만 소리는 지르고 일단 던지지는 않고 민들레님 눈치를 보고 내려놓는 거예요?

내6: (눈동자를 돌리듯 하면서 어깨가 움츠러진 모습으로 양말을 신지 않은 발을 바닥에 비빈다) 네 그렇더라고요, 네.

③ 신고에 대한 두려움, 양가감정 다루기

- 상담개입: 내담자가 용기 있게 신고한 행동에 힘을 실어 준다. 남편이 다시 보복할 것에 대한 두려움이 있는 불안한 마음을 타당화해 준다.

상7: 신고한다는 게 용기가 필요하잖아요. 신고하고 나서도 마음이 많이 불안하셨을 것 같아요.

내7: 지금 남편이 물건을 던지지는 않았지만 그런데 그렇게 제가 결혼하고 얼마 안 돼서 계속 그랬기 때문에, 사실 갑자기 남편이 변한다는 생각을 안 해서, 사실 불안은 해요. 또 그렇게 그동안 못 해서 더 심해지지 않을까 생각도 들고요.

상8: 맞아요. 민들레님께서 신고하는 부분에서도 용기가 있다고 말씀을 드리고 싶어요. 상담을 직접 받겠다고 결정도 하시고 토요일 늦은 시간에 상담실에 방문하는 행동도 하셨어요. 지금 이 상황에서 더 나아지고 싶다……라는 민들레님의 마음이 저에게 힘 있게 느껴집니다.

내8: (망설이면서 목소리가 떨리면서) 음…….

상9: 그런 본인에 대해서 어떤 느낌이실까요?

내9: 그런가요?…… 저는 정말 결혼하면 행복할 줄 알았어요. (흐느끼며) 근데 저는 진짜 행복을 찾아 제2의 선택을 했다고 생각했는데 오히려 더 내 인생이 망가졌고 불행하다 생각하니까, 신고는 했지만 여전히 마음은 불안해요.

상10: 맞아요. 마음 안에서 일어나고 있는 감정들을 잘 봐 주세요. 신고하고 나면 마음이 편안해질 줄 알지만 한편으로 불안한 마음도 계속 들지요. 혹시나 저 남편이 나에게 또 다른 무엇을 하지 않을까?

내10: 네 맞아요.

상11: 어떨 땐 이런 생각들이 있어서 사실은 더 불안한 거 맞거든요. 그런 것들이 내 안에서 일어나는 걸 민들레님께서 잘 아세요.

④ 수치심과 관련된 것 안아 주기

- 상담개입: 폭력의 피해자로 부끄러움이 있음을 안아 주는 것이 핵심이다. 안아 주기는 내담자의 다양한 좌절된 경험을 이야기하도록 허용한다.

내12: 친구들 중에는 바이올린 학원을 운영하기도 하고 자기 일 잘해 나가는 애들이 많거든요.

상13: 맞아요. 민들레님께서 바이올린 전공하셨으니까 친구들을 보면서 생각이 참 많이 드시겠어요.

내13: 음…….

상14: 스트레스를 받는 게 남편이 물건을 던지고 소리를 지르는 것도 있지만 결혼 6년 동안 경력이 단절되었고 전업주부로 내가 정말 이렇게 살아도 되나 하는 스스로에 대한 회의감, 자신감 없는 거, 아이를 키우면서 나 혼자 집에 남겨 두고 남편이 나가는 일들이 반복되면서 스트레스가 생긴 것으로 이해를 해도 될까요?

내14: (눈을 마주치면서) 그렇죠. 지난 코로나 때문에 남편이 좀 많이 힘들었어요. 회사가 그래서 제가 사실 요새 다들 맞벌이 하잖아요. 근데 저는 이제 계속 그냥 이렇게 전업주부로 있다 보니까 경제적으로 힘들었었는데 제가 좀 도움 되지도 못하고 하니까…… 내가 무엇을 잘못했나 남편이 바람을 피우고 나를 버리면 어떡하나 그런 생각이 들 때가 있어요. 나 혼자서 아이를 키울 수 있을까 생각하면 불안도 하고.

상15: 여러 생각이 많이 드시는 상황에서 남편이 바깥에 나가려고 할 때 못 나가게 잡으시고 그게 싸움의 빌미가 되신다는 게…… 제가 민들레님을 잘 이해한 걸까요?

내15: 네. 남편이 자꾸 때리는 것도 이래서 그런가 생각도 들고…… 저희 엄마가 절 너무 힘들게 해서 남편이랑 결혼하고 내 인생을 살려고 한 건데 제가 다시 망가트리는 것 같아요. 〈중략〉

⑤ 현재 위기상황을 유지시킨 요인 탐색

• 내담자의 불안이 남편의 폭력으로 인해 촉발된 것이라는 가설을 뒷받침하기 위하여, 불안의 시작점과 그것을 유지시킨 요인을 탐색할 필요가 있다. 불안의 시작점을 원가족과 연결하여 탐색하고(유발요인 찾기), 그 불안이 유지되었던 발달사를 탐색한다.

내24: 근데 저는 친정 엄마랑 통화 안 했어요.

상25: 어머니의 통제감이 싫어서 나왔는데 엄마한테 다시 전화하기가 쉽지 않았을 것 같아요. 오로지 남편만 보고 있었는데 그 남편도 나가니까 더 많이 혼자서 외롭고 버려지고 그런 마음이었네요.

내25: 음.

상26: 그러면 이제 임신 중에도 불안하셨을까요?

내26: 그때는 그때 나름대로 더 심했어요. 안에서 혹시 이 아이가 잘못되면…….

상27: 음…….

내27: 그런 부분이 결혼 생활이 잘못된 거다, 생각이 들었거든요.

상28: 임신 때는 충분히 그럴 수 있어요. 움직이면 아이가 어떻게 될지 모르니까 불안할 수밖에 없는 상황이잖아요. 아이를 낳았는데 남편이 또 나가고 이러니까 내가 이거 어떻게 살아야 되나 내가 또 아이를 어떻게 잘 키워야 되나 이런 마음이 들어서 불안할 수 있을 것 같아요. 그러면 결혼하고 아이 임신하기 전에는 어땠어요?

내28: 어, 결혼하고는 일단 저희 친정 엄마가 자꾸 이제 결혼하고도 좀 간섭을 하려고 했어요. 저희 결혼 생활에. 그래서 전 그게 너무 무섭고 싫은 거예요. 그래서 그때는 또 오로지 친정 엄마의 그런 간섭에 좀 벗어나려고 했는데 전화 오면 제가 막 긴장이 되고 불안하고.

상29: 사실은 늘 친정 엄마가 따라다니는 것처럼 엄마의 통제 속에서 내가 깜짝깜짝 놀라고 긴장하고 불안하고 그러셨겠네요.

내29: 네 사실은 엄마가 원하는 남편이 아니었거든요. 제가 그냥 좋아서 결혼한다고 밀어붙인 결혼이었거든요. 그러니까 엄마가 더 그래서 제가 유산이 되면 안 되는 거였어요. 그렇게 유산이라도 되면 제 옆에서 좋은 소리 하실 분이 아니거든요.

상30: 어머니가 또 통제하고 잔소리를 쏟아 놓으시니까 안간힘으로 버티고 그거를 막 붙들려고 엄청나게 긴장하고 온몸에 에너지를 많이 쓰셨을 것 같아요. 근데 그런 거를 남편이 모르고 맨날 술마시고, 게임하고, 사람들 만나고, 나 혼자 놔두니까 더 많이 불안하고 그랬을 것 같아요.

내30: 되게 혼자 있다는 생각이 많이 들었어요.

상31: 그러면 결혼하기 전에는 어떠셨어요? 불안하고 집중이 안 되고, 뭔가 아무것도 손에 안 잡히고…….

내31: 제가 오로지 그냥 바이올린 레슨할 때 그때도 그렇긴 하지만 그래도 집중을 유일하게 할 수 있는 잠깐이었고요. 저는 그냥 엄마가 하자는 대로 해야 되는 상황이었던 게 많았어요. 그래서 전공도 사실은 바이올린이 아니라 제가 좀 플루트를 하고 싶었거든요. 근데 이제 엄마가 바이올린 하는 게 좋을 것 같다, 그래서 나중에 학원 차리라고 그래서…… 그런 제가 하고 싶은 거라든지 학교에서 엄마가 원하는 대로 제가 뭔가를 해야지만 그게 또 엄마한테는 주변에 자랑이 되고 이제 그러다 보니까, 거기에서 오는…… 그렇게 못 했을 때 엄마가 굉장히 다른 사람한테는 아 괜찮다 그래요. 근데 사실 저한테 엄청 잡아요. 저를 엄청 잡아요.

상32: 음…….

내32: 그래서 엄마가 원하는 그런 방향이 아니면 저한테 모든 걸 쏟아부어요.

상33: 음…… 엄마가 원하는 대로 하지 않으면 그냥 쏟아부으시네요.

내33: 네. 아빠의 관계에서도 좀 안 좋은 일 있으면 저한테 쏟아 놓고, 그리고 엄마가 하여튼 원하는 대로 제가 좀 안 따라갔다 싶으면은, 안 채워 줬다 싶으면, 사람들 앞에서는 굉장히 좋은 엄마거든요. 근데 뒤에서 저를 그렇게 힘들게 해요. 그래서 제가 좀 집에서 벗어나려고 결혼을 한 거예요. 지금처럼 남편이 안 그랬어요. 저기 저를 되게 받아 주고 절대적으로 저만 바라보면서 그렇게 따뜻한 남편이라고 그때는 믿고 결혼을 그렇게 서둘렀던 거였거든요.

상34: 맞아요. 결혼 전에도 엄마의 눈치를 보고 전전긍긍하셨겠네요.

내34: 그렇게 해야 되는 거예요.

상35: 엄마가 짜 놓은 판대로 안 되면 엄마가 막 족치고 쏟아붓고 몸이 항상 어머니의 레이더에 맞춰져서 다른 것들을 생각할 경향이 없었겠네요.

내35: 없었어요. 그리고 또 실수하면, 좀 잘못하면 "거봐라. 엄마가 시킨 대로 안 해서 그렇지."라는 얘기를 진짜 많이 들었어요. 제가 그래서 결혼도 그 얘기를 마지막까지는 이제 듣고 싶지 않아서, 제가 친정 엄마한테 이런저런 얘기를 못 하고 있는 거예요.

⑥ 내담자의 현재 상태를 전체 그림으로 안내하기

- 상담개입: 내담자는 자신의 어려움을 계속 이야기하다 보면 지친다. 내담자는 자신이 왜 그런지 모를 때 더 지치게 된다. 어떤 요인으로 촉발되고 현재 스트레스가 어떻게 생기게 되었는지 전체 그림으로 안내해 주는 것이 내담자에게 안전감을 준다. 상담사의 이야기가 길어질 수 있지만 내담자는 자신의 불안이 어떤 이유로 발생하게 되었고 상담을 통해 무엇이 어디까지 다루어지게 되는지 알고 싶어 한다.

상36: 〈중략〉 남편이 물건을 던져서 신고를 했지만 이거는 그냥 이렇게 촉발된 거고, 민들레님 안에서 남편을 참 많이 믿고 결혼한 건데 결혼 선에 엄마한테 스트레스 받았던 문제가 해결이 안 된 상태에서 남편하고 이런 문제가 똑같이 일어나니까 사실은 결혼 후에 스트레스가 더 많이 커진 것처럼 보이네요.

내36: 그런 건가요?

상37: 제가 지금까지 말한 것을 토대로 전체 그림을 그려 보았는데 어떻게 들리실까요?

내37: 음.

상38: 그러니까 지금 결혼 전에도 사실은 민들레님 안에 이 스트레스가 어머니하고 계속 있었고 이게 해결되지 않는 상황에서 혹을 가지고 결혼을 했어요. 근데 이 혹이 해결되지 않고 피해서 왔는데 결혼하고 나니까 이 남편이 하나의 혹을 또 주는 거야. 나하고 같이 이렇게 재미있게 살아야 되는데 술로, 게임으로, 사람들 만나고 하니까 혹이 있는 상태에서 남편이 만든 또 하나의 혹이 또 생겨 버리는 거죠. 이렇게 혹을 참고 있는데 이제 나한테 물건을 던지니까 안 돼서 신고를 하셨던 거잖아요. 지금 해결되지 않은 혹이 있는데 또 혹이 생기니까 이 스트레스가 더 커져 버린 걸로 보이는 거죠. 아까 말한 아무것도 못 하고 집중이 안 되고 이런 상황에 또 어렵게 아이를 낳고 스트레스가 있었는데, 약간 아이까지 또 이렇게 꼼짝 못하고 있는 그림으로 보여져요. (그림을 그리면서) 제가 지금 이렇게 스케치북으로 보여 드렸는데 좀 어떠세요.

내38: 네 선생님 말씀이 맞아요. 마치 그냥 돌탑 쌓듯이 제 스트레스가 계속 하나하나 늘어 가는 상태예요.

상39: 맞아요. 스트레스가 커져 버리니까 불안이 너무 커서 아무것도 못 하겠고 집중이 안 되고 무슨 말을 하는지를 모르고 이해도 안 되고, 지금의 증상들이 보이는 것 같아요.

내39: 제가 멍할 때가 많아요. 그러니까 초점도 약간 이렇게 없다고 얘기할 때 사람들이 "너 어디 쳐다보냐?"라고 물어봐요. 저는 쳐다보는 것 같은데 그게 아닌가 봐요. 그러니까 멍할 때가 있다고 그러더라고요.

상40: 결혼 전에 어머니하고 같이 있을 때도 그런 생각이 드신 거죠? 멍하다 이런 생각도

내40: 그때는 사실 좀 의도적으로 했어요. 너무 자꾸 그렇게 잔소리가 너무 많아서, 거의 잔소리 마왕 정도 되기 때문에 일부러 조금 그러지 않으면…….

상41: 어렸을 때에는 모범적인 딸로 성장하셨다고 지난 시간에 이렇게 적혀 있어요. 민들레님께서 어머니 말에 순종하고 어머니가 시키는 대로 하고 (손을 목에 갖다 대며) 스트레스가 여기까지 차신 것 같거든요.

내41: 그냥 들은 척했어요. 그냥 들어야만 됐어요.

상42: 이거를 들은 척하고 사실 순종하는 척하고, 모범적인 딸이었지만, 이 스트레스가 가득 있다가 또 남편한테 왔는데 스트레스를 하나 더 주고, 또 위험한 상황에서 아이를 또 케어해야 되니까 또 스트레스가 생기고, 지금 이런 상황이 어떻게 받아들여지세요?

내42: 답답해지네요.

상43: 죄송해요. 제가 좀 방금 소리를 못 들었어요.

내43: 더 갑갑해진다고요. 마음이 답답해지는.

상44: 맞아요. 맞아요. 스트레스를 그림으로 이렇게 보여 주니까 이렇게 크게 보이잖아요. 그런 것들이 내 안에서 굉장히 크게 있으니까 답답함이 보여요.

내44: 지금 가장 저기한 건 선생님이 말씀으로 보여 주시니까 제가 엄마한테서 자랐을 때 그 스트레스부터 해서 지금까지 온 것 같다는 생각이 드네요.

상45: 음.

⑦ 상담 효과에 대한 불안함 안내하기

- 상담개입: 상담사는 자칫 힘이 빠질 수 있는 지점이다. 내담자는 자신의 전체적인 상황에 대한 설명을 받아들이면서 동시에 상담에 대한 회의감을 표현한다. 그만큼 라포가 형성되었다는 증거이다. 내담자의 회의감을 먼저 수용해 주고, 상담 효과에 대

한 재구조화를 하는 시간이 필요한 과정임을 안내해 주는 것이 핵심이다. 마음의 위안을 받은 내담자는 자신의 문제를 해결하고 싶은 마음과 자신의 고질적인 문제가 해결되지 못할 것이라는 무력감과 마주하는 지점이다. 이 지점이 내담자의 표면감정이며 욕구와 만나는 지점이다.

내45: 이렇게 선생님 만나서 이야기하는 게 과연 도움이 되나 그런 생각도 들어요.

상46: 음, 맞아요.

내46: 내 마음에 있는 먼지를 막 더 일으키는 느낌이라 더 혼란스럽기도 해요.

상47: 맞아요. 민들레님께서 자기 마음에서 지금 뭐가 일어나고 있는지를 잘 들여다보고 얘기를 하셨어요. 지금 먼지가 일어나고 있고 또 내가 그냥 덮어 놨던 것들을 제가 이렇게 보여 드렸잖아요. 스트레스가 어머니한테 있었다. 결혼하고 이제 남편하고 또 아이가 이런 상황에 있었다. 이것을 보여 주니까 덮어 놨던 먼지들이 일어나서 마음이 더 답답하고 혼란스럽고 지금 이 상황이 사실은 가장 자기를 잘 나타내고 있는 상황이세요. 그런 부분까지 민들레님께서 지금 본인을 보셨어요. 저는 민들레님이 정말 놀랍게 보여요. 자기를 본다는 것은 쉬운 일이 아니거든요.

내47: 저의 혼란스러운 상태를 느끼는 게 도움이 되나요?

상48: 맞아요. 민들레님, 많은 사람들이 나를 봐서 도움이 되나 그러는데 민들레님께서 상담실에 오신 게 내가 이 부분의 마음의 짐을 그래도 내려놓고 싶어서 오신 것으로 알고 있습니다.

내48: 근데 지금 말씀하시니까 마음의 짐이 너무 무겁네요.

상49: 마음의 짐을 내려놓고 싶을 정도로 힘듦이 느껴집니다.

상49: 맞아요.

상50: (스케치북에 그림을 보여 주면서)

내50: 무거워서…… 이거를 다 덜어 낼 수 있을까 싶네요.

상 51: 맞아요. 그래요. 민들레님이 마음의 짐을 덜어 놓고 싶어서 오셨고 그럼 이제 우리가 덜어 놓으려면 내 안에 짐들이 어떤 짐이 있나…… 어느 짐부터 좀 내려놓을까 하고 우리가 등산 갈 때, 산을 오를 때, 짐이 너무 많으면 오르기 힘드니까 꼭 필요한 것만 가지고 나머지를 내려놓잖아요. 그러면 그 짐이 도대체 어떤 짐인가, 이 짐이 어디서 왔나, 이런 것들을 이제 저하고 본 거예요. 그러니까 크게 세 가지 짐을 찾은 거예요. 근데 짐이 너무 커 보이니까 당연히 무겁죠. 저하고 상담으로 오늘 만났으니까 이제 앞으로 9번을 만날 때 이 짐을 어떻게 내려놓을지를 저하고 같이 상담해서 이야기할 거예요. 어느 짐부터 먼저 내려놓고 싶은지, 그래서 이 짐이 뭔지, 좀 더 이야기를 해 보고 짐들을 내려놓는 거에 대해 상담할 겁니다.

내51: 그러면 저희 남편도 변화될 수 있을까요?

상52: 음, 우선은 민들레님께서 보신 자신의 짐을 내려놓는 것이 되면 남편은 상담실에 오지는 못하지만은 남편이 같이 달라질 거예요.

내52: 저희 남편 안 바뀔 것 같아요.

상53: 지금 남편 안 왔으니까 변화가 되는지 안 되는지는 우리가 상담을 하면서 한번 실험을 해 보죠. 어떠세요?

내53: 제가 상담받는 동안, 이번 한 주는 별일 없었거든요, 선생님.

상54: 그쵸, 그 폭력에 대해서 남편이 물건을 잡았지만 던지지 않았고, 내 눈치를 보더라, 이런 두 가지의 변화가 있다고 초반에 말씀하셨죠.

내54: 근데 사실 그래도 계속 불안했어요. 그리고 신고를 했던 상황이기 때문에 눈치도 보지만 사실 좀 괘씸하게 생각도 할 수도 있거든요. 그래서 제가 상담받는 동안 남편에 대해서 조금 무서운 것도 있어요. 이런 일이 또 있을까에 대해서

상55: 남편이 무섭다라는 거는 남편이 또 폭행을 할까 싶어서 신고했다는 것에 대해서 앙갚음을 당할 것 같아 무서우시다는 말씀이시죠?

내55: 예. 그런 얘기는 저한테 하지는 않았어요. 하지 않았는데…….

상56: 민들레님이 지금 (네) 결혼하고 6년 동안, 아니면은 내가 태어나서 35년 동안 사실은 다 순종하면서 받아들이고 참고 사셨어요. 민들레님이 지금까지 살아오신 부분들이 순종하는 딸, 착한 딸, (네, 네) 남편이 그래도 (네, 네) 무조건 참고 오롯이 순종 모드로 오신 거예요. 그런데 이번에 민들레님이 태어나서 처음으로 경찰서에 신고한 거잖아요.

내56: 네, 그래서 더 불안해요.

상57: 맞아요. 그래서 내가 익숙했던 참는 행동을 하다가 용기 내서 새로운 것을 했지만 이 용기 있는 행동을 하고 나면은 우리가 불안하고 떨리고 이 마음이 든다는 거예요. 근데 이런 불안함이 처음에는 있지만 변화를 위해서는 이 불안함이 같이 동반이 되는 거죠. 그래서 지금 느끼시는 민들레님의 불안은 사실은 당연히 일어날 수 있는 거예요.

내57: 당연히 일어나는 불안이라고 하셨으니까 어떻게 해야 되지? 내가…….

상58: 근데 남편이 두 가지 변화가 일어났다고 그랬어요. (손을 들어 보이며) 처음에 물건을 잡아서 던지려고 하다가 멈추더라, 내 눈치를 보더라. 남편이 이 부분에 대해서 화가 나면은 해왔던 패턴을 남편도 멈추신 거죠. 근데 똑같은 걸 남편이 하다가 멈춘 거예요. 멈췄는데 이 멈추게 하는 것이 민들레님이 그동안 계속 손을 내리고 참았던 건데 손을 드신 거예요, 신고

를. 그런데 그동안에 내가 손을 내리고 그냥 참고 참고 참고 지금까지 사신 거예요. 그러니까 계속 남편이 소리 지르고 물건을 벽에다 던지고 이 역할을 계속하신 거죠. 근데 민들레님이 더 이상 참을 수 없어서 신고를 하니까 남편이 올렸던 손을, 물건을 던지려다가 잡고만 있고 이 정도 내려온 거죠. 내가 신고를 하니까, 그러니까 민들레님이 손을 올려서 전화를 걸어 신고를 한 행동이 있으니까 남편이 이걸 멈춘 거예요. 이게 변화의 시작인 거죠. 지금 제가 손으로 이렇게 올려서 좀 보여 드렸는데 어떠세요?

내58: 변화의 시작은 맞아요. 맞는데, 그렇게 해서 남편이 손을 올리다가 내려서 또 언제 손을 올릴지 모르겠어요.

상59: 맞아요. 바로 그 지점이에요. (다시 손을 들어 보이며) 남편이 또 손을 이 상태에서 계속 있는 게 아니라, 이렇게 올려가지고 또 할 수도 있어요. 왜냐하면 남편도 살아왔던 자기의 삶의 패턴이 있으니까. 근데 이제 이미 시작은 누가 하셨냐 하면은 누가 시작을 했어요? 이 변화의 시작은?

내59: 제가요.

상60: 맞아요. 민들레님이 먼저 손을 드셔서 하셨어요. 그럼 이 변화의 시작을 민들레님이 하셨는데 여전히 이 안에는 뭐가 있이요? 이 손을 들 때 뭐가 있어요, 민들레님?

내60: 무섭고 두렵기도 하고…….

상61: 그렇지 맞아요. 이게 안에 계속, 이런 불안들이 있어요. 신고를 했지만 불안하지 않은 게 아니라 신고를 하니까 더 불안한 거예요. 그냥 순종만 하면 불안하지 않은데 신고를 하니까 불안한 거예요. 새로운 행동을 하니까 불안한 거예요. 새로운 것을 할 때는 이 불안이 사실은 정상적인 거라는 거죠. 이게 잘못된 게 아니라 민들레님이 남편이 때려 가지고 무서운 거하고는 좀 다른 거예요.

내61: 그런 것 같기도 하고.

상62: 지금 똑같은 불안인데 이건 내가 변화를 위해서 행동을 시작하면 익숙한 것에서 벗어나 새롭게 하는 것에도 불안이 따라온다. 혹 남편이 다시 더 할까? 그럼 내가 또 이렇게 해야 되나? (양 손바닥을 마주 보이며) 이런 생각들에 대한 불안들, 이걸 우리는 이제 서로가 싸운다 그러거든요. 새로운 것을 해 보니까 어떻게 될지를 예측할 수가 없는 거예요. 한 번도 해 본 적이 없으니까, 민들레님이 태어나서 처음으로 해 보신 거니까 당연히 불안한 거예요.

내62: 음…… 그래서 더 불안하게 느껴지는 걸까요? 선생님

상63: 그럼요, 그럼요. 맞아요.

내63: 그냥 신고하지 말걸 그런 후회도 들어.

상64: 맞아요. 그런 생각도 들어요. 괜히 했나 뭐 그런 생각도 들어요.

내64: 그냥 제가 우리 엄마 밑에서 잘 그렇게 그냥 살았는데.

상65: 음.

내65: 어쨌든 지금 남편이 물건을 던지고 하는데 저한테까지는 지금 아직 안 했거든요. 그래서 그냥 남편이랑도 적당히 타협하면서 '그냥 좀 참아 냈어야 됐나?' 하는 생각도 좀 드는 게 사실은 후회가 없지는 않아요, 선생님.

상66: 맞아요. 불안도 있고, 후회감도 들고, 또 어떻게 해야 되나 그런 막막함도 있고 여러 가지 생각이 드실 수 있는 거예요. 그래서 이게 잘못된 게 아니다. 그 말씀을 드리고 싶어요. 그럴 때 어떻게 하느냐, 민들레님께서 "아 민들레야 지금 많이 네가 불안하구나. 맞아, 지금 이렇게 불안할 수 있지. 처음 해 보는 거잖아." 이렇게 이제 나의 이 불안을 이렇게 인정해 주는 거예요. 그럼 이 불안들이 이제 처음 해 보는 거니까 좀 더 괜찮아지고…… 신고해서 이거는 무조건 스톱을 해야 되는 거예요.

내66: 시댁 식구들도 그런 것으로 신고를 한다고 뭐라고 그래요. 남편한테 가서 뭐라고 해요.

상67: 그러면 "여보, 나는 당신하고 잘 지내고 싶어요. 당신하고 행복하게 지내고 싶어요. 근데 물건을 던지고 폭력을 사용하는 것은 안 돼요." 이렇게 이야기를 해서 민들레님을 지키는 게 필요해요.

내67: 저희 남편도 상담을 좀 받았으면 좋겠다는 생각은 해요.

⑧ 내담자의 의도에 경계선 지키기

- **상담개입: 내담자는 자신의 위로감을 통해 가족이 나아지기를 바라는 마음을 표현했다. 동시에 가족 구성원을 상담으로 연결하려는 것을 상담사가 도와주기를 바란다. 이때 상담사는 도움을 줄 수 있는 방법을 구체적으로 제시하되 내담자가 해야 할 것을 동시에 안내한다.**

상68: 맞아요. 그래서 남편도 좀 개인 상담을 받으시고 민들레님도 개인 상담 받고 난 후에 또 좀 이제 서로가 필요하면 부부 상담을 받고 이러면, 지금 이렇게 혼자서 고민하는 것보다 같이 문제를 해결하는 데 조금 더 협력할 수 있어요.

내68: 남편은 어떻게 상담받을 수 있나요?

상69: 민들레님이 오늘 집에 돌아가셔서 "내가 상담받아 보니까 이러한 도움이 되는 것 같더라. 그래서 당신도 나랑 같이 상담받으면 내가 당신하고 같이 결혼 생활을 하는 데 많이 도움될 것 같은데 좀 도와줄 수 있어요?" 이렇게 초청을 한번 해 보세요.

내69: 제가 얘기하면 안 될 것 같은데, 선생님이 대신 얘기해 주시면 안 돼요?

상70: 남편분에 대해서는 제가 전화를 할 수도 있는데, 남편의 입장에서 전혀 모르는 사람이 전화가 와서 "당신 상담이 필요하다." 이렇게 전화가 오면은 민들레님 입장에서는 어떠실 것 같으세요?

내70: 당황스럽고…… 거절할 것 같네요.

상71: 맞아요. 맞아요. 민들레님의 마음은 남편이 상담을 꼭 받을 수 있도록 같이 오고 싶은 마음이 크니까 상담사인 제가 얘기하면 조금 더 설득되기 쉬울 거라는 그런 마음 때문에 부탁을 하셨던 것 같아요. 그런데 제가 남편분께 전화를 걸어 이야기하면 오히려 마음의 문이 더 굳게 닫힐 수가 있겠죠. 그렇지만 민들레님께서 요청을 하면, 아내가 나하고 결혼 생활을 더 잘하고 잘 살고 싶어서 요청하는구나…… 이렇게 생각하면 남편분께서 상담 제안을 받아들이는 데 더 효과적일 것 같아요.

내71: 네…… 그런데 선생님, 혹시 제가 선생님이 말씀해 주신 대로 이야기하고 혹시 남편이 자세한 걸 물어보면, 상담사님 이야기를 하고 곧 전화가 갈 거라고 그렇게 말하면 어떨까 하는 생각이 드는데…… 어떠세요?

상72: 네, 만약에 남편분께서 민들레님의 이야기를 듣고 상담사와 얘기해 보겠다고 동의를 하시면, 저에게 알려 주세요. 그러면 제가 남편분께 상담에 대한 안내 전화를 드릴 수 있습니다.

〈중략〉

⑨ 상담 구조화와 합의된 목표 설정하기

- 상담개입: 비자발적 내담자이기에 상담 구조화를 다시 하면서 상담 목표를 합의한다. 이는 내담자가 상담을 통해 어디까지 도착할 수 있는지 방향을 설정하기 위함이다.

상75: 처음에는 충분히 불안하고 이게 변화가 있을까? 이런 생각들은 누구나가 가지는 마음이세요. 그런 마음은 들 수 있는데, 저하고 꼭 약속해 주셔야 되는 게 저희가 **일주일에 한 번씩 오셔서 오늘처럼 50분 상담을 한다,** 이것을 꼭 기억하시고 앞으로 약속한 시간에 나오셔서 9번 상담을 받는 것이 정말로 중요한 거예요. 이 부분에 대해 같이 협조를 해 주실 수 있을까요?

내75: (고개를 끄덕이며) 네.

상76: 오늘도 민들레님께서 자기의 마음을 열고 오셨는데 다음에도 민들레님이 열린 마음을 가지고 오셔야 하고 그 마음에 대해서 같이 얘기를 해 보면 9번 동안의 만남 속에서 민들레님이 원하시는 이 짐을 내려놓는 것들을 우리가 할 겁니다. 민들레님께서는 9번의 상담이 모두 끝난 후에 내 짐이 좀 더 가벼워졌으면 좋겠다…… 하는 바람이 있으실 것 같은데, 무엇을 보면 내가 달라졌다는 것을 느낄 수 있을까요?

내76: 어, 엄마까지는 그 짐을 굳이 풀지 않아도 지금은 남편과의 이런 폭력에 대해서 좀 대화가 좀 되어서, 남편과 회복이 되어서 정말 제가 생각했던 그 행복한 삶을 산다면 전 그 정도만 해도 만족할 것 같아요.

상77: 맞아요. 오늘 민들레님께서 세 가지의 중요한 이야기를 하셨는데, 그중에서도 민들레님은 남편과 대화가 잘 되어서 행복한 삶이 회복되는 것을 가장 원하고 계시네요. (네) 그럼 이것에 대해 다음 시간에 우리가 좀 더 자세하게 이야기를 나누도록 하겠습니다. 〈중략〉

⑩ 첫 회기 상담효과 확인

- **상담개입: 위기 내담자이면서 동시에 비자발적 내담자이기에 첫 회기 상담의 효과를 물어 보고 이야기 나눈다. 이는 다음 회기 상담 동기를 높이는 것과 관련된다.**

상77: 〈중략〉 지금 시간이 되어서 저희가 이제 마무리를 할까 합니다. 오늘은 지난 접수면접의 이야기를 가지고 첫 번째 상담을 했는데요, 오늘 상담이 어떠셨을까요?

내77: 제가 좀 낯을 가리거든요. 그런데 상담 선생님께서 친절하게 설명해 주시고 하니까 상담에 오길 잘했단 생각이 들었어요. 그리고 남편도 같이 상담을 받으면 좋겠다는 생각도 들고요.

상78: 네, 맞아요. 처음엔 낯설고 상담이 도움이 될까 걱정도 되셨을 텐데……. 지금은 남편분도 받았으면 하는 바람도 생기셨네요.

내78: 네, 저도 그렇고 남편도 상담을 하면서 마음이 좀 차분해지고 편안해졌으면 좋겠어요.

상79: 아까 좀 많이 불안해하셨는데 지금은 어떠실까요?

내79:남편이 제가 신고한 것 때문에 트집 잡고 그럴까 봐 불안했던 마음이 컸는데, 남편도…… 상담을 받게 되면 한결 나을 것 같아요. 그래도 아까보다 불안한 마음도 조금은 내려간 것 같아요.

상80: 맞아요. 네, 50분 동안 상담하시면서 정말 고생하셨어요. 오늘은 여기서 마치고 다음 주 같은 시간에 다시 뵙겠습니다.

내80: 감사합니다.

(2) 3인조 실습

① 실습방법

- 이 실습은 접수면접 내용을 가지고 첫 회기 상담을 어떻게 진행하는지 연습하는 시간이다.
- 상담사, 내담자, 관찰자의 역할을 정하고 위에 제시된 시연 축어록에서 상담사 내담자 역할로 그대로 읽어 보면서 사례를 50분으로 진행한다.
- 관찰자는 상담사 반응이 시연행동의 목표행동에 적절했는지의 여부에 대해 체크한다. (적절하면 ○, 적절하지 않으면 ×)

목표행동	상담사 반응	○, ×
1. 안전감 제공하기	상담사 소개와 접수면접자의 내용 연결하기	
2. 위기상황 탐색	내담자가 바뀐 상담사에 대한 불편감을 드러낼 때 지지한다. 상담사가 내담자의 불편감에 긴 시간을 할애하지 않고 접수면접 내용으로 위기상황을 탐색한다.	
3. 신고에 대한 두려움, 양가감정 다루기	내담자가 용기 있게 신고한 행동에 힘을 실어 준다. 남편이 다시 보복할 것에 대한 두려움이 있는 불안한 마음을 타당화해 준다.	
4. 수치심 안아 주기	폭력의 피해자로 부끄러움이 있음을 안아 주는 것이 핵심이다. 안아 주기는 내담자의 다양한 좌절된 경험을 이야기하도록 허용한다.	
5. 현재 위기상황을 유지시킨 요인 탐색	내담자의 불안이 남편의 폭력으로 인해 촉발된 것이라는 가설을 뒷받침하기 위하여, 불안의 시작점과 그것을 유지시킨 요인을 탐색할 필요가 있다. 불안의 시작점을 원가족과 연결하여 탐색하고(유발요인 찾기), 그 불안이 유지되었던 발달사를 탐색한다.	
6. 내담자의 현재 상태를 전체 그림으로 안내하기	내담자는 자신의 어려움을 계속 이야기하다 보면 지친다. 내담자는 자신이 왜 그런지를 모를 때 더 지치게 된다. 어떤 요인으로 촉발되고 현재 스트레스가 어떻게 생겼는지를 전체 그림으로 안내해 주는 것이 안전감을 준다. 상담사의 이야기가 길어질 수 있는 구간이다. 내담자는 자신의 불안이 어떤 이유로 발생하게 되었고 상담을 통해 무엇이 어디까지 다루어지게 되는지 알고 싶어 한다.	
7. 상담 효과에 대한 불안함 안내하기	상담사는 자칫 힘이 빠질 수 있는 지점이다. 내담자는 자신의 전체적인 상황에 대한 설명을 받아들이면서 동시에 상담에 대한 회의감을 표현한다. 그만큼 라포가 형성되었다는 증거이다. 내담자의 회의감을 먼저 수용해 주고 상담 효과에 대한 재구조화를 하는 시간이 필요한 과정임을 안내해 주는 것이 핵심이다. 마음의 위안을 받은 내담자는 자신의 문제를 해결하고 싶은 마음과 자신의 고질적인 문제가 해결되지 못할 것이라는 무력감과 마주하는 지점이다. 이 지점이 내담자의 표면감정이며 욕구와 만나는 지점이다.	

8. 내담자의 의도에 경계선 지키기	내담자는 자신의 위로감을 통해 가족이 나아지기 바라는 마음을 표현한다. 동시에 가족 구성원을 상담으로 연결하려는 것을 상담사가 도와주기를 바란다. 이때 상담사는 도움을 줄 수 있는 방법을 구체적으로 제시하되, 내담자가 해야 할 것을 함께 안내한다.	
9. 상담 구조화와 합의된 목표 설정하기	비자발적 내담자이기에 상담 구조화를 하면서 상담 목표를 합의한다. 이는 내담자가 상담을 통해 어디까지 도달할 수 있는지 방향을 설정하기 위함이다.	
10. 첫 회기 상담효과 확인	위기 내담자이면서 동시에 비자발적 내담자이기에 첫 회기 상담의 효과를 물어보고 이야기 나눈다. 이는 다음 회기 상담 동기를 높이는 것과 관련된다.	

• 3인조는 역할을 바꿔 가며 시연 축어록으로 상담을 진행해 본다.

② 실습 후 피드백

• 이 실습은 〈사례 2〉에 나온 시연 축어록으로 첫 회기 상담을 어떻게 진행하는지 연습하는 시간이다.
• 내담자는 축어록에 나온 상담사의 반응을 들으면서 느낀 점과 함께 유용했던 점에 대해 피드백한다.
• 관찰자는 시연과정의 축어록을 읽으면서 궁금한 것을 기록해 본다.
• 관찰자는 시연과정 ①에서 ⑩까지 과정별로 상담사, 내담자의 비언어적인 반응을 자세히 기술한다.

목표행동	비언어적 내담자, 상담사 반응
1	예: (5분간 침묵), (고개를 숙이고 밑을 바라본다)
2	
3	
4	
5	

6	
7	
8	
9	
10	

③ 성찰하기

• 이번 시연과정의 축어록을 읽으면서 상담사로서 궁금한 것은 무엇인가?

• 이번 실습을 통해서 배운 점은 무엇인가?

• 이번 실습을 통해서 새롭게 알게 되었거나 이미 알고 있었던 것과 다르게 느낀 부분이 있는가?

2) 모델링

앞의 시연 축어록 대화를 보고 상담사의 첫 회기 상담 진행의 축어록 기록방법을 모델링하자.

(1) 축어록 기록방법 핵심체크

순서	방법
목표	상담사의 축어록 반응 중 개선하고 싶은 반응을 기록하는 방법을 익힌다.
세부목표	• 축어록 반응 중 상담사 반응에 개입기술을 적을 수 있다. • 불필요한 반응을 찾아내어 줄을 긋는다. • 상담사의 대안 반응을 적는다.
방법	상담사 반응 1부터 마지막 반응까지 상담사 반응을 읽고 모든 것을 기록한다. (예: '오케이' '알다시피' '음' '어')
	위에서 기록한 상담사, 내담자의 비언어적인 기록을 축어록에 표기한다. (예: 5분 동안 침묵, 허공을 바라본다)
	상담사 반응을 읽은 후 개입기술 중 어떤 것인지 기록한다. (예: 개방형 질문, 공감)
	상담사 반응 중 내담자의 진술에 대해 적절하지 않은 반응의 가운데에 줄을 긋는다(예: 상 47: ~~지금 먼지가 일어나고 있고 또 내가 그냥 덮어놨던 것들을 제가 이렇게 보여 드렸잖아요. 스트레스가 어머니한테 있었다. 결혼하고 이제 남편하고 또 아이가 이런 상황에 있었다. 이것을 보여 주니까 덮어놨던 먼지들이 막 이렇게 되어서 마음이 더 답답하고 혼란스럽고 지금 이 상황이 사실은 가장 자기를 잘 나타내고 있는 상황이세요. 만들래님께서 그런 부분까지 지금 본인을 보셨어요~~). 줄 긋는 반응 대신 적절한 대안적 반응을 적는다(상 47: 결혼하기 전 쌓여진 먼지 같은 스트레스들이 묻혀 있다가 결혼 후 남편의 폭력으로 먼지들이 일어나니 더 불안하고 혼란스러우신 것 같습니다).
	상담사 개입기술을 몇 개 사용했는지를 숫자로 표기한다(예: 폐쇄형: 20).
	상담사 개입기술 중 상담사의 강점과 보안점을 기록한다. 강점: 내담자에 대한 전체 그림을 파악하면서 명료하게 질문한 점 보완점: 조사가 많고 설명이 많음

(2) 축어록 기록 연습

[연습 2-1]

〈사례 2〉를 축어록 기록 방법대로 기록한다. 〈상 1〉에서 〈상 40〉까지 기록한다.

번호		축어록 내용	상담 개입기법	대안 질문하기
상	1			

⋮

상	40			

개입기법	횟수	개입기법	횟수	개입기법	횟수
비언어적 반응		명료화		해석	
단순반응		중단시키기		즉시성	
재진술		요약		자기개방	
바꾸어 말하기		공감		과제 주기	
간접질문		반영		정서적 개입	
직접질문		격려		인지적 개입	
개방형 질문		설명 혹은 조언		행동적 개입	
폐쇄형 질문		직면		체계적 개입	

〈시연 축어록 기록방법〉

(3) 3인조 실습

① 실습방법

3인조는 각자 〈사례 2〉의 시연 축어록 기록 방법을 서로 비교해 보자.

② 실습 후 피드백

- 3인조는 가장 많이 사용하는 개입을 적고 각자 서로 피드백한다.
- 3인조는 강점(최소 2개 이상)을 적고 서로 피드백한다.

1. ______________________
2. ______________________
3. ______________________
4. ______________________
5. ______________________

- 3인조는 보완해야 하는 부분(최소 2개 이상)을 적고 서로 피드백한다.

1. ______________________
2. ______________________

3. ____________________
4. ____________________
5. ____________________

③ 성찰하기

• 축어록 기록 방법을 모델링으로 기록해 본 경험은 어떠했는가?

• 축어록 기록 방법을 통해 배운 점과 변화되어야 할 지점, 상담장면에서의 적용 계획을 적어 본다.

배운 점	
변화가 필요한 지점	
적용 계획	

3) 이완

(1) 이완하기 핵심체크

① 호흡하기 핵심체크

순서	핵심내용
자세	편안한 자세를 취합니다. 의자에 앉아 발을 바닥에 균등하게 놓고 등을 펴고 팔을 자연스럽게 편 상태에서 집중합니다. (코로 숨을 들이마시고 코나 오므린 입술을 통해 숨을 내뱉는다) 눈을 감고 깊게 숨을 들이쉬면 차분해집니다. 코로 들이쉬고, 배로 깊게 숨을 들이쉬고, 입으로 천천히 내뱉습니다.

방법	호흡이 쉽게 들어오고 나가도록 하며, 숨을 들이쉴 때 '들어'라고, 내쉴 때 '나가'라고 생각합니다. 호흡이 들어오거나 나가는 그대로, 나에게 일어나는 하나의 사건으로 바라보고 알아차려 봅니다.
시작	마음을 차분히 가라앉히고 호흡에 집중합니다. 호흡은 내가 하는 것이 아닙니다. 호흡은 나에게 끊임없이 벌어지는 일련의 사건입니다. 나는 내 호흡에 개입하지 않습니다. 호흡과 나는 어떠한 의도도 갖지 않습니다. 그저 알아차릴 뿐입니다. 이제 들숨이 날숨으로 바뀌는 순간에 집중합니다. 들숨과 날숨 사이에는 아무 것도 없습니다. 텅 비어 있는 그 자리를 알아차립니다.
들숨과 날숨 알아차림	길게 숨을 들이쉬면서 나는 길게 들이쉰다는 것을 알아차려 봅니다. 길게 숨을 내쉬면서 나는 길게 내쉰다는 것을 알아차려 봅니다.
	짧게 숨을 들이쉬면서 나는 짧게 들이쉰다는 것을 알아차려 봅니다. 짧게 숨을 내쉬면서 나는 짧게 내쉰다는 것을 알아차려 봅니다.

② 점진적 근육이완 핵심체크

순서	사용방법
장소	내담자의 주의를 산만하게 하는 자극이 없는지 확인하기
사용	발가락부터 시작하여 점차 몸의 윗부분으로 옮겨 가며, 근육을 수축하여 긴장감을 느낀 후, 근육을 이완시킨다. 의자에 등을 대고 똑바로 앉아 주세요. 천천히, 몇 번 깊은 호흡을 하면서 천천히 이완해 보세요. (깊은 호흡을 하는 동안 잠시 멈춤) 이제 점진적 근육이완 훈련이라는 걸 해 볼 거예요. 여기서 근육을 하나씩 하나씩 이완하는 법을 배울 것입니다. 자, 먼저 그동안 연습한 대로 길게, 천천히 깊게 호흡을 해 보세요.
예시	• 머리: 목을 앞으로 구부려 목 뒤의 긴장을 느껴 봅니다. 힘을 빼고 목을 정면으로 되돌리거나 전후좌우로 움직여도 괜찮습니다. • 얼굴 아래(턱, 입술, 혀): 치아와 입술을 꽉 깨물고 입속의 혀를 입천장으로 세게 밀면서 깊은 호흡을 들이마시고 5초간 숨을 멈추세요. 그리고 숨을 내뱉으면서 치아, 입술, 혀에서 힘을 빼십시오. 그다음에 얼굴 위(이마, 눈, 코)도 동일하게 해 봅니다. • 어깨와 목: 양 어깨를 위로 으쓱, 목에 힘을 줍니다. 단번에 힘을 빼면서 어깨를 툭 떨어뜨립니다. 머리를 오른쪽으로 돌려 오른쪽 어깨 위를 쳐다보면서 깊은 호흡을 들이마시고 5초간 숨을 멈추세요. 그리고 숨을 내뱉으면서 머리와 어깨에서 힘을 빼세요. 머리를 왼쪽으로 돌려 왼쪽 어깨 위를 쳐다보면서 깊은 호흡을 들이마시고 5초간 숨을 멈추세요. 그리고 숨을 내뱉으면서 머리와 어깨에서 힘을 빼세요. 머리를 오른쪽으로 기대고 오른쪽 귀를 오른쪽 어깨에 붙이려고 노력하면서 깊은 호흡을 들이마시고 5초간 숨을 멈추세요. 그리고 숨을 내뱉으면서 머리, 귀, 어깨에서 힘을 빼세요. 머리를 왼쪽으로 기대고 왼쪽 귀를 왼쪽 어깨에 붙이려고 노력하면서 깊은 호흡을 들이마시고 5초간 숨을 멈추세요. 그리고 숨을 내뱉으면서 머리, 귀, 어깨에서 힘을 빼세요.

	• 배와 등: 배에 힘을 줘 근육을 조입니다. 단번에 힘을 빼고 배근육을 원래의 위치로 되돌립니다. • 양팔: 오른쪽 손목과 팔뚝을 굽히고 주먹을 세게 쥐면서 깊은 호흡을 들이마시고 5초간 숨을 멈추십시오. 그리고 숨을 내뱉으면서 손목, 팔뚝, 주먹에서 힘을 빼 보십시오. 그다음 왼쪽 팔도 동일하게 합니다. • 양손: 손바닥을 강하게 꽉 잡으십시오. 강하게 잡은 손바닥을 단번에 힘을 빼고 천천히 엽니다. • 양쪽 다리: 오른쪽 발가락을 구부리고, 발목과 허벅지에 힘을 주면서 깊은 호흡을 들이마시고 5초간 숨을 멈추십시오. 그리고 숨을 내뱉으면서 발가락, 발목, 허벅지에서 힘을 빼십시오. 그다음에 왼쪽 다리도 동일하게 합니다.

(2) 3인조 실습

① 실습방법

- 상담사는 호흡하기와 점진적 근육이완 안내문대로 이완훈련을 실시한다. 이때는 외워서 하기보다 읽으면서 해도 괜찮다. 이 장에서 검토한 지시문을 따라도 된다.
- 상담사는 호흡하기와 점진적 근육이완을 적절하게 사용하여 50분으로 한 회기 상담(최소한 30분 이상)을 진행한다.
- 내담자는 상담사의 안내대로 이완하기를 한다.
- 관찰자는 상담사와 내담자의 비언어적인 것을 관찰한다.

② 실습 후 피드백

- 상담사는 내담자에게 호흡하기와 점진적 근육이완을 진행할 때 어려웠던 점에 대해 나눈다.
- 내담자는 호흡하기와 점진적 근육이완을 받을 때 신체와 이완의 정도가 어떻게 변화했는지를 구체적으로 나눈다.

	내담자가 느끼는 변화과정
신체의 이완 정도	

경직된 근육의 이완	

- 3인조는 역할을 바꿔 가며 위와 같이 연습한다.

③ 성찰하기

- 이완하기 실습을 통해 신체의 각 부분마다 이완의 정도는 어떠했는가?

- 이번 실습을 통해서 배운 점은 무엇인가?

- 이완하기를 통해 배운 점과 변화되어야 할 지점, 상담장면에서의 적용 계획을 적어 본다.

배운 점	
변화가 필요한 지점	
적용 계획	

4) 체계적 둔감법

(1) 체계적 둔감법 핵심체크

목록	내용
내담자 정보	중학교 1학년, 남자
호소문제	〈사례 3〉 벌레가 무서워요.
1. 교육	불안과 관련된 소리나 특정한 장소, 색깔 등 중립적인 자극이라도 충격적인 경험과 짝을 이루게 되면 불안, 걱정과 같은 정서를 일으킬 수 있습니다. 꿈돌이님의 불안에 대해선 체계적 둔감화를 사용하여 상담을 진행할 것입니다.
2. 두려운 대상 찾기	부정적인 정서인 두려움, 불안을 일으키는 요인을 찾아낸다.
3. 위계목록표 작성	불안 자극 위계에 포함시킬 항목은 일차적으로 내담자에게 달려 있지만 상담사가 함께 확인한다.
4. 근육이완	내담자의 긴장이완 훈련과 불안 위계를 마친 후에 둔감화 절차를 실행한다.
5. 상상하기	내담자가 이완된 상태가 되었을 때 낮은 위계에 있는 자극부터 제시한다. 생생하게 상상할 수 있도록 지시한 후 내담자가 불안을 느끼면 신호를 하도록 한다. 15~30초 동안 상상한 후에도 아무런 불안 징후가 없으면 다시 동일한 자극을 제시하고 20~30초 정도 후에 상상을 중지시킨다. 그리하여 내담자가 이완되어 있는 상태에서 점차 더 높은 위계의 자극까지 제시하게 된다. 이때 내담자가 불안을 느끼는 신호를 보내지 않을 때 상담사가 "좋습니다."라는 말을 자주 하지 않는 것이 좋다. 이는 내담자가 불안을 보고하지 않는 경향을 강화할 수 있으므로 주의해야 한다.
6. 단계별로 진행	한 회기에 모든 불안 자극을 제시하는 경우는 드물다. 시간을 두고 불안 자극을 조심스럽게 제시하며 내담자의 미묘한 불안 신호를 포착하여 필요하면 중지시키고 다시 시도한다. 또한 위계 항목 간의 간격이 너무 크면 부가적인 중간 단계의 위계 항목을 구성하거나 불안을 유발하는 다른 요소가 있는지 다시 점검해야 한다.

(2) 체계적 둔감법 상담과정

〈사례 3. 벌레가 무서워요〉

상1: 안녕, 꿈돌이 지난 시간에 학교 가는 게 힘들다고 얘기했었잖아. 어떤 상태일 때 가장 네가 무서운지 0에서 10까지 표를 만들어 봤는데 기억이 나니?

내1: 네 (손가락으로 네모를 그리며). 선생님이 이렇게 뭐 하셨잖아요.

상2: 어 맞아. 그것을 불안위계목록이라고 했지. 최고로 불안이 높을 때를 우리가 10이라고 했고 불안이 하나도 없을 때를 0이라고 하고 그 상황들을 선생님하고 이야기해 봤어. 그러면 오늘은 그 불안 위계표를 가지고 그 무서운 부분들을 한 번씩 살펴볼 거야.

내2: 네.

상3: 우리가 다시 한번 하나씩 불안목록을 만들어 보자. 꿈돌이가 아주 약간 불안하긴 하지만 이건 내가 좀 견딜 수 있어요…… 하는 정도는 어떤 상태였지?

내3: 음 (7초간 침묵) 요만한 하루살이, 벌레, 포도 먹으면 날아다니는…….

상4: 초파리 같은 거?

내4: 네 초파리.

상5: 나도 바나나 먹으면 초파리가 날아다녀서 정말 아우 싫어. 진짜 손으로 이렇게 치는데, 그 초파리 말이지?

내5: 제가 이렇게 치면 붙거든요.

상6: 그래, 그 초파리는 조금 무서운 정도가 1이네?

내6: 네. 조금 무서운데…… 괜찮아요.

상7: 아, 그러면 초파리가 무서움 정도 1이면 초파리가 손에도 앉고 나한테 이렇게 앉을 수도 있잖아. 그러면 어떡해?

내7: 그러면 그러면요, 그냥 제가 앉은지도 모르고 (손바닥을 책상에 치며) 이렇게 이렇게 하면 그냥 죽어요.

상8: 오, 무서운 게 1 정도의 초파리가 있을 때는 내가 좀 이렇게 긁고 뭐 해도 괜찮네 무섭지 않네.

내8: 제가 힘이 더 세니까요.

상9: 초파리 힘하고 꿈돌이 힘하고 생각해 봤을 때 힘이 아주 센 상태를 10, 힘이 없는 상태는 0이라고 한다면 꿈돌이 힘은 어느 정도야?

내9: 음, 초파리보다는 세요.

상10: 그러면 초파리의 힘은 어느 정도야?

내10: 초파리보다 세니까 저는 5예요.

상12: 초파리 같은 거는 넘어가도 괜찮은 것 같은데? 초파리 오면 잡을 수 있으니까? 1은 넘어갔고, 2는 어떤 건지 기억이 날까? 초파리보다 조금 더 무서운 거.

내12: 음 (5초간 침묵) 시골에 가면, 할머니 집에 가면 파리가 있어요. 그게 더러워요.

상13: 맞아 음, 파리 더러워, 그치. 더러운데 지금 무섭잖아 우리 꿈돌이가.

내13: (고개를 흔들면서) 네, 싫어요.

상14: 그러면 더럽고 싫은 거지 무서운 거는 아니야?

내14: 그래서 무서워요. 싫어요, 더럽고.

상15: 아, 그래서 더럽고 싫어서 무서운 거야?

내15: 왜냐하면, 거기는 똥파리도 있잖아요.

상16: 맞아. 똥파리도 있지.

내16: 파리는 할머니집 가면 먹을 때 음식에도 앉지만, 개똥에도 앉는 거 같거든요.

내17: 그러면 똥 위에 앉았던 병균도 옮잖아요. 더럽고 싫어요.

상18: 맞아. 더럽고 싫다.

내18: (손으로X를 표시하면서) 네, 싫어요. 병균 옮아서.

상19: 파리에 똥파리도 들어가는 거야? 무서운 정도 안에?

내19: 파리는 다 똥파리예요.

상20: 파리는 세균이 옮을까 봐 무섭고 더럽고 싫은 거네. 똥파리도 포함하고. 파리가 2 정도로 무서운 거 맞지?

내20: (목소리를 크게) 똥파리 싫어요.

상21: 응 맞아 맞아. 쌤도 싫어. 그러면 그때는 너는 힘이 얼마나 돼?

내21: 할머니 집에 파리채가 대따(엄청) 많아요. 파리채나 전기 파리채도 있으니까 전기로 지지면 제가 세요.

상22: 맞아. 전기 파리채도 있지. 걔를 갖다가 딱 때릴 수도 있는 거네?

내22: 네. 그것만 있으면 파리는 못 살아요. 타면 냄새나고 쥐포처럼 돼요.

상23: 어 그러네. 전기 파리채가 있어서 이건 좀 잡을 수 있네. 그러면 무섭지만 네가 파리채나 전기 파리채로 때리거나 하면은 잡을 수 있는 상태네?

내23: (고개를 끄덕이며) 네.

상24: 어, 좋아 좋아. 그다음에 똥파리보다 조금 더 무서운 3 정도는?

내24: (하품하면서 지루한 듯이) 선생님 근데 언제까지 물어요?

상25: 어, 힘들지. 똥파리는 무서운 것이 아니면 똥파리보다 3 무서운 것은?

내25: 저는 이것도 (새를 가리키면서) 무서운데 새가 더 무서워요.

상26: 어 잠깐. 쌤 못 들었는데 뭐가 무섭다고?

내26: 새가 무서워요.

상27: 어떻게 하면 더 이상 꿈돌이가 새를 안 무서워 할 수 있을까 전략을 짜 보는 거야. 새를 잡으려고.

내27: 새 못 잡아요.

상28: 그니까 새를 잡는 게 새를 직접 손으로 잡는 게 아니라 우리가 덜 무섭게 하려고.

내28: 선생님이 새 잡으세요. 저 못 잡아요.

상29: 좋아. 선생님이 어떻게 하면 새를 잡을 수 있는지 같이 알아보자. 근데 선생님이 새 잡으려면 꿈돌이가 어떤 것이 더 무서운지 얘기를 해 줘야지 우리가 새를 잡는 법을 알 수 있지.

내29: 새가 무서워요.

상30: 그러면 조금 똥파리보다 무서운 게 새네?

내30: 네네.

상31: 똥파리보다 무서운 게 새다. 그런데 새도 되게 많잖아.

내31: 새는 많이 무서워요. 엄청 많이 무서워요. 학교 가기 싫어요.

상32: 그럼 아까 첫 번째, 두 번째 무서웠던 거 있잖아, 초파리랑 똥파리…… 그거랑 비교했을 때 새는 무서운 게 어느 정도 위치에 있어?

내32: 음. 많이 무서워요.

상33: 많이 무서워?

내33: (눈을 동그랗게 뜨고) 네네.

상34: 그럼 똥파리보다는 무서운 거야?

내34: 네, 무서워요.

상35: 어 그래.

내35: (기어가는 목소리로) 제가 무찌를 수가 없어요.

상36: 음, 그러면 최고 무서운 게 새야?

내36: 네 무서워요.

상37: 오, 좋아. 그러면 최고 무서운 새는 무서운 것 중에서 최고 대빵이네 대빵. 최고 무서우니까 10만큼 무섭다.

내37: (엄지 손가락을 세우면서) 네.

상38: 그러면 10에는 날아다니는 새. 자, 그럼 첫 번째 두 번째 무서운 것을 이야기했으니까 그 다음에 세 번째 좀 무서운 것을 우리가 이야기해야 그다음에 새한테 갈 수 있거든. 그래서 선생님이 조금만 더 물어볼게. 괜찮아? 네가 도와줘야 전략을 짜지. 우리 같은 팀이잖아.

내38: 선생님이 잡으세요. 저는 안 잡아요. 엄마가 새 잡아 준다 했는데 엄마도 새 못 잡아요.

상39: 응. 우리 새 잡는 같은 팀이야. 자, 그러면 똥파리보다 무서운 세 번째는 뭐야?

내39: 모기예요.

상40: 이잉~ 하는 모기. 모기가 무섭구나. 맞아, 선생님도 모기가 너무 싫어. 정말 피 빨아먹고 가렵고 잠도 못 자고. 그러면 모기는 어떻게 무서워?

내40: 모기, 제가 책에서 봤거든요. 우리 눈에는 잘 안 보이지만 이렇게 확대해 보면 사람 피를 빨아먹는 뾰족한 독침이 있어요. 그래서 그걸로 피를 빨아먹는대요. 피를 빨아먹다 보면 병균이 또 옮아서 죽기도 하고요. 사람을 죽여요. 네 사람을 죽여요. 피를 빨아 먹어서.

상41: 맞아. 피를 빨아먹지. 그래서 모기를 죽이면 피가 나오잖아. 징그럽게.

내41: 할머니 집 가면 모기 되게 많아요.

상42: 그렇지. 선생님도 어렸을 때 모기가 너무 많아서 손으로 막 이렇게 잡았던 기억이 나네. 모기가 피를 빨아먹는다고 그랬는데 모기에 물려서 사람이 죽은 거를 본 적이 있어?

내42: 본 적은 없어요. 음…… 책에서 봤어요. 과학책에서 봤어요. 『Why』 책에서 봤어요.

상43: 책에서 봤구나. 모기에 물려서 죽은 경우가 있었어?

내43: 더운 나라에 가면.

상44: 맞아, 더운 나라.

내44: 조심해야 해요.

상45: 맞아, 그러네.

내45: 그 나라에 안 갈 거예요.

상46: 우리 그 나라에는 가지 말자. 그러면 꿈돌아, 그 나라는 우리가 안 가더라도 우리나라에서 모기는 어느 정도 무서워? 모기가 사람의 피를 먹긴 하지만, 우리나라에서는 모기 때문에 사람이 죽은 적은 없지 않아?

내46: 근데요, 할머니가 모기 죽이는 거 봤어요.

상47: 음 어떻게?

내47: 똥파리 잡는 거, 전기 하는 걸로 지지직하구요, 그리고 이렇게 할머니랑 마당에서 삼겹살 구워 먹는데 이런 이런 파랑색 불빛 나는 그게 막 모기들이 막 가서 달려들면서 삼겹살처럼 막 이렇게 하는 것도 봤어요. 그래서 그런 거 있으면 괜찮아요. 무섭지만은 않아요.

상48: 그러면 꿈돌이 얘기 들어 보니까 처음에는 막 무서워요 이랬는데, 꿈돌이가 할머니 생각하고 또 이야기를 하다 보니까 모기도 잡을 수 있네.

내48: 할머니가 잡아 주세요.

상49: 어, 할머니가 잡아 주고.

내49: 무찔러 줘요.

상50: 맞아 맞아. 할머니가 이제 모기 대장이다. 그럼 만약에 할머니가 없을 때는 꿈돌이는 어떻게 해?

내50: 엄마가 해 줘요. 홈매트도 틀어 주고. 모기 물리면 가렵고 싫어요. 엄마가 약도 발라 주는

데…… 그래도 모기 때문에 죽지는 않는다고 했어요.

상51: 그래 맞아. 모기 때문에 죽지는 않아. 그러면 이것도 싫은 거에 해당하네?

내51: 싫어요.

상52: 아까 똥파리도 싫었잖아, 병균 옮긴다고. 똥에도 앉고 그래서 똥파리지. 그러면 모기도 그렇게 실제로 봐서 싫은 정도야, 무서운 정도야?

내52: 어, 무섭고 싫어요. 그래서 여름에 저는 긴 옷 입고 자요.

상53: 으음, 무장을 하고 자네~?

내53: 네, 물리면 안 되니까요. 근데 그래도 물어요.

상54: 어, 그래 그래, 그래도 물고. 그러면은 꿈돌이가 과학책에서 사람 죽이는 모기를 봤을 때 무섭다는 거구나?

내54: 네.

상55: 아 그치, 근데 이제 우리나라에 있는 모기는…….

내55: 두 사람이 물려서 이상하게 막 되고, 피부도 이상하게 되는 걸 봤어요.

상56: 으음 그러네. 그래서 그런 이제…….

내56: 그래서 그 나라 여행 갈 때는 꼭 주사 맞고 그리고 물도 막 마음대로 먹으면 안 된다고 그랬어요.

상57: 이야~ 꿈돌이가 선생님도 모르는 모기에 대해서 잘 알고 있구나. 모기를 막는 방법도 잘 알고 있네~?

내57: 네, 저 『Why』 책 좋아해요. 곤충 『Why』 책도 좋아해요.

상58: 그래 맞아. 곤충 책을 좋아하니까 곤충에서 이런 걸 많이 보겠다. 그러면 꿈돌아, 꿈돌이는 우리나라에 있는 모기는 무서운 게 아니라 싫은 거고, 꿈돌이가 무서워하는 모기는 책에 나오는 모기라는 거네. 선생님이 잘 이해한 거 맞아?

내58: 네.

상59: 그럼 모기가 세 번째로 힘이 센 거네? 그치, 무서운 걸로 세 번째.

내59: 네, 근데 똥파리보다는 세요.

상60: 그러네. 똥파리보다 세네. 어, 그럼 모기도 그냥 잡으면 되니까, 그럼 모기일 때는 꿈돌이 힘이 얼마나 돼?

내60: 그 때도 제가 세요.

상61: 어, 그럼 모기보다 센 거야?

내61: 네, 모기보다 세요.

상62: 오 모기보다 세다~.

내62: 네. 왜냐면 옷 입으면 되거든요.

상63: 어, 맞아 맞아. 옷 입고, 긴 옷 입고, 홈매트 켜면 되니까 무섭지만 할 수 있네~. 음, 그러면 책에 있는 거 있잖아, 사람 죽이는 모기 이런 거 보면 무서운데 그럼 그때는 어떻게 하지?

내63: 그래서 제가 보고 덮었어요, 무서워서.

상64: 아~ 그럴 때는 그냥 책을 그냥 덮어 버리네.

내64: 네. 근데 그때 모기 꿈 꿨어요.

상65: 음~ 꿈에도 나타나고.

내65: 네.

상66: 맞아 맞아.

내66: 엄마가 그때 보지 말라고 감췄는데, 제가 또 봐야지(봤어요).

상67: 아~ 재밌어서? 오~ 근데 선생님은 꿈돌이 얘기 들으니까 귀가 쫑긋해졌어요. 원래 무서우면 안보거든~. 근데 무섭지만 책을 몰래 본다는 것은 그래도 꿈돌이가 이 책에 있는 사람을 죽이는 모기를 무서워도 하지만 꿈돌이가 힘이 있다는 것으로 보이는데?

내67: 엄마는 제가 무서워하고, 유튜브 보면서 무서워서 울고 그러니까…… 제가 그런 거 보는 걸 싫어해요.

상68: 무섭지만 그래도 재밌네. 이렇게 이제 얘기하는 거 보니까 이겨 낼 수 있는 힘이 더 있는 거 같은데, 책에 있는 모기한테도? 어때 꿈돌이?

내68: 근데 음, 이겨 내는 힘이 뭐예요?

상69: 어? 뭐라고? 못 들었어요 선생님이.

내69: 이겨 내는 힘이 뭐예요?

상70: 아, 꿈돌이가 진짜 무서우면 옆에 가지를 못해, 근데 꿈돌이는 무섭지만 이겨 내는 힘이 있으니 (책을 열어 보며) 이렇게 보는 거잖아?

내70: 그럼 제가 싸워서 이길 수 있다는 건가요?

상71: 그렇지, 진짜 무서운 사람은 옆에 가지도 못해. 꿈돌이는 무서워하지만 보잖아. 이 모기가 어떻게 생겼나, 주둥이는 어떻게 생겼나, 모기 다리는 뭔가, 우리나라 모기랑은 뭐가 다르지? 이렇게 보니까 네가 힘이 있는 거지, 우리 꿈돌이가.

내71: 저 음, 새도 많이 보는데 새가 나오는 거. 근데 무서워요.

상72: 으음. 새는 우리가 새를 잡을 수 있는 전략을 세우는 중이야. 자, 그래서 우리가 지금 세 번째까지 했어~ 그다음에 이제 모기보다 무서운 건 뭐야? 힘이 센 건?

내72: 음, 음, 모기보다 무서운 건 벌이요, 벌.

상73: 아, 벌? 위이이잉 하는 그 벌 말이지? 어이구 그렇지, 무섭지 벌은 정말 선생님도 무서워.

내73: 그런데 침이 있어서 무서운데요, 그것도 제가 봤어요. 그 벌에 물리면 벌침으로 사람을 낫게도 하지만 어떤 사람은 벌 때문에 쇼크가 와서 죽는다 그랬어요. 그래서 저도 혹시 죽을까 봐 벌을 조심해요.

상74: 음~ 그래 맞아. 근데 벌은 선생님도 무서워, 다 무서워해 벌은. 왜냐면 벌은 잘못 물리면 죽으니까, 그건 꿈돌이만 무서워하는 게 아니라 벌은 잘못 물리면 죽을 수도 있으니까 다른 사람들도 다 무서워해.

내74: 그럼 죽은 사람 봤어요? 진짜로?

상75: 진짜로 보지는 않았는데, 뉴스에서 들었어.

내75: 저도 뉴스에서 봤어요.

상76: 그래서 벌이 그냥 있으면 얼른 피해. 그리고 시골에 가면 벌이 있나 없나 이렇게 보기도 해. 그래서 꿈돌이만 그런 게 아니라 선생님도 벌 무서워해.

내76: 엄마도, 할머니도 그랬어요. 벌을 보면 피하라고.

상77: 맞아, 그럼 이거는 무섭긴 하지만 네가 피할 수 있는 부분이야?

내77: 음…… 피할 수 있을 수도 있고요. 또 모르겠어요.

상78: 보통 벌은 다 무서우니까, 근데 이제 선생님이 궁금한 건 꿈돌이가 책에 있는 벌 있잖아. 나와 있는 그림 이런 것도 무서운지 그게 궁금해.

내78: 그것도 무서워요.

상79: 아 책에서 벌 그림도 무서워?

내79: 네 그것도 무서워요.

상80: 그러면 무섭다면 무섭다는 걸 어떻게 알아 꿈돌이는?

내80: 어…… 음…… 벌은 음…… 똥파리는 똥파리는 할머니 집에 가면 많거든요. 근데 벌은 학교에도 있고, 유치원에도 있고, 집 옆에 제가 자주 가는 공원에도 벌이 많아요. 벌이 많으면 많이 물리지 않을까요?

상81: 그러면 꿈돌이는 실제 벌도 무섭고 책에 있는 벌도 무서운 거야?

내81: 책에 있는 벌은 그 책을 보면 무서워요.

상82: 어 그치. 그러면 무서우면 어떻게 해?

내82: 엄마가 자꾸 보지 말라고 그러는데 그래도 재밌어요.

상83: 엄마가 보지 말라고 하는데 아까 모기처럼 몰래 책 보고 그러는 거야?

내83: 네 재밌어요.

상84: 그러면 꿈돌이가 책에 있는 벌도 무섭지만 몰래 본다는 것은 벌보다 힘이 세다는 거네. 그러니까 책을 볼 수 있지. 진짜 무서워하는 애들은 아아악 소리 지르고 깜짝 놀라가지고 아무것도 못 해.

내84: 그거는 무서워요. 음 예전에 제가 무서운데 지난번엔 곤충박람회 갔다가 (두 팔을 벌려) 이렇게 이렇게 되어 있더라구요. 벌이. 그래서 상자에서 나올 것만 같았어요.

상85: 실제로 모형 벌이었는데 거기서 나올 것만 같았구나.

내85: 네. 죽어서 말라 있는 벌이었는데 무서웠어요.

상86: 그렇지. 그러니까 똑같은 벌처럼 생겼으니까 나올 것 같았지 그래서 어떻게 했어?

내86: 그때는 근처에 있는 엄마가 알거든요, 내가 뭘 무서워하는지. 그래서 꿈돌아 벌 있다, 그래서 제가 거기는 안 갔어요.

상87: 어어 피했네. 그러면 꿈돌아, 책에 있는 벌은 무섭지만 네가 볼 수 있으니까 힘이 있는 거고, 모형벌도 무섭지만 그냥 네가 피하면 되는 거네. 근데 실제로 그 벌을 보면 어떻게 해?

내87: 소리 지르고 그냥 도망가요.

상88: 음. 소리 지르고 도망간다? 그렇지, 그치. 벌이 있으면 당연히 무서워서 선생님도 피해서 가. 그럼 선생님이랑 똑같은 거네. 아까 모형 벌은 네가 무서워서 피한다고 했잖아. 그 모형 벌은 얼마나 무서워?

내88: 음…… 그냥 그냥 마치 나올 것 같아요.

상89: 아 나올 거 같아.

내89: 저한테 그냥 공격해서 저한테 날아올 거 같아요.

상90: 아 날아올 거 같아. 그럼 너한테 만약에 그 모형 벌이 날아오면 어떻게 될 것 같아?

내90: 벌에 쏘여서 죽을 거 같았어요.

상91: 음…… 죽을 것 같았구나. 그래 그 정도로 다섯 번째 벌이 무서웠네, 지금까지 꿈돌아, 우리가 무서운 4가지를 살펴봤네. 초파리, 똥파리, 모기 벌, 벌보다 무서운 건 뭐야?

내91: 음…… 벌보다 무서운 거는 음…… 나비.

상92: 나비? 어~ 꿈돌이는 나비가 어떻게 무서워?

내92: 나비는요, 날개에 독성이 있어요. 그래서 독성이 있는 가루가 사람 손에 묻고 하면 그것 때문에 죽기도 한대요.

상93: 그래. 선생님이 모르는 것을 우리 꿈돌이가 되게 많이 알고 있어서 선생님이 깜짝 놀랐어.

내93: 착한 나비도 있지만 그렇지 않은 나비도 있기 때문에 조심해야 해요.

상94: 어 그래. 그런 나비는 뭐, 책에서 본 거야, 실제로 그렇게 나비를 본 거야?

내94: 음, 나비가 그렇다는 것은 『why』 책에서 봤는데요. 실제로 나비도 저희 공원에 벌처럼 있어요.

상95: 날개에 독성이 있는 나비를 만나면 선생님도 무서울 것 같아. 아까 벌처럼 선생님도 피할 거야. 그런데 그런 나비들이 우리나라에 있는 나비야 아니면 다른 나라에 있는 거야?

내95: 음…… 우리나라에는 많지는 않아요. 대부분 더운 나라에 있는 나비예요.

상96: 그렇지 그러면 꿈돌이는 그걸 책을 보고 안 거잖아? 선생님도 나비에서 독이 나왔다는 이야기는 처음 들어 봐. 우리나라에는 그런 나비가 별로 없으니까. 더운 나라에서 살고 있는 나비들이 독성이 있는 거고, 그게 무섭다는 거지?

내96: 그런데요…… 우리나라 나비는 아니지만…… 음…… 나비가 날아오지 않을까요?

상97: 그러면 꿈돌이가 무서운 거는 우리나라가 아닌 저 멀리 있는 나비가 우리나라까지 날아와서 꿈돌이한테 이런 걸 뿌리면 어떡하나 생각을 한 거야?

내97: 그런 나비가 섞여 있으면 우리는 모르잖아요.

상98: 어 그럴 수 있지.

내98: 우리나라 나비도 있지만 날아와서 같이 있으면 몰라요.

상99: 맞아. 그럴 수도 있어. 그런데 외국에 있는 나비가 우리나라까지 날아올 확률은 거의 1%밖에 안 된대.

내99: 무서운데.

상100: 어 그치. 무서운데 날아올 확률은 거의 없대. 그리고 꿈돌이가 그쪽 나라에 안 가면 되는 거거든?

내100: 애벌레가 어디에 붙어서 오지 않을까요?

상101: 나비의 애벌레가 붙어서 이렇게 우리나라에 올 수도 있겠다.

내101: 책에서 봤어요. 우리나라에 없는 회충들은…….

상102: 그럼 꿈돌이가 무서운 건 다 책에서 본 내용들은 그럴 수도 있겠다고 생각해서 무서운 거네?

내102: 근데 거기 진짜 사람이 더 한 것도 있어요. 사람이 죽어서…….

상103: 책에 보니까 그 애벌레가 변형이 돼서 사람이 그거를 모르고 묻어서 죽고 이런 내용들을 책에서 봤구나.

내103: 있었어요.

상104: 그런데 이번에도 꿈돌이는 무서워하면서도 책을 읽은 거네. 보통 무서우면 책을 막 덮어 버릴 텐데.

내104: 음…….

상105: 미안해. 이야기가 끊어져서 못 들었어.

내105: 조금 보다 못 봐요. 무서워서.

상106: 아~ 다른 것은 보다가 끝까지 보는데 이 나비는 조금 보다가 무서워서 그냥 덮어 버린 거 보니 조금 더 무섭네. 그래도 보는 것까지 되니까 힘이 있어 보이는데 선생님이 볼 때 너는 어떤 거 같아? 나비하고 너하고 힘으로 따졌을 때 네 힘은 어느 정도 되는 거 같아?

내106: 네. 저도 나비보다는 조금 센 거 같아요.

상107: 그러니까 진짜 무서운 사람은 그 옆에 책도 못 봐. 그런데 책을 보다가 무서워서 덮으니까 네가 좀 더 힘이 있는 거 같아.

내107: 음, 아직 나비한테 이렇게 안 했으니까.

상108: 응. 그건 이제 선생님하고 5개까지 했으니까 나비보다 조금 더 힘 세고 무서운 거 이야기해 보고 찾아보자. 자, 선생님이 계속 이렇게 질문하니까 지금 어때?

내108: 음,, 그냥 게임하는 거 같아요.

상109: 맞아 그래서 지금 우리는 가장 무서운 새들을 잡기 위해서 힘이 센 새들 이야기를 하고 있거든. 그래서 우리는 5개, 나보다 힘이 좀 더 약한 것들을 찾아봤어. 자, 그러면 6번째로 무서운 것은 누굴까?

내109: 음, 6번째는요. 음…… 까마귀예요.

상110: 까마귀? 까아악 까아악 하는 그 까마귀 말이지?

내110: 네. 좀 봤어요. 할머니 집에서 까마귀가 죽어 있는 걸 먹는 거 봤어요.

상111: 까마귀는 어떻게 생겼어, 너가 본 까마귀는?

내111: 진짜 까매요. 다 까매요.

상112: 다 까맣고 또 그러면 네가 까마귀를 봤어, 까마귀가 새까맣고 또 어떻게 하고 있었어?

내112: 그리고요. 떼 지어 다녀요 떼 지어.

상113: 하나가 아니라 막 떼를 지어서 그러면 정말 무서웠겠다. 그러면 무서웠는데 어떻게 봤어.

내113: 근데…… 어…… 저 멀리 있어서 일단은 이제 무서웠는데 할머니가 있었기 때문에 할머니가 괜찮다고…….

상114: 음~ 떼 지어서 다니는데 거리가 머니까 네가 이렇게 볼 수는 있었네 그럼.

내114: 네.

상115: 그럼 어느 정도 먼 거리였어?

내115: 되게 멀리 있었어요. 근데 되게 새카맸어요.

상116: 그러면은,

내116: 까마귀를 잡으려면 뛰어가야 했어요.

상117: 어이구. 그러면 꿈돌이는 까마귀의 까만 색깔도 보고 무리 지어서 가고 있는 것도 봤네. 그러면은 여기서 선생님이 놀라운 건 까마귀도 무서우면 보통 도망치거든. 근데 꿈돌이는 멀리 있지만 까마귀가 떼를 지은 것도 보고 걔들이 어디로 가는지까지 다 봤으니까 네가 힘이 있네.

내117: 할머니가 있었어요.

상118: 누가 옆에 있으면 힘이 생기네, 할머니와 함께 볼 수 있었던 거야?

내118: 할머니가 괜찮다고 그랬어요.

상119: 아~ 그러면 꿈돌이는 무서웠지만 옆에서 괜찮아~ 까마귀 괜찮아~ 이러면 무서움이 좀 더 이렇게 내려가네.

내119: 음, 할머니는 모기도 잡고, 똥파리도 잡고…….

상120: 오~ 맞아, 무적의 할머니네, 태권브이 할머니. 짠짠 똥파리, 모기 잡고, 벌을 잡고, 나비 잡고, 까마귀 잡고 그러네? 와~ 그러면 무섭지만 어 괜찮아~ 이러면 네가 무서운 것이 괜찮아지네, 꿈돌이는?

내120: 근데 이제 할머니 집에 못 가요.

상121: 어~ 왜?

내121: 엄마가 이제 할머니 집 가지 말라 했어요.

상122: 선생님이 들어 보니까 속상하네, 그렇게 좋아하는 할머니 집에 왜 엄마는 못 가게 했을까?

내122: 몰라요.

상123: 그러면 그건 또 다음에 생각나면 얘기하자~ 그럼 까마귀는…….

내123: 그런 말 하지 말라 했어요.

상124: 어 그래?

내124: 할머니 얘기하지 말래요.

상125: 할머니 얘기하지 말라고? 응 그래. 그러면은 할머니 얘기는 놔두고 이렇게 괜찮아진 얘기만 하자. 다음에 또 할 수 있으면 하고?

내125: 근데 할머니 보고 싶어요.

상126: 맞어, 나도 꿈돌이 얘기 들어 보니까 할머니가 어떤 분이실까 궁금하고, 우리 꿈돌이에게 괜찮아~ 하고 얘기도 해 주고 해서 꿈돌이한테 할머니는 마음속에 이런 큰 그림이 있는 거 같아.

내126: 할머니 얘기하면 화내요.

상127: 음, 속상하겠다. 할머니가 괜찮아~ 까마귀는 안 무서워~ 이러면 꿈돌이는 괜찮아지는 거네?

내127: 음, 죽은 것들을 먹는 거라면서도 괜찮아, 제가 무섭다고 하면은 이렇게…….

상128: 아, 죽은 거 먹는 건데 괜찮아, 이렇게? 우리 한 번 같이 보자. 까마귀 보면서 괜찮아~ 꿈돌아 괜찮아~ 까마귀다 한번 해 볼까?

내128: 할머니는 그렇게 안 해요.

상129: 아 그래? 그럼 어떻게 해?

내129: 꿈돌아 괘안타~ 그거 죽은 것 먹은 거다~ 괘안타 할무니 있다~ 이렇게…….

상130: 그럼 우리 더 같이 한번 소리내서 선생님도 해 보자. 같이 시작~

내130: 꿈돌아 괘안타~ 그거 죽은 거 먹는 거다~ 괘안타~

상131: 맞아. 그렇게 좀 해 보니까 어때?

내131: 할머니 보고 싶어요.

상132: 맞아 맞아, 할머니 보고 싶다. 우리 그럼 같이 한번 해 보자. 할머니 보고 싶어요. 우리 같이 한번 불러 볼까? 시작~

내132: 아 안돼요. 엄마가 화내요.

상133: 얘기하는 거 아니라 부르는 거니까, 까마귀 얘기하다가 나온 거니까, 할머니 얘기하는 게 아니라 그냥 마음속에서 할머니 보고 싶어요, 마음을 얘기하는 거야.

내133: (울먹거리며 나지막하게) 할머니 보고 싶어요.

상134: 같이, 할머니 한번 선생님이랑 같이 시작~

내134: (더 큰소리로) 할머니 보고 싶어요~

상135: 같이, 할머니 한번 선생님이랑 같이 시작~

내135: (울먹거리며 큰소리로) 할머니 보고 싶어요~

(2) 3인조 실습

① 실습방법

- 〈사례 3〉에 제시된 체계적 둔감법 시연 축어록을 읽어 보고 불안위계목록을 작성해 보자.
- 불안수준은 숫자로 표기한다. (0: 불안이 없음, 3: 약간의 불안, 5: 중간 정도 불안, 7: 높은 불안, 10: 최대 불안)

위계수준	불안수준	근거: 축어록 번호와 내담자 진술을 구체적으로 적기
1		
2		
3		
4		
5		
6		
7		
8		
9		
10		
11		

- 3인조 실습팀이 서로 비교해 보고 다른 점은 왜 그렇게 보이는지를 탐색한다.
- 다시 축어록을 보고 내담자의 진술을 읽어 보고 위계상황파악을 익힌다.
- 3인조는 역할을 바꿔 가며 체계적 둔감법을 연습한다.

② 실습 후 피드백하기

- 상담사는 내담자에게 체계적 둔감법을 진행할 때 어려웠던 점에 대해 나눈다.
- 내담자는 체계적 둔감법을 받을 때 불안 정도가 어떻게 변화했는지를 구체적으로 나눈다.

	내담자가 느끼는 변화과정
신체의 이완 정도	
불안 정도 (0~10)	

③ 성찰하기

• 자신의 삶에서 불안을 느끼는 것이 있는가? 그것에 대해서 불안위계목록을 작성하고 체계적 둔감법으로 시도해 보자.

• 이번 실습을 통해서 배운 점은 무엇인가?

• 체계적 둔감법을 통해 배운 점과 변화되어야 할 지점, 상담장면에서의 적용 계획을 적어 본다.

배운 점	
변화가 필요한 지점	
적용 계획	

3. 인지적 개입기술

1) 자동적 사고 찾기

(1) 자동적 사고 찾기 핵심체크

① 자동적 사고 찾기 핵심체크

A−B−C−D−E 분석은 자동적 사고지(A−B−C)를 기록하는 것과 사고변화기록지(D−E)로 구분해서 기록하거나 동시에 기록할 수 있다.

	분류	예시
자동적 사고 기록지	A 일어난 사건	남편과 비슷한 목소리, 큰 목소리가 나면
	B 원인 (신념과 혼잣말)	"……해야만 한다" 지연, 비합리적 행동 5가지, 과격한 생각들(……)
	C 감정적 행동결과	불안, 분노, 우울, 지연행동, 불면증
사고 변화 기록지	D 비합리적 신념 논박하기	지지증거와 반대증거로 논박하기
	E 논박의 효과 (새로운 정서와 행동)	불안, 분노의 감소, 지연행동의 감소, 새로운 대처법 사용

② 자동적 사고 찾기 순서 핵심체크

핵심체크	세부안내	질문
1. 감정에 주목하기	감정의 강도를 알아볼 때	"당시 민들레님이 느끼셨던 그 우울감(다른 감정)을 1~10과 같이 수치로 표현한다면 얼마 정도 될 것 같나요?"
2. 구체적인 사건에 대해 이야기하기	선행 사건에 대한 구체화가 필요한 경우	"일주일 지내시면서 어떤 상황이 민들레님을 우울하게 했나요?"
	내담자가 구체적으로 대답하지 않는 경우	"그 상황을 제가 알 수 있도록 구체적으로 말씀해 주실 수 있나요?"
3. 최근 사건에 초점 맞추기	정서경험이 강렬했던 최근 사건에 초점을 맞추지만 외상 후 스트레스 장애, 성격장애, 만성적인 증상이 있을 경우 과거 주요 사건 질문	"민들레님, 남편의 폭력이 있을 경우에만 불안하셨을까요? 결혼 전에는 어떠셨나요?"

4. 하나의 사건에 대해서 이야기하기	내담자의 말만 따라가는 것이 아니라 하나의 장면에 머물러야 하는 경우	"민들레님, 방금 (불안)한 이야기를 해 주셨는데, 그 장면에 대해서 조금 더 구체적으로 말씀해 주실 수 있나요?"
	이야기의 주제를 변경하는 경우	(다른 이야기를 할 때 자연스럽게 끊으며) "우리 아까 했던 이 이야기에 대해서 조금 더 살펴볼까요?"
	이야기가 산만할 때	사건을 듣지 말고 내담자의 욕구를 잡아 심층적인 질문을 한다.
5. 깊게 들어가기	하나의 사건에 대한 자동적 사고의 탐색이 끝난 경우	"그 상황에서 다른 생각들이 있나요?"
	핵심적인 자동적 사고가 아닌 경우	"방금 말하신 아버지에 대한 화에 대해서 조금 더 말씀해 주실 수 있나요?"
	감정을 타당화하면서 쓰고 싶을 때	"민들레님이 그렇게 말씀하신 이유가 있을 것 같아요. 그 이유를 알 수 있을까요?"
6. 전보식 사고 또는 질문식 사고의 형태 바꾸기	"마음속에 어떠한 생각이 스쳐 지나갔나요?" 질문에 내담자가 '어, 오, 으악' 등의 반응을 할 때	"'어, 오, 으악…' 등의 반응이 어떤 의미인지 구체적으로 말씀해 주실 수 있나요?"
		내담자가 완전하게 표현하지 못하면 반대되는 사고를 제시해 볼 수도 있음
	"내가 혼자서 아이를 양육할 수 있을까?" 등의 의문문으로 자동적 사고를 표현할 때	"민들레님이 '혼자서 아이를 양육한다'라고 생각했을 때 어떤 일이 일어나는 것이 두려웠나요?"

(2) 자동적 사고 찾기 연습

〈사례 2: 내담자14 축어록 내용 발췌〉

(눈을 마주치면서) 그렇죠. 지난 코로나 때문에 남편이 좀 많이 힘들었어요. 회사가 그래서 제가 사실…… 요새 다들 맞벌이 하잖아요. 근데 저는 이제 계속 그냥 이렇게 전업주부로 있다 보니까 경제적으로 힘들었었는데 제가 좀 도움되지도 못하고 하니까……. 내가 무엇을 잘못했나, 사실 또 신랑이 남편이 이제 좀 게임도 좋아하고 막 그래요 . 이제 그러다 보니까 혹시 그렇지는 않겠지만 혹시 '다른 여자 사귀나, 바람 피우나, 나를 버리나' 그런 생각들이, 그럴 때가 있어요. 나 혼자서 아이를 키울 수 있을까 생각하면 불안도 하고.

진행순서	질문
1. 자동적 사고 심리교육 진행하기: 감정 주목하기와 연결해 보기	"남편이 나를 두고 나간 장면을 떠올려 보시겠습니까?" "집에 혼자 남겨진 내 모습을 떠올릴 때 어떤 생각이 스쳐 지나갔나요?" "방금 스쳐 지나간 생각을 우리는 자동적 사고라고 말합니다. 이러한 생각은 누구나 할 수 있으며 너무 빠르기 때문에 인식하지 못하고 자동적으로 지나갑니다. 이 생각은 때때로 적응적이기도 하지만 민들레님이 방금 '나를 일을 못하는 무능력한 사람으로 보고 있어.'라고 생각한 것처럼 부정적으로 인식되고 마치 실제로 그런 것처럼 우리 몸을 반응하게 만듭니다. 여기까지 혹시 궁금하신 게 있을까요?" "저희는 지금부터 이러한 생각들을 찾아보고, 그러한 생각이 나에게 도움이 되는지(효과성) 또 타당한 생각인지 같이 평가해 보고 고민해 보려고 합니다. 같이 한번 찾아볼까요?"
2. 심리교육 안내하기	"방금 민들레님이 떠올렸던 장면이나 이미지처럼 우리가 실제로 거기 있지 않아도 그 일들을 상상하면서 그것을 경험할 수 있습니다. 이러한 과정을 심상 과정이라고 하는데 우리는 누구나 한 번쯤은 이러한 이미지를 떠올리고 살아갑니다. 이 과정은 우리가 살아가는 데 이해되지 않는 부분을 면밀하게 살피고 다시 생각하게 만들도록 도와줍니다. 혹시 여기까지 이해되시나요?" "지금부터 저와 같이 이러한 심상 과정을 통해서 민들레님에게 불편감을 주었던 경험을 떠올려 보며 미래에서 그와 유사한 상황을 마주할 때 다르게 대처할 수 있도록 도울 겁니다."
3. 심상을 이용한 자동적 사고 찾기	"최근 일주일간 내가 가장 소외됐다고 느꼈던 장면이 기억나시나요?" (기억 회상) "그 장면을 마치 지금 일어나는 것처럼 떠올려 주세요." "어떤 모습이 보이시나요?" (현재 시점으로 바라본 것을 말할 수 있도록) "주변을 둘러보세요. 혹시 더 보이시는 게 있나요?" "그 장면에서 소리/냄새/온도는 어떤가요?" "그 장면을 보고 있을 때 어떤 느낌이 드나요." "그 느낌은 내 몸 어디에서 느껴지나요?" "그 느낌에 조금 머물러 봅시다." (신체감각으로 느껴 보기) **"지금 마음속에 어떤 생각이 스쳐 가나요?" (자동적 사고 도출)**

(3) 자동적 사고기록지 작성하기

자동적 사고기록지를 작성하며 자동적 사고를 찾을 수 있다.

"이번에는 민들레님이 방금 저와 함께 이야기 나눈 것을 이 용지에 적으면서 정리해 볼게요."

① 자동적 사고기록지 표

날짜	A(상황)	**B(자동적 사고)**	C(감정, 신체생리적 반응, 행동)

② 자동적 사고 찾기 질문 단계

단계	세부내용	질문
1. 기본질문		"(C: 결과)한 느낌(혹은 감각)이 느껴질 때(혹은 들 때) 어떤 생각이 드나요?(혹은 스쳐 지나가나요?)"
2. 자동적 사고 구체화 질문	핵심사고가 아닐 때	"우울한 상황에서 드는 또 다른 생각이 있나요?"
	기능 파악	"그 생각을 믿는 것은 나에게 어떤 영향을 주나요?"
	강도	"우울한 상황에서 그 생각을 얼마나 믿고 있나요?"
	기저사고 파악	"그 생각이 의미하는 걸 조금 더 구체적으로 말해 주실 수 있나요?"
3. (C:결과)에 대한 연결점 파악	정서 파악	"우울한 생각이 들 때 어떤 감정/감각이 느껴지나요?"
	대처기제 파악	"우울한 생각이 들 때 어떤 행동을 하게 되나요?"
	강도 파악	"우울한 감정은 어느 정도 강도로 느껴지나요?"
		"우울한 감정을 1~10까지 강도로 표현한다면 어느 정도 강도로 느껴지나요?"
4. 핵심적인 사고 인지 파악하기		"이 생각을 그 당시에는 얼마나 믿고 있었나요?" "이 생각을 믿는 것은 민들레님에게 어떤 영향을 주었나요?(혹은 감정을 느끼게 했나요?)"

③ 자동적 사고 과제 적용

분류	질문
시작	"민들레님, 오늘 우리가 같이 함께 작성해 봤던 기록지에 대해서 설명해 주실 수 있나요?"
시간적인 여유가 있는 경우	"민들레님, 오늘 우리는 자동적 사고를 찾는 방법에 대해서 배워 보았고 같이 기록지도 작성해 보았습니다. 오늘 배웠던 자동적 사고기록지 작성 방법을 일주일의 삶 속에서 적용해 본다면 어떻게 할 수 있을까요?"
자동적 사고를 하는 것에 대한 동기 부여	"민들레님, 오늘 우리가 함께 자동적 사고 찾는 방법과 기록지를 작성하는 방법을 배워 보았습니다. 그리고 우리의 생각이 인지에 영향을 줄 수 있다는 것을 알았습니다. 이러한 방법을 내 삶에 적용해 본다면 나에게 어떤 변화가 있을 것 같나요?"

(4) 비합리적 신념 찾기(B)

① 비합리적 신념 찾기 핵심체크

비합리적 신념	비합리적 신념 찾는 핵심체크
1. 해야만 한다 3가지	1-1. 나는 ~해야만 한다! 1-2. 당신은(그는 또는 그녀는) ~해야만 한다! 1-3. 내가 살고 있는 이 세상과 이 상황은 ~해야만 한다!
2. 비합리적 신념 찾는 단서: 인지적 오류	2-1. 끔찍하다. 2-2. 나는 견딜 수 없다. 2-3. 저주와 비난 2-4. 나는 가치가 없다. 2-5. '항상' 또는 '결코'

(5) 자동적 사고 찾기 연습

[연습 3-1]

〈사례 2〉를 가지고 자동적 사고를 사용하도록 안내해 보자.

진행순서	질문
1. 자동적 사고 심리교육 진행하기: 감정 주목하기와 연결해 보기	
2. 심리교육 안내하기	
3. 심상을 이용한 자동적 사고 찾기	

[연습 3-2]

〈사례 2〉를 가지고 자동적 사고를 찾는 질문을 연습하자.

단계	세부내용	질문
1. 기본 질문		"(C: 결과)한 느낌(혹은 감각)이 느껴질 때(혹은 들 때) 어떤 생각이 드나요? (혹은 스쳐 지나가나요?)"
2. 자동적 사고구체화 질문	핵심사고가 아닐 때	
	기능 파악	
	강도	
	기저사고 파악	

3. (C: 결과)에 대한 연결점 파악	정서 파악	
	대처기제 파악	
	강도 파악	
4. 핵심적인 사고 인지 파악하기		

(6) 3인조 실습

① 실습방법

- 3인조는 자동적 사고 찾기 1부터 4까지 순서대로 〈사례 2〉로 각자 자동적 사고를 찾아본다.

② 실습 후 피드백

- 상담사는 자동적 사고 찾기에서 어려운 점에 대해 나눈다.
- 3인조 각자가 찾은 자동적 사고 결과를 비교해 보고 누락된 부분은 다시 연습한다.
- 자동적 사고 찾기에서 느낀 점과 함께 유용했던 점에 대해서 피드백한다.
- 관찰자는 효과적인 자동적 사고 찾기에 대해 피드백하고 누락된 질문은 다시 연습해 보고 기록해 본다.

상황	누락된 질문
1	
2	

3	
4	
5	
6	
7	

③ 성찰하기

• 자신의 삶에서 자동적 사고 혹은 비합리적 신념은 무엇인가?

• 자동적 사고 찾기를 통해 배운 점과 변화되어야 할 지점, 상담장면에서의 적용 계획을 적어 본다.

배운 점	
변화가 필요한 지점	
적용 계획	

2) 자동적 사고 수정하기(A–B–C–D–E)

(1) 소크라테스 질문 핵심체크

분류	세부 분류	질문
1. 증거 질문하기	자동적 사고를 지지하는 증거들을 하나씩 점검할 때	"자동적 사고를 지지하는 증거라는 생각을 사실이라고 믿게 하는 증거가 있을까요?" "민들레님에게 '사람들이 나를 이상하게 볼 것'이라는 생각을 믿게 되는 이유가 있을까요?"
	증거를 하나만 이야기하는 경우	"그런 생각을 지지하는 또 다른 증거가 있을까요?"
	자동적 사고를 지지하는 증거 찾고 타당성에 반하는 증거 찾을 때	"그렇다면 이 생각에 반대되는 증거가 있을까요?" 혹은 "그렇다면 방금 말씀하신 생각에 반대되는 이유가 있다면 어떤 걸까요?"
2. 대안적인 사고 질문하기	대안적 사고가 필요할 때	"그 상황을 다시 한번 살펴본다면 남편이 아무 말 하지 않고 나갈 때, 그 상황을 설명할 수 있는 다른 방법은 없을까요?"
3. 최악의 시나리오 질문하기	가장 큰 두려움에 대해서 질문이 필요할 때	"그 상황을 다시 생각해 본다면 그 상황에서 일어날 수 있는 최악의 상황은 어떤 건가요?"
		"그런 상황에서 나는 버틸 수 있을까요?"
4. 관점 재구성 질문하기	버틸 수 있지만 즐겁지 않거나 슬프다고 한 경우	"그렇다면 그 상황이 슬프지만 내가 버틸 수 있다면 그 방법은 어떤 걸까요?"
	주변 사람들에게 대입해서 생각하도록 할 때	"민들레님이 가장 지혜롭다고 생각하는 사람이 있다면 혹시 누구일까요?" "만약 그 사람이 여기에 있어 민들레님에게 이야기해 준다면 어떻게 말할까요?" "만약 민들레님이 그 사람이 되어서 이야기한다면 이 상황에서 어떤 말을 해 줄까요?"
	가장 큰 두려움이 죽음이라고 할 때	어떻게 대처할 것인가에 대한 질문은 하지 않는다.
5. 영향력 질문하기	왜곡된 생각에 반응하는지 안 하는지 파악할 때	"사람들이 나를 이상하게 볼 것이라는 생각은 나에게 어떤 영향을 주는 것 같나요?"
	C 반응이 재확인되는 지점일 때	"그러한 생각을 믿는 것은 민들레님의 우울감을 더 크게 만드네요(단순 반영). 그렇다면 그 생각이 변화한다면 민들레님의 삶에는 어떤 변화가 있을까요?"

6. 거리두기 질문 하기	다른 사람은 이 상황에서 어떻게 할지에 대해서 생각해 보게 할 때	"만약 민들레님의 남편이 '폭력이 아니면 당신은 내 말을 듣지 않아.'라고 말한다면 민들레님은 남편에게 뭐라고 이야기해 줄 건가요?"
7. 문제해결 질문 하기	행동으로 이어지도록 할 때	"민들레님, 이 상황에서 최선의 선택을 한다면 그것은 무엇일까요?" "만약 그 상황에서 달리 행동한다면 어떻게 행동할 수 있을까요?"

(2) 증거 점검하기

증거 점검하기를 통해 지지증거와 반대증거를 찾을 수 있다.

자동적 사고: 나는 절대로 사람들과 어울리기 힘들 거야.	
자동적 사고를 지지하는 증거	자동적 사고에 반하는 증거
나는 말을 조리 있게 잘하지 못한다.	나는 말을 잘 못해도 블로그에 글을 잘 적는다는 것을 인정한다.
나는 항상 내가 부족하다고 느낀다.	친구들에게서 말을 못한다는 말을 들어 본 적이 없다. 피아노도 치고 블로그도 운영하는 사람이 항상 부족하다는 것은 맞지 않다고 생각한다.
나는 겁이 많고 쉽게 도망친다.	나는 피하고 싶은 상황에도 상담에 계속 나오고 있다.
나는 사교성이 부족한 사람이다.	내가 사교기술이 부족한 부분도 있을 것이다. 피아노 선생님, 친구들, 블로그 사람들과 소통하는 것을 보면 사회성 기술이 나아질 것이다.
사람들은 나를 이상하게 볼 것이다.	나는 살면서 늘 혼자여서 남들과 어울려 본 경험이 없다. 결혼도 집에서 도망치다시피 결혼해서 어머니와 남편 외에는 교류해 본 사람이 없다. 그렇기에 사람들과 어울리지 못하는 것은 정상적이다. 그래도 사람들과 만나려고 노력하니 지금보다 나아질 것이다.

(3) 사고변화기록지 작성하기(D-E)

사고변화기록지는 앞서 작성한 자동적 사고기록지(A-B-C)에 이어서 작성한다.

D	E
이 상황 때문에 내가 화나는 것은 아니야. 이 상황에 대한 내 생각과 혼잣말 때문이지. 친구가 바빠서 답변이 늦을 수 있지. 나도 그럴 때도 있잖아. 답변 좀 안 한다고 크게 나쁠 것도 없잖아? 넘어갈 수 있는 일이야. 혼잣말을 분석하면 감정도 잘 다루게 되지.	1. 내가 평생 전업 주부로 살 거라고 생각을 하지 않는다. 그러나 그렇게 된다고 할지라도 견딜 수 있고, 새로운 직업을 얻기 위해 블로그에 글도 쓰고 피아노도 더 열심히 연습할 거야. 2. 내가 남편과 헤어지게 된다면 난 불행해할 거야. 남편이 욱하는 것을 제외하고는 나한테 잘하고 있는 것이 있다. 관계를 다시 시작할 수 있을 거야. 3. 남편이 말하지 않고 나를 두고 간 동안 나는 무시당했다고 생각하기보다 전화를 할 거야. 만약 그렇지 않았다고 해도 내가 '모지리'라는 뜻은 아니야.

(4) 소크라테스 질문 연습

[연습 3-3]

상담사는 〈사례 2〉에서 나온 내용으로 다음 내담자의 자동적 사고에 대해서 소크라테스 질문을 적어 본다.

분류	세부 분류	질문 연습하기
1. 증거 질문하기	자동적 사고를 지지하는 증거들을 하나씩 점검할 때	
	증거를 하나만 이야기하는 경우	
	자동적 사고를 지지하는 증거 찾고 타당성에 반하는 증거 찾을 때	
2. 대안적인 사고 질문하기	대안적 사고가 필요할 때	

3. 최악의 시나리오가 포함되지 않도록 질문하기	가장 큰 두려움에 대해서 질문이 필요할 때	
4. 관점 재구성 질문하기	버틸 수 있지만 즐겁지 않거나 슬프다고 한 경우	
	주변 사람들에게 대입해서 생각하도록 할 때	
	가장 큰 두려움이 죽음이라고 생각할 때	
5. 영향력 질문하기	왜곡된 생각에 반응하는지 안 하는지 파악할 때	
	C 반응이 재확인되는 지점일 때	
6. 거리두기 질문하기	다른 사람은 이 상황에서 어떻게 할지에 대해서 생각해 보게 할 때	
7. 문제해결 질문하기	행동으로 이어지도록 할 때	

[연습 3-4] 증거 점검하기 연습

상담사는 〈사례 2〉에서 나온 내용으로 내담자의 자동적 사고에 대해서 지지증거와 반대증거를 적어 본다.

자동적 사고: 남편은 안 바뀔 것이다	
지지증거	반대증거

(5) 3인조 실습

① 실습방법

- 상담사, 내담자, 관찰자의 역할을 정하고, 상담사는 진행순서대로 질문한다. 〈사례2〉의 자동적 사고가 포함되도록 자신의 사례 혹은 가상의 사례를 설정한 후, 다음 지시에 따라 한 회기 상담을 실제로 진행한다. 한 회기는 50분으로 진행하되 불가능할 경우 최소한 30분 이상 진행한다.
- 내담자는 〈사례2〉에 나온 내담자의 내용을 순서대로 그대로 읽는다.
- 관찰자는 자동적 사고 수정하기에서 누락된 것을 피드백한다.
- 3인조는 역할을 바꿔 가며 자동적 사고 수정하기를 실습해 본다.

② 실습 후 피드백

- 상담사는 자동적 사고 수정하기에서 어려운 점에 대해 나눈다.
- 내담자는 상담사의 자동적 사고 수정하기에서 느낀 점과 함께 유용했던 점에 대해서 피드백한다.
- 관찰자는 효과적인 자동적 사고 수정하기에 대해 피드백하고 가장 유용한 명료화 반응에 대해 토의하고 기록해 본다.

상황	유용한 자동적 사고 수정하기 반응
1	
2	
3	
4	
5	

6	
7	

③ 성찰하기

• 자신의 삶에서 비합리적 신념은 무엇인가?

• 이번 실습을 통해서 새롭게 알게 되었거나 이미 알고 있었던 것과 다르게 느낀 부분이 있는가?

3) 인지적 재구조화

(1) '해야만 한다'를 '선호한다'로 대체하기

'해야만 한다'는 정서적인 혼란을 가져오고, '선호한다'는 정서적인 안정성(Morris In Weinrach, 1996)을 가져온다. 요구와 의무를 원함과 선호하는 것으로 바꿔서 적어 본다.

해야만 한다(의무, 요구)	선호(원함)
나에게 관심이 있다면 톡 답장을 바로 해야 한다.	
나를 사랑하면 내 옆에 있어야 한다.	
내가 참으면 모든 것이 조용해진다.	

(2) 대처카드

① 대처카드 핵심체크

항목	핵심체크
치료개입목표	대처전략을 색인카드 또는 명함 크기로 만들기
활용시점	회기 마지막에 과제로 내줄 때
사용법	내담자의 실제 어려운 상황 선택 요점만 기록 실제 성공할 가능성이 높은 전략들을 제안

② 대처카드 연습

다음 빈칸에 〈사례 2〉의 축어록 8개의 목표 행동 중 한 개를 선택하여 적어 보면 다음과 같다.

상황	남편이 나에게 보복할 것 같은 생각이 든다.
대처카드 1	대처카드 상세내용
1. 현재 감정이 촉발된 상황	나는 지금 (두려운) 감정을 느낀다. 왜냐하면 (남편이 내가 신고했다고 매번 이야기)하기 때문이다.
2. 역기능적 신념 확인	이 감정은 나의 (남자들은 폭력을 사용한다) 생각과 관련 있다고 생각한다. 이러한 생각은 나를 (보호)하도록 과장되게 생각하도록 만든다.
3. 현실검증	비록 내가 (남편이 나에게 보복할 것이다)라고 믿을지라도 (실제로는 신고이후 폭행을 쓰지 않았다). 건강한 관점을 지지하는 증거는 (남편이 폭행을 안 할 때가 많다)라는 것이다.
4. 대처전략	그러므로 비록 내가 (보복당할 것) 같이 느낄지라도 그 대신 나는 (호흡하거나 실제 폭행을 하면 다시 신고)할 수 있다.

대처카드 2	• 남편은 신고 이후 한 번도 폭행을 한 적이 없다. • 신고한 것과 상담받은 것은 도움받으려는 방향으로 이미 첫발을 내디뎠다. 과거로 돌아가고 싶지 않다. • 결혼 전에도 아버지의 폭력에 무방비였다. • 신고한 것은 용기 있는 행동이다. • 처음 해 본 행동은 불안할 수 있고 남편을 보면 아빠처럼 보여서 더 불안할 수 있다. 호흡하고 말을 걸자.

대처카드 3	• 호흡 세 번하기 • '오늘 일한다고 수고했어요.' 카드 읽기 • 남편이 대답 안 하면 화장실에 가서 '더럽다.' 하면서 물 내리기 • 남편이 대답하면 '아이가 아빠 많이 기다렸어요.'하고 이야기하기

[연습 3-5]

다음에 제시된 상황에서 대처카드를 순서대로 작성해 보자.

상황	남편이 다시 물건을 집어 든다.
대처카드 1	대처카드 상세내용
1. 현재 감정이 촉발된 상황	
2. 역기능적 신념 확인	
3. 현실검증	
4. 대처전략	

(3) 3인조 실습

① 실습방법

- 대처카드 1, 2, 3을 〈사례 2〉의 목표 행동 중 한 개를 선택하여 작성해 본다.
- 내담자는 상담사가 사용한 대처카드 중에서 어떤 것이 기억하기 쉬웠는가?
- 관찰자는 위의 대처카드 사용에 대해서 잘한 것과 보완할 것을 피드백한다.
- 3인조는 역할을 바꿔 가며 인지적 재구조화를 실습해 본다.

② 실습 후 피드백

- 상담사는 인지적 재구조화를 작성할 때 어려운 점에 대해 나눈다.

• 내담자는 인지적 재구조화를 하면서 느낀 점과 함께 유용했던 점에 대해서 피드백한다.
• 관찰자는 효과적인 인지적 재구조화에 대해 피드백하고 가장 유용한 명료화 반응에 대해 토의하고 기록해 본다.

상황	유용한 인지적 재구조화 반응
1	
2	
3	
4	
5	
6	
7	

③ 성찰하기

• 자신의 삶에서 인지적 재구조화가 필요한 것은 무엇인가?

• 이번 실습을 통해서 새롭게 알게 되었거나 이미 알고 있었던 것과 다르게 느낀 부분이 있는가?

4. 체계적 개입기술

1) 가계도 그린 후 작업

(1) 가계도 핵심체크

목록	방법
가계도 탐색시기	내담자와 라포형성 이후
가계도 탐색방법	호소문제와 관련한 유발원인 찾을 때
가계도 탐색 시 주의점	내담자가 원하지 않을 때는 멈춤
가계도 효과적 탐색방법	내담자가 같이 그려 본다.
해결할 수 있는 문제와 해결할 수 없는 문제 구별하기	"부부 갈등 중 69%는 안 풀리고 31%는 풀리는 것이라고 합니다. 민들레님이 가족 문제라고 여기는 것을 여기 두 개의 원에 적어 볼까요?" "풀리는 문제가 (31%)나 되네요. 상황적으로 벌어지는 일이고 깊은 의미가 내재되지 않아서 그때그때 쉽게 풀 수 있는 문제라고 여기시나 봅니다. 어떠실까요?" "69%는 영구적 갈등 주제에 유전자, 환경, 성장과정 등을 통해 오랜 기간 동안 형성된 것이라고 합니다. 민들레님의 어려움은 영구적 갈등 주제에 모두 들어와 있네요. 이 주제는 싸우든 안 싸우든, 좀처럼 안 풀린다고 하셨는데요. 그동안 풀려고 하셨으니 이 상담에서는 푸는 대신 '관리'하는 데 초점을 두고 상담하는 방법으로 하시는 것을 시도해 볼 마음이 있으실까요?"
해결할 수 없는 문제를 정한 후 욕구와 가치관 다루기	"이 문제에서 민들레님에게 가장 중요한 것은 무엇이에요?" "그런 신념을 갖게 된 사연이나 계기가 있나요?" "혹시 민들레님의 성장배경이나 경험과 관련이 있나요?" "이것과 관련해서 민들레 씨가 가장 바라는 꿈이 무엇인가요?" "이 꿈을 이루지 못할 때 민들레님이 상상하는 최악의 모습(상황)은 어떤 건가요?" "이 꿈이 이루어졌을 때 민들레님이 상상하는 최상의 모습(상황)은 어떤 건가요?"

(2) 3인조실습

① 실습방법

• 해결되는 영역과 해결되지 않는 영역 구별하기를 다음에서 ∨ 체크해 보자.

문제영역	해결되지 않는 것	해결되는 것
• 돈과 재정에 관한 문제 • 음식과 기호 식품에 대해 • 시댁과 처가 가족 문제 • 섹스 • 종교 • 가사 분담 • 여가와 휴가 • 친구와 교우 문제 • 술, 담배 등 습관성, 중독성이 있는 문제 • 자녀에 관한 문제(장난감, 옷, 학교, 학원, 유학, 체벌 등) • 결정권과 의견존중, 배려 영역 • 일과 가정의 병행에 관한 문제 • 스트레스 영역 • 건강이나 질병, 위생에 관한 문제 • 기타		

• 해결되지 않는 영역과 해결되는 영역은 고정된 것이 아니라 상담 회기 중 변동가능성이 있다.
• 해결되지 않는 영역을 정한 후 욕구와 가치관 다루기 실습을 3인조가 각각 연습해 본다.
• 피드백을 받고 각자 역할을 바꿔서 실습해 본다.

② 실습 후 피드백

• 해결되는 영역과 해결되지 않는 영역 구별 후 욕구와 가치관 다루기 실습을 할 때 무엇이 어려웠는가?
• 이 실습에서 가장 도움이 된 개입은 무엇이었는가? 어떻게 도움이 되었는가?

③ 성찰하기

- 자신의 삶에서 해결되는 것과 해결되지 않는 것을 구별해 보면 어떠한가?
- 이 실습에서 알아차린 것은 무엇인가?

(3) 강점 활용하기 대처방식 핵심체크

① 강점 활용하기와 대처방식 핵심체크

영역	분류	종류
강점 활용하기	신체적	신체적 유연성, 지구력, 힘
	정서적	정서적 민감성, 긍정적 관점, 자기조절
	정신적	조망능력, 주의력, 집중력, 다각적 관점의 수용
	영성적	종교와 같은 다른 사람의 신념과 가치를 수용
	아버지	인내와 끈기, 신체적 건강, 경제적 안정감
	어머니	헌신, 책임, 사랑, 신앙
	본인	책임, 헌신, 인내와 끈기, 사랑, 견디는 힘
강점 발견하기	강점발견하기	"자신에 대해 어떤 점을 좋아합니까?" "무엇을 더 잘합니까?" "다른 사람에게는 어려워도 민들레님에게 쉬운 것은 무엇인가요?" "어릴 때 자주 했던 것은 무엇이었나요?" "어떤 취미를 가지고 있나요?" "어떤 활동을 하면 즐거워지나요?" "예전에 즐겼던 활동은 무엇일까요?" "삶 속에서 가장 의미 있는 경험은 어떤 것이었나요? (예를 들어, 여행, 공부, 대회에서 상 타기)" "나쁜 습관을 극복해 본 적이 있나요? "누가 도움을 주었나요?"
생명선 찾아 연결하기	life-line 찾아 연결하기	"가계도상에서 강점을 열거하고 적어 보니 어떻게 보이실까요?" "그 강점들은 가족 중 누가 갖고 있었던 것인가요?" "물려받은 강점과 연결된 가족 구성원을 선으로 연결해 보세요." "선으로 연결된 사람들과 관계를 확장해 보니 어떠신가요?" "현재 나의 가족에서 연결해 볼 수 있는 Life-Line을 확장해 보면 어떠실까요?" "나의 강점은 누구에게 물려주었나요?" "부모님과 Life-Line을 연결해 보았는데 어떤 마음이셨을까요?"

대처방식 인식하기	대처방식 인식하기	"민들레님의 강점을 적고 보니 어떠실까요?" "그것을 할 수 있었다는 것을 어떻게 알았나요?" "무엇이 필요한지 어떻게 알았나요?" "지금까지 어떻게 그 문제와 부딪혀 왔을까요?" "신고할 용기를 어떻게 찾았나요?" "무엇이 신고할 힘을 주었나요?" "원치 않는 행동을 어떻게 중지할 수 있었나요?" "어떻게 오늘 이야기한 것처럼 단호할 수 있나요?" "그 방식이 효과가 있음을 어떻게 알았나요?" "희망을 버리지 않고 어떻게 위험한 상황을 이겨 내셨습니까?"

(4) 3인조 실습

① 실습방법

- 상담사, 내담자, 관찰자의 역할을 정하고, 상담사는 진행순서대로 질문을 한다. 그 상황이 포함되도록 자신의 사례 혹은 〈사례 2〉의 호소문제를 설정한 후, 한 회기 상담을 실제로 진행한다. 한 회기는 50분으로 진행하되 불가능할 경우 최소한 30분 이상 진행한나.
- 피드백을 받고 각자 역할을 바꿔서 실습해 본다.

② 실습 후 피드백

- 강점 활용하기 실습을 할 때, 무엇이 어려웠는가? 관찰자가 체크한 것을 서로 토의해 본다.
- 강점 활용하기 실습에서 가장 도움이 된 개입은 무엇이었는가? 어떻게 도움이 되었는가?
- 강점 활용하기 실습에서 가장 도움이 되지 못한 개입은 무엇인가? 어떻게 도움이 되지 못했는가?

③ 성찰하기

- 강점 활용하기를 통해 자신의 강점을 찾아보자.
- 강점 활용하기를 통해 배운 점과 변화되어야 할 지점, 상담장면에서의 적용 계획을 적어 본다.

배운 점	
변화가 필요한 지점	
적용 계획	

2) 가족화 활용

(1) 가족화 활용 핵심체크

목록	방법
가족화 실시 방법	"가족들이 움직이는 것을 그려 보세요." –가족구성원 그린 순서 체크하기
가족관계 탐색	"그림에서 아버지 옆에 있네요. 두 분은 관계가 어떻게 달라지기를 원하나요?" "그러한 관계는 각자에게 어떤 변화를 가져올까요?" "민들레님이 바라는 관계라면, 어떻게 행동할 건가요?" "민들레님이 바라는 관계라면, 여기에 원하는 관계를 다시 그려 보실래요?" "아버지와 관계를 개선하기 위해서 민들레님이 그동안 했던 것은 무엇일까요? "아버지와 관계를 개선하기 위해서 지금 할 수 있는 첫 번째 가장 작은 행동은 무엇일까요?" "민들레님이 현재의 문제를 그림으로 그린다면, 이 두 그림에는 어떤 차이가 있을까요?" "민들레님이 집에서 원하는 모습을 그림으로 그린다면, 어떤 그림이 될까요?"
생략한 가족구성원 관계 탐색	"아버지를 가족화에서 그리지 않았네요. 아버지와 유지하고 싶은 것은 어떤 것인가요?" "괜찮기 때문에, 그대로 유지하고 싶은 것은 무엇인가요?" "아버지와의 관계에서 절대로 달라져서는 안 되는 것은 무엇입니까?" "아버지를 바꿀 수는 없습니다만, 어떤 것을 다르게 하고 싶을까요?" "아버지와 문제가 되지 않았을 때는 언제입니까? 그때는 왜 문제가 되지 않았을까요?
가족의 현재 기능 파악하기	"가족화에서 보여 준 이상적인 관계를 10점으로 하고 최악의 관계를 0점으로 한다면, 아버지와의 관계는 몇 점인가요?" "가족화에서 아버지(배우자)가 민들레님이 원하는 대로 달라진다고 합시다. 그건 어떤 의미가 있나요?" "상대방이 원하는 대로 달라진다고 합시다. 그렇다면 민들레님은 어떻게 다르게 행동하겠습니까?" "상대방이 민들레님 원하는 대로 달라진다고 합시다. 그렇다면 그 사람과의 관계는 어떻게 달라질까요?"

가족의 방해요인 탐색	"여기 가족화에 있는 벽이 거리감이라고 하셨어요. 그 벽이 걷어진다면 어떤 영역에서 가장 변하길 원하나요?" "여러 방법을 시도해 보았을 것 같아요 그럼에도 아버지와의 관계 회복을 위해 아직 시도해 보지 않은 것은 무엇인가요?" "아버지(배우자)가 민들레님 원하는 대로 변하지 않았다고 가정합시다. 그럴 때 어떻게 하겠습니까?" "아버지(배우자)가 민들레님 원하는 대로 변하지 않았다고 가정합시다. 그럼에도 불구하고 상황을 개선하고자 스스로 할 수 있는 것은 무엇입니까?" "지금의 삶이 그대로 계속된다면, 아버지와의 관계가 변화해야 할까요?" "이제까지 아버지와 관계 회복을 위해 많은 노력을 기울이면서 이루고 싶은 것은 무엇입니까?"

(2) 3인조 실습

① 실습방법

- 상담사, 내담자, 관찰자의 역할을 정하고, 상담사는 가족관계 핵심체크 순서대로 질문을 한다.
- 내담자는 그 상황이 포함되도록 내담지로 반응을 해 본다. 자신의 사례 혹은 사례 2의 호소문제를 설정한 후, 한 회기 상담을 실제로 진행한다. 한 회기는 50분으로 진행하되 불가능할 경우 최소한 30분 이상 진행한다.
- 피드백을 받고 각자 역할을 바꿔서 실습해 본다.

② 실습 후 피드백

- 가족화 활용 실습을 할 때 무엇이 어려웠는가?
- 가족화 활용 실습 질문을 들었을 때 느낀 점과 함께 유용했던 점에 대해서 피드백한다.
- 관찰자는 효과적인 가족화 활용 실습에 대해 피드백하고 가장 유용한 반응에 대해 토의하고 기록해 본다.

③ 성찰하기

- 가족화 활용 실습을 통해 자신의 가족관계를 알아보자.
- 가족화 활용을 통해 배운 점과 변화되어야 할 지점, 상담장면에서의 적용 계획을 적어 본다.

배운 점	
변화가 필요한 지점	
적용 계획	

3) 원가족 관계탐색

(1) 원가족 관계탐색 핵심체크

목록	탐색
원가족 관계 탐색	"부모님(아버지, 어머니)의 관계는 어떠했나요?" "지금 학교폭력 고민을 나누는 형제가 있나요? 없다면 무엇이 가족들과 나누기 힘들었을까요?" "아버지(형제들)가 지금 하는 것 중에 어떤 것이 도움이 되나요?" "문제행동을 하지 않는 대신 무엇을 하였는지 좀 더 이야기해 줄 수 있나요?" "결혼(독립)을 했음에도 부모님의 영향이 아직도 작용하고 있는 것은 무엇인가요?" "아직도 고통을 주는 상처와 해결하지 못한 감정이 현재 어떤 영향을 미치나요?"
대처방식	"이전에 아버지와 있던 갈등을 어떻게 해결하였나요?" "그때 배웠던 것은 무엇이며, 배운 것 중에서 어떤 것을 지금 다시 아버지와의 관계에 사용할 수 있을까요?" "민들레님이 아버지에게 이전과 다른 태도를 취한다면 아버지는 앞으로 무엇을 다르게 해야 할까요?" "그 시도가 효과가 있는지 실험해 보신다면, 지금 시도해 보실 마음이 있으실까요?" "어떻게 하면 민들레님과 아버지와 사이의 거리를 조금 더 줄일 수 있을까요?" "아버지가 하고 있는 일을 중단하기 위해서는 민들레님에게 무엇이 필요할까요?" "아버지와 갈등이 해결된다면 어떤 점이 달라지기를 원하나요?" "갈등 해결의 방법을 찾을 수 있다고 가정한다면 그 방법에 어느 정도까지 기꺼이 헌신할 수 있을까요?" "갈등 해결의 방법을 찾지 못한다고 가정한다면 어떤 문제가 일어날까요? 그리고 어떻게 다루기를 원하나요?"

관계해결 확인법	"아버지와 관계가 좋아지고 있다는 것을 무엇으로 알 수 있을까요?" "이 시점에서 아버지에게 가장 듣고 싶은 이야기는 무엇인가요?" "아버지도 민들레님과의 관계를 회복하길 원한다는 것을 확신하는 말은 어떤 것이 있었나요?" "아버지가 민들레님을 이해하고 있다는 느낌을 무엇으로 알 수 있을까요?" "사소하더라도 아버지와의 갈등이 해결될 수 있다는 느낌을 주는 어떤 작은 증거를 본 적이 있을까요?" "아버지가 민들레님의 욕구를 존중한다고 가정한다면 아버지와의 사이에 어떤 변화가 있을까요?"

(2) 3인조 실습

① 실습방법

- 상담사, 내담자, 관찰자의 역할을 정하고, 상담사는 원가족 관계 핵심체크 순서대로 질문을 한다.
- 내담자는 그 상황이 포함되도록 내담자로 반응을 해 본다. 자신의 사례 혹은 〈사례 2〉의 호소문제를 설정한 후, 한 회기 상담을 실제로 진행한다. 한 회기는 50분으로 진행하되 불가능할 경우 최소한 30분 이상 진행한다.

② 실습 후 피드백

- 상담사는 원가족 관계탐색 실습을 할 때 무엇이 어려웠는가?
- 내담자는 원가족 관계탐색 질문을 들었을 때 느낀 점과 함께 유용했던 점에 대해서 피드백한다.
- 관찰자는 효과적인 원가족 관계탐색 질문에 대해 피드백하고 가장 유용한 반응에 대해 토의하고 기록해 본다.

분류	유용한 원가족 관계탐색 반응
1	
2	
3	

4	
5	
6	
7	

③ 성찰하기

- 원가족 관계탐색을 통해 자신의 원가족을 알아보자.
- 원가족 관계탐색을 통해 배운 점과 변화되어야 할 지점, 상담장면에서의 적용 계획을 적어 본다.

배운 점	
변화가 필요한 지점	
적용 계획	

제 2 부

상담진행과정

상담 내비게이션 워크북

2부는 상담사가 실제현장에서 상담을 할 때 어떻게 진행하면 좋을지에 대한 고민이 담긴 연습과정이다. 상담은 다음 그림에 따라 진행한다(김형숙, 2021a, p. 122).

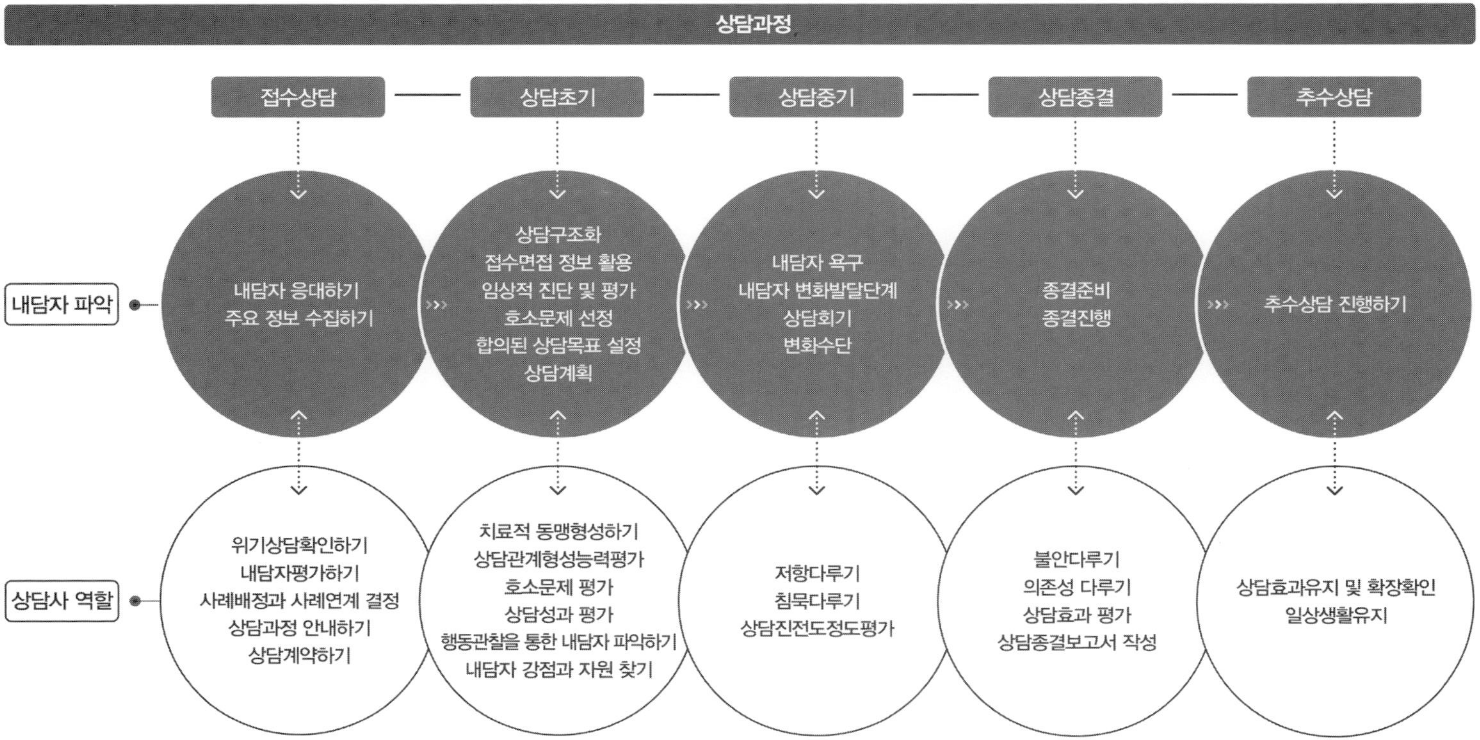
상담과정
접수상담
상담초기
상담중기
상담종결
추수상담
내담자 파악
내담자 응대하기
주요 정보 수집하기
상담구조화
접수면접 정보 활용
임상적 진단 및 평가
호소문제 선정
합의된 상담목표 설정
상담계획
내담자 욕구
내담자 변화발달단계
상담회기
변화수단
종결준비
종결진행
추수상담 진행하기
상담사 역할
위기상담확인하기
내담자평가하기
사례배정과 사례연계 결정
상담과정 안내하기
상담계약하기
치료적 동맹형성하기
상담관계형성능력평가
호소문제 평가
상담성과 평가
행동관찰을 통한 내담자 파악하기
내담자 강점과 자원 찾기
저항다루기
침묵다루기
상담진전도정도평가
불안다루기
의존성 다루기
상담효과 평가
상담종결보고서 작성
상담효과유지 및 확장확인
일상생활유지

상담의 전체 과정

제5장

접수면접

1. 접수면접

1) 공통 접수면접 과정 핵심체크

(1) 내담자 응대하기

영역	핵심체크
대면 상담	30분 전 도착
	서류 준비(상담약정서, 사전설문지)
	환영하기
화상 상담	화상상담을 위한 전용 공간 준비하기 인터넷 연결, 컴퓨터, 카메라, 마이크, 스피커 등 상담을 위한 장비 작동 확인하기 내담자와 보호자에게 화상상담에 대해 안내하고 동의서 받기 화상상담 플랫폼 사용법을 충분히 숙지하기
전화 상담	듀얼폰(two phone) 준비하기 소리 체크하기

(2) 상담계약서 작성하기

① 상담약정서 핵심체크

다음은 상담사가 내담자와 첫 만남 시 상담계약할 때 숙지해야 할 사항이다.

약정번호	상담사가 안내해야 할 약정 내용
1. 비밀보장	지금 이 시간부터 상담에서 이야기한 모든 것은 비밀보장이 됩니다.
2. 비밀보장 예외사항	첫째, 자살이나 살인과 같이 내담자가 즉각적인 위험을 자신이나 다른 사람들에게 불러일으킬 때입니다. 둘째, 내담자(어린이 혹은 노인포함)에게 학대가 있을 경우입니다. 셋째, 미래에 범죄 행위를 계획하고 있다고 폭로했을 때입니다. 넷째, 전염성이 있는 치명적인 질병에 걸렸거나, 그와 같은 병에 걸릴 가능성이 높을 때입니다. 다섯째, 내담자가 정보공개를 허락할 때입니다.
3. 상담 취소 및 변경	상담 일정 변경 및 취소를 원할 경우에는 적어도 24시간 전에 연락을 주시면 상담 준비에 도움되겠습니다. 상담을 그만두실 경우, 사유를 알려 주신다면 그것 또한 많은 도움이 됩니다. 만약 3회 이상 연락이 없을 경우 상담은 자동 종결됩니다.
4. 상담료	상담료는 상담 전에 입금을 해 주시면 됩니다. 당일 취소나 당일에 연락 없이 오시지 않는 경우에는 상담료의 50%만을 돌려받을 수 있습니다. 단 경찰서에서 의뢰된 경우의 사례는 센터에서 지원해 드립니다.
5. 녹음 동의	양질의 상담서비스 제공을 위하여 상담 내용을 녹음하고, 내담자분을 위한 **사례회의**(supervision)에 활용하는 것에 대해 동의합니다.
6. 생명존중서약	**나는** 절대로 자살(자해포함)을 시도하거나 시행하지 않을 것을 서약합니다. 나는 자살하고 싶은 생각이 들면 **반드시 가족, 친구, 상담사, 혹은 성직자에게 먼저 말할 것입니다**. 만일 이 사람들을 만날 수 없다면 112나 1366[1]으로 전화를 거는 등 가능한 모든 수단을 써서 알리겠습니다. 나는 내 주변에 자살할 수 있는 모든 도구를 없애며 술, 담배 등 약물에 의지하지 않고 내 생명과 몸을 소중히 돌보겠습니다.

1) 중앙자살예방센터 02-2202-0053, 24시간 전화 상담 한국생명의 전화 1588-9191, 자살상담전화 1393, 보건복지 상담센터 129

7. 개인정보보호	"위에 작성한 모든 것은 개인정보에 동의해 주셔야 상담이 진행됩니다. 개인정보 사항은 다음과 같습니다." 첫째, 개인을 고유하게 구별하기 위해 부여된 식별번호를 포함한 개인정보 및 내담자로부터 제공받은 개인정보를 보호합니다. 둘째, 수집된 개인정보는 처리 목적에 필요한 범위에서 적합하게 처리하고 그 목적 외의 용도로 사용하지 않습니다. 셋째, 개인정보 보유 및 이용 기간은 개인정보의 수집 · 이용 목적을 달성할 때까지 보유 · 이용되며 목적이 달성된 경우에도 법령에 의하여 보관의 필요성이 있는 경우에는 개인정보를 보관할 수 있습니다.
8. 서명과 날짜	"혹시 궁금하신 부분이 있으시면 질문이 가능합니다. 없으시다면 이 내용을 듣고 동의하신다는 부분에 성명을 쓰시고 사인을 해 주시면 됩니다." 내담자의 성명 날짜 서명 상담사의 성명 날짜 서명

(3) 3인조 실습

① 실습방법

- 3인조 실습팀은 내담자 응대하기에서 대면상담, 화상상담, 전화상담으로 할 경우 준비사항을 핵심체크해 보자.
- 상담사는 처음 상담실을 방문한 내담자에게 앞으로 상담을 진행하기 위해서 필요한 약정 8가지를 차근차근 안내하면서 내담자와 계약서를 작성하는 과정을 실습한다.
- 내담자는 상담사의 안내에 따라 앞으로의 상담을 위한 약정을 듣고 궁금한 부분을 질문하면서 계약서를 작성한다.
- 관찰자는 상담사와 내담자의 모습을 관찰하면서 상담사가 안내하는 말의 속도 및 억양 등의 언어적 특징과 비언어적 표현의 특징을 다음 표에 구분하여 기록하고, 내담자의 반응 및 둘의 소통 과정을 관찰하여 기록한다.
- 조원들은 각 역할을 모두 경험해 볼 수 있도록 역할을 바꿔 가면서 3번 반복해서 실습한다.

② 실습 후 피드백

- 상담사는 상담을 위한 약정을 안내하고 계약서를 쓰면서 어려운 점이 무엇이었는지

나눈다.

- 내담자는 상담사의 상담약정 과정에서 안내를 듣고 계약서를 쓰면서 느낀 점을 피드백한다.
- 관찰자는 접수면접 중 상담사가 약정을 안내하고 내담자와 함께 계약서를 쓰는 과정에서 상담사와 내담자의 모습은 어땠는지, 상담사가 빠뜨린 부분은 없는지 기록하고 피드백한다.

<table>
<tr><th>관련 항목</th><th>체크(○/×)</th><th>누락된 내용</th><th>상담사의 특징</th></tr>
<tr><td>1. 비밀보장</td><td></td><td></td><td rowspan="4">언어적 특징(목소리, 억양, 말의 속도 등):</td></tr>
<tr><td>2. 비밀보장 예외사항</td><td></td><td></td></tr>
<tr><td>3. 상담 취소 및 변경</td><td></td><td></td></tr>
<tr><td>4. 상담료</td><td></td><td></td></tr>
<tr><td>5. 녹음 동의</td><td></td><td></td><td rowspan="4">비언어적 특징(시선, 태도 등):</td></tr>
<tr><td>6. 생명존중서약</td><td></td><td></td></tr>
<tr><td>7. 개인정보보호</td><td></td><td></td></tr>
<tr><td>8. 서명과 날짜</td><td></td><td></td></tr>
</table>

- 다음은 3인조 실습 후 다른 조원들로부터 받은 피드백을 요약하여 기록해 본다.

상담사로서 피드백받은 내용
관찰자로부터:
내담자로부터:

내담자로서 상담사의 반응을 듣고 느낀 점

③ 성찰하기

- 상담계약서를 작성하는 과정을 실습하면서 어떤 것을 경험하였는가?

- 이번 상담계약서 작성을 통해 배운 점과 변화되어야 할 지점, 상담장면에서의 적용 계획을 적어 본다.

배운 점	
변화가 필요한 지점	
적용 계획	

- 이번 실습을 통해서 새롭게 알게 되었거나 이미 알고 있었던 것과 다르게 느낀 부분이 있는가?

2) 화상상담 핵심체크

다음은 화상상담 시 상담사가 숙지해야 하는 사항이다.

상담약정	상담사가 안내해야 할 화상상담 약정 내용
1. 화상상담 준비	화상상담은 매체(컴퓨터, 노트북, 태블릿 PC, 휴대전화 등)를 통해 진행되기 때문에 책임 있고 안전한 매체 사용이 될 수 있도록 보호자의 협조가 필요합니다. 데이터에 제한이 없는 무선 인터넷이 가능한 환경에서 상담이 진행됩니다. 화면은 어깨까지 보이도록 카메라를 세팅하고 상담 전 미리 카메라와 마이크 상태를 점검하여 상담이 원활하게 이루어지도록 준비해야 합니다. 옷은 단정한 상하의 복장으로 참여합니다.
2. 비밀보장	상담의 기본 원칙은 비밀보장입니다. 상담내용이 궁금하더라도 엿듣거나 상담에 동의 없이 참여하는 행동은 자제해 주시길 바랍니다. 상담과정에 보호자가 참여하려면 내담자의 동의를 받아야 합니다.

3. 비밀보장 예외사항	첫째, 자살이나 살인과 같이 내담자가 즉각적인 위험을 자신이나 다른 사람들에게 불러일으킬 경우 둘째, 내담자(어린이 혹은 노인포함)에게 학대가 있을 경우 셋째, 미래에 범죄 행위를 계획하고 있다고 폭로했을 경우 넷째, 전염성이 있는 치명적인 질병에 걸렸거나, 그와 같은 병에 걸릴 가능성이 높은 경우 다섯째, 내담자가 정보공개를 허락할 경우
4. 개인공간 확보	외부환경에 영향을 받지 않고 화상상담에 집중할 수 있도록 하기 위해 조용하고 비밀 유지가 잘되는 장소를 선정하여 상담이 이루어져야 합니다.
5. 보호자 동의	보호자에게 상담이 시작되는 것을 미리 알려, 동의를 구하고 상담시간과 공간을 보호받아야 합니다.
6. 화면 노출	화상상담 시 상담사가 내담자의 표정과 몸짓을 잘 볼 수 있도록 클로즈업이 됩니다. 작은 화면상에 내담자 중심으로 나오고 그 외 공간은 아주 작게 비춰지므로 집안이 노출되는 부분은 걱정하지 않으셔도 됩니다.
7. 태도	갑자기 자리를 비우거나 돌아다니는 행동, 옷을 벗고 몸을 노출하는 행동은 하지 않습니다. 만약 불편한 상황이 생기면 상담사에게 즉시 알립니다.
8. 녹화 녹음	서로를 보호하기 위해 녹음, 녹화, 사진 촬영 등을 하지는 않습니다. 단 상담사는 양질의 상담서비스 제공을 위하여 상담 내용을 녹음하고, 내담자를 위한 사례회의(supervision)에 활용하는 것에 대해 내담자의 동의가 필요합니다.
9. 대면상담 병행	화상상담이 불편할 시 전화상담이나 대면상담을 유기적으로 병행하는 것이 가능합니다.
10. 서명	혹시 궁금하신 부분이 있으시면 질문이 가능합니다. 없으시다면 이 내용을 듣고 동의하신다는 부분에 성명을 쓰시고 사인을 해 주시면 됩니다. 화면 공유된 서류를 메일로 보내주면 사인해서 회신해 주시면 됩니다. 내담자의 성명 날짜 서명 상담사의 성명 날짜 서명

(2) 3인조 실습

① 실습방법

- 상담사, 내담자, 관찰자의 역할을 정하고 앞에서 배운 화상상담 시 내담자에게 안내해야 할 내용 및 상담사의 역할을 떠올리면서 화상상담을 실제로 진행한다. 화상상담 회기는 50분으로 진행하되 불가능할 경우 최소한 30분 이상 진행한다.
- 상담사는 처음 상담실을 방문한 내담자에게 앞으로 상담을 진행하기 위해서 필요한

약정 10가지를 차근차근 안내하면서 내담자와 계약서를 작성하는 과정을 실습한다.

- 내담자는 상담사의 안내에 따라 앞으로의 상담을 위한 약정을 듣고 궁금한 부분을 질문하면서 계약서를 작성한다.
- 관찰자는 상담사와 내담자의 모습을 관찰하면서 상담사의 안내 속도 및 억양 등의 언어적 특징과 비언어적 표현의 특징을 다음 표에 구분하여 기록하고, 내담자의 반응 및 둘의 소통 과정을 관찰하여 기록한다.
- 조원들은 각 역할을 모두 경험해 볼 수 있도록 역할을 바꿔 가면서 3번 반복해서 실습한다.

② 실습 후 피드백

- 상담사는 상담을 위한 화상상담약정을 안내하고 계약서를 쓰면서 어려운 점이 무엇이었는지 나눈다.
- 내담자는 상담사의 화상상담약정 과정에서 안내를 듣고 계약서를 쓰면서 느낀 점을 피드백한다.
- 관찰자는 화상상담약정 중 상담사가 약정을 안내하고 내담자와 함께 계약서를 쓰는 과정에서 상담사와 내담자의 모습은 어땠는지, 상담사가 빠뜨린 부분은 없는지 기록하고 피드백한다.

<table>
<tr><th>관련 항목</th><th>체크(○/×)</th><th>누락된 내용</th><th>상담사의 특징</th></tr>
<tr><td>1. 화상상담 준비</td><td></td><td></td><td rowspan="8">언어적 특징(목소리, 억양, 말의 속도 등):

비언어적 특징(시선, 태도 등):</td></tr>
<tr><td>2. 비밀보장</td><td></td><td></td></tr>
<tr><td>3. 비밀보장 예외사항</td><td></td><td></td></tr>
<tr><td>4. 개인공간 확보</td><td></td><td></td></tr>
<tr><td>5. 보호자 동의</td><td></td><td></td></tr>
<tr><td>6. 화면 노출</td><td></td><td></td></tr>
<tr><td>7. 태도</td><td></td><td></td></tr>
<tr><td>8. 녹화 녹음</td><td></td><td></td></tr>
<tr><td>9. 대면상담 병행</td><td colspan="3"></td></tr>
<tr><td>10. 서명</td><td colspan="3"></td></tr>
</table>

• 다음 표에는 3인조 실습 후 다른 조원들로부터 받은 피드백을 요약하여 기록해 본다.

상담사로서 피드백받은 내용
관찰자로부터: 내담자로부터:
내담자로서 상담사의 반응을 듣고 느낀 점

③ 성찰하기

• 화상상담 안내 실습을 하면서 어떤 것을 경험하였는가?

• 화상상담을 안내하는 실습을 통해 배운 점과 변화되어야 할 지점, 상담장면에서의 적용 계획을 적어 본다.

배운 점	
변화가 필요한 지점	
적용 계획	

2. 상담구조화

1) 상담구조화 핵심체크

항목	상담사 역할
1. 상담사 소개	안녕하세요. 저는 상담대학원 석사과정에서 심리상담(가족상담)을 전공한 후, 다리꿈심리상담센터에서 수련 중인 상담사 ○○○입니다. 내담자에게 더 도움이 되도록 슈퍼바이저 ◎◎에게 자문받으면서 상담을 진행할 것입니다.
2. 호칭	상담시간에 어떻게 불러 드리면 편안하실까요? 대개는 ○○님, ◎◎ 씨라고 부릅니다. 들어 보시니 어떤 것이 편안하게 들리실까요?
3. 상담관계	상담의 원활한 진행을 위해 민들레님과 제가 지켜야 할 약속이 있습니다. 우선, 제가 지켜야 할 약속은 민들레님이 상담에서 좀 더 편하고 솔직하게 이야기할 수 있도록 최선을 다하겠다는 점입니다. 다음으로 민들레님이 상담에서 지켜야 할 약속은 두 가지입니다. 우선, 상담에서 주체성을 가지고 자신의 문제를 해결하기 위해 적극적인 노력을 기울였으면 합니다. 둘째, 우리가 함께 정한 상담시간을 되도록 어기지 않고, 지키는 것이 중요합니다.
4. 상담진행 과정	상담시간 중에 때로는 감정이 격해질 일도 있을 것이고, 상담사나 상담에 대한 불만이 생길 수도 있습니다. 그런 감정을 말로 표현하는 것은 얼마든지 허용될 수 있지만, 폭언이나 폭력을 사용하는 일은 허용되지 않는다는 점을 이해해 주시면 고맙겠습니다.
5. 상담 의미	많은 사람들이 그렇게 생각하시죠. 하지만 상담은 내가 어떤 사람인지, 왜 이런 어려움이 생겼는지를 민들레님 스스로 이해하고 저와 함께 해결책을 찾아가는 과정이라고 할 수 있어요. 저는 민들레님이 그렇게 할 수 있도록 돕는 역할을 하는 거랍니다. 상담이란 것은 민들레님과 제가 상담목표 달성이라는 종착역을 향해 함께 떠나는 여행과도 같은 것입니다. 모르는 곳을 여행할 때 가장 중요한 것은 동반자를 서로 믿는 마음이지요. 그런 것처럼 상담에서도 민들레님과 제가 서로 신뢰하는 것이 우리 여행에서 가장 중요한 출발점이 됩니다. 신뢰를 잘 형성하기 위해 우리는 몇 가지 약속을 하게 됩니다.
6. 내담자 기대 확인	상담은 마술적 변화가 아닙니다. 민들레님과 상담사인 제가 호소문제에 관해 이야기하면서 함께 노력하는 시간입니다. 상담사가 민들레님을 파악하여 변화시켜 주는 것이 아닙니다. 변화에 대한 책임은 민들레님에게 있습니다. 고민하는 부분에 대해 구체적인 노력과 시도를 함께해야 가능합니다.
7. 내담자와 상담사 역할 안내	네. 우선 상담에서는 민들레님이 준비된 만큼 솔직하게 이야기하는 것이 도움이 됩니다. 또, 이야기하면서 떠오르는 감정이나 생각을 표현하기도 하고, 이해가 되지 않는 것은 이해가 안 된다고 물어보기도 하고, 울음이 나오면 울 수도 있습니다. 상담은 50분으로 진행되니 시간을 지켜 주시면 집중해서 상담을 진행할 수 있을 것 같

	아요. 혹시 상담을 받으면서 상담에 오기 싫은 이유가 있다면 말씀해 주세요. 솔직하게 저에게 이야기해 주시면 민들레님과 상담사 모두에게 도움이 됩니다. 상담은 10회로 진행됩니다. 하지만 민들레님은 언제든 상담을 중단할 수 있고, 연장할 수 있습니다. 다만 중단할 경우에는 이유를 알려 주시면 제가 성장하는 데 도움이 될 것 같습니다. 상담사인 저는 필요한 경우 질문을 할 수도 있고, 요약해서 이야기를 들을 수 있습니다.
8. 대화 범위	상담에서 모든 것을 다 이야기하지 않아도 됩니다. 도움받고 싶은 부분만 이야기하시면 됩니다. 원가족과 과거 모두를 이야기하지 않아도 상담은 진행됩니다. 민들레님이 준비되신 만큼 개방하시면 됩니다. 혹시 이야기를 하시다가 힘이 드시면 '오늘은 여기까지 이야기를 개방하고 싶습니다.'라고 하면서 이야기의 범위도 민들레님이 정하십니다.

2) 3인조 실습

(1) 실습방법

- 상담사, 내담자, 관찰자의 역할을 정하고 앞에서 배운 상담구조화를 내담자에게 안내해야 할 내용 및 상담사의 역할을 떠올리면서 다음 지시에 따라 상담구조화를 실제로 진행한다. 상담구조화 회기는 50분으로 진행하되 불가능할 경우 최소한 30분 이상 진행한다.
- 상담사는 처음 상담실을 방문한 내담자에게 앞으로 상담을 진행하기 위해서 상담구조화를 안내하는 과정을 실습한다.
- 내담자는 상담사의 안내에 따라 앞으로의 상담을 위한 약정을 듣고 궁금한 부분을 질문하면서 계약서를 작성한다.
- 관찰자는 상담사와 내담자의 모습을 관찰하면서 상담사가 안내하는 말의 속도 및 억양 등의 언어적 특징과 비언어적 표현의 특징을 다음 표에 구분하여 기록하고, 내담자의 반응 및 둘의 소통 과정을 관찰하여 기록한다.
- 조원들은 각 역할을 모두 경험해 볼 수 있도록 역할을 바꿔 가면서 3번 반복해서 실습한다.

(2) 실습 후 피드백

- 상담사는 상담구조화를 안내하면서 어려운 점이 무엇이었는지 나눈다.
- 내담자는 상담사의 상담구조화를 안내받으면서 느낀 점을 피드백한다.

• 관찰자는 상담구조화 안내하는 과정에서 상담사와 내담자의 모습은 어땠는지, 상담사가 빠뜨린 부분은 없는지 기록하고 피드백한다.

항목	체크(○/×)	누락된 내용	상담사의 특징
1. 상담사 소개			언어적 특징(목소리, 억양, 말의 속도 등):
2. 호칭			
3. 상담관계			
4. 상담진행 과정			
5. 상담 의미			비언어적 특징(시선, 태도 등):
6. 내담자 기대확인			
7. 내담자와 상담사 역할 안내			
8. 대화 범위			

• 다음 표에는 3인조 실습 후 다른 조원들로부터 받은 피드백을 요약하여 기록해 본다.

상담사로서 피드백받은 내용
관찰자로부터:
내담자로부터:
내담자로서 상담사의 반응을 듣고 느낀 점

(3) 성찰하기

• 상담구조화 과정을 실습하면서 어떤 것을 경험하였는가?

• 상담구조화 실습을 통해 배운 점과 변화되어야 할 지점, 상담장면에서의 적용 계획을 적어 본다.

배운 점	
변화가 필요한 지점	
적용 계획	

3. 접수면접 진행하기

1) 접수면접 진행하기 핵심체크

(1) 접수면접 핵심체크사항

목록	체크사항
1. 호소문제	사례 1: 사례 2: 사례 3:
2. 의뢰 경위	자발적 내담자 혹은 비자발적 내담자
3. 생활환경	• 가족력 • 친구 관계 • 재정적 어려움이나 법적으로 얽힌 문제의 여부, 경제적 상황 • 학교 성적, 자퇴, 졸업 여부 • 학교나 직장에서의 적응 이력 • 직업, 고용 기간, 작업환경의 특징, 직장에서의 인간관계 • 최근에 일어난 변화나 상실
4. 의학적 검사와 이전 상담 및 심리검사 자료	• 의학적 검사, 심리검사 자료 • 이전 상담경험: 기간과 효과 • 어려움을 극복한 방법

(2) 접수면접 탐색 핵심체크

〈사례 2〉의 가정폭력 피해자(아내, 자녀)의 가해자를 접수면접한다고 가정해 보자.

① 안정감을 주면서 탐색

가정폭력에서는 마지막으로 물리적으로 폭력을 쓴 것이 문제의 초점이 된다. 그래서 10~50년이라는 긴 세월 동안 당하고, 참고, 대접 못 받고, 화가 나게끔 긁고 촉발시키게 한 아내가 촉발시킨 언어적 폭력을 참다가 폭력을 하게 된 것을 가정해 볼 수 있다. 이 부분을 놓치고 바로 정보탐색에 들어가면 가해자 입장에서는 억울하게 된다. 상담사는 가해자냐, 피해자냐의 관점으로 상담을 하게 되면 어렵다. "정말 억울할 것 같습니다." "어떤 부분에서 억울하세요?" 등 긴 세월 동안 당하고, 참고, 대접 못 받았던 이야기로 라포를 형성하면서 진행한다.

② 관계질문 후 자연스런 정보탐색

"6년 동안 대접 못 받고 사셨네요. 가정폭력 신고가 일어나기 전, 이 이야기를 하셨을 수 있었을 텐데, 이렇게 아내를 때린 이유가 있었을까요?"

"억울할 것 같아요. 그런데, 가족 중에 다른 구성원이 무섭든, 예민하든, 말이 안 통하든 어쨌든 그럼에도 꿈돌이님의 자녀입니다. 화를 내도 내 자녀이고, 예민해도 내 자녀입니다. 그러면 그 예민한 자녀가 억울할 정도면, 꿈돌이님이 그렇게 얘기를 하지 못하고, 계속 딸을 그대로 놔둔 이유가 무엇일까요?

③ 이야기의 맥락 속에서 접수면접 항목을 탐색

"부모로서 마음이 아파서 충분히 죄책감을 느끼실 수 있을 것 같습니다." (공감)

"그러나, 과거에는 내가 몰라서 그랬다면, 지금 이 시점부터 자녀들의 그런 상황에 대해서 어떻게 하고 싶으실까요?"

④ 모든 질문은 호소문제를 기준으로 탐색

왜 배우자가 소리가 높아지면 무서워하는지, 얼음이 되는지 살펴보고, "이 부분을 상담에서 상담의 방향으로 잡으면 어떨까요?"라고 내담자와 합의한다.

2) 3인조 실습

① 실습방법

- 상담사, 내담자, 관찰자의 역할을 정하고 앞에서 배운 접수면접 시 내담자에게 안내해야 할 내용 및 상담사의 역할을 떠올리면서 다음 지시에 따라 접수면접을 실제로 진행한다. 접수면접 회기는 50분으로 진행하되 불가능할 경우 최소한 30분 이상 진행한다.
- 상담사는 내담자에게 접수면접 진행 핵심체크 4가지를 실습한다.
- 내담자는 상담사의 안내에 따라 접수면접 진행을 듣고 궁금한 부분을 질문하면서 계약서를 작성한다.
- 관찰자는 상담사와 내담자의 모습을 관찰하면서 상담사가 안내하는 말의 속도 및 억양 등의 언어적 특징과 비언어적 표현의 특징을 다음 표에 구분하여 기록하고, 내담자의 반응 및 둘의 소통 과정을 관찰하여 기록한다.
- 조원들은 각 역할을 모두 경험해 볼 수 있도록 역할을 바꿔 가면서 3번 반복해서 실습한다.

<table>
<tr><th>항목</th><th>세부항목</th><th>체크(○/×)</th><th>누락내용</th><th>상담사 특징</th></tr>
<tr><td>호소문제 목록</td><td></td><td></td><td></td><td rowspan="14">언어적 특징(목소리, 억양, 말의 속도 등):

비언어적 특징(시선, 태도 등):</td></tr>
<tr><td rowspan="2">의뢰 경위</td><td>자발적</td><td></td><td rowspan="2"></td></tr>
<tr><td>비자발적</td><td></td></tr>
<tr><td rowspan="7">생활환경</td><td>가족력</td><td></td><td rowspan="7"></td></tr>
<tr><td>친구관계</td><td></td></tr>
<tr><td>경제적 여건</td><td></td></tr>
<tr><td>학교성적, 자퇴</td><td></td></tr>
<tr><td>적응</td><td></td></tr>
<tr><td>고용변화</td><td></td></tr>
<tr><td>최근변화</td><td></td></tr>
<tr><td rowspan="4">이전 치료 경험</td><td>의학적 검사</td><td></td><td rowspan="4"></td></tr>
<tr><td>심리검사 자료</td><td></td></tr>
<tr><td>약물복용 유무</td><td></td></tr>
<tr><td>이전 상담경험</td><td></td></tr>
</table>

② 실습 후 피드백

- 상담사는 접수면접을 진행하면서 어려운 점이 무엇이었는지 나눈다.
- 내담자는 접수면접 안내를 들으면서 느낀 점을 피드백한다.
- 관찰자는 접수면접 진행과정 중 상담사와 내담자의 모습은 어땠는지, 상담사가 빠뜨린 부분은 없는지 기록하고 피드백한다.

상담사로서 피드백받은 내용
관찰자로부터: 내담자로부터:

내담자로서 상담사의 반응을 듣고 느낀 점

③ 성찰하기

- 접수면접 과정을 실습하면서 어떤 것을 경험하였는가?

- 접수면접 실습을 통해 배운 점과 변화되어야 할 지점, 상담장면에서의 적용 계획을 적어 보자.

배운 점	
변화가 필요한 지점	
적용 계획	

제6장

상담초기

1. 호소문제

1) 호소문제 핵심체크

상담초기는 사례개념화 과정을 진행한다. 사례개념화는 내담자 이해를 기반으로 상담 계획을 그리는 그림이다. 다음 〈표 6-1〉에 사례개념화 체크사항과 질문할 내용 중 호소문제에 해당되는 것이 진한 색으로 표시되어 있다. 각 항목별로 하나씩 따라 하다 보면 내담자 이해의 그림을 맞추어 갈 것이다. 이 장에서 나오는 〈표 6-1〉 〈표 6-2〉에서 ○는 이론적 접근이 필요한 요소이며, ×는 이론적 접근을 고려하지 않아도 되는 요소를 나타낸다.

(1) 호소문제 탐색위치

〈표 6-1〉 사례개념화 영역

	이론	사례개념화요소	탐색 및 확인영역
What	×	**호소문제**	**가장 먼저 나온 것, 가장 관심 있는 것, 가장 힘든 것, 호소문제 기초선 설정, 주관적 불편감**
	×	검사 및 위기평가: 위험요인	자살, 학대, 성폭력, 가정폭력, 성매매, 도박, 약물중독, 조현병, 약물복용 확인
	×	강점과 지지체계	강점과 지지체계(대처, 유대감)
Why	×	촉발요인	최근 스트레스 사건(생물학적 차원/개인내적 차원/관계적 차원/영적 차원)
	○	유발 및 유지요인	호소문제와 관련된 발달력 탐색(대인관계 혹은 가족력 탐색) (생물학적 차원/개인내적 차원/관계적 차원/영적 차원) 이론요소별로 탐색

How	×	합의목표	최종 목표점
	×	내담자 욕구	내담자가 상담에서 바라는 것
	○	임상목표	합의된 목표를 달성하기 위한 상담사 목표
	○	회기목표	임상목표를 예정된 상담회기별로 나누기
	○	이론별 상담전략	임상 및 회기목표 달성을 위한 상담전략
	×	공통상담전략	비언어적, 기본, 고급 상담기술

(2) 호소문제 탐색질문

〈표 6-2〉 사례개념화 탐색할 질문

	이론	사례개념화요소	핵심 질문
What	×	**호소문제**	**현재 불편하신 것은?**
	×	검사 및 위기평가	심리검사로 내담자의 호소문제 확인하기, 위기내담자일 경우 위기평가(위험요인 파악)
	×	보호요인	내담자의 고민이 더 악화되지 않은 이유, 자원은 무엇인가?
Why	×	촉발요인	지금 상담실에 온 이유는 무엇인가?
	○	유발 및 유지요인	처음 문제가 생긴 원인과 지금까지 유지된 원인은?
How		내담자 욕구	내딤자가 원하는 것은?
	×	합의목표	어떤 상태가 되면 상담에서 도움받았다고 알 수 있을까요?
	○	임상목표	합의된 목표를 위해 상담사가 무엇을 할 것인가?
	○	회기목표	임상적 개입을 회기별로 어떻게 진행할 것인가?
	○	상담전략	임상목표를 위해서 어떻게 개입을 할 것인가?

(3) 호소문제 구체화 질문예시

호소문제와 호소문제 기초선 탐색실습이 되신 분은 다음 단계로 넘어가도 된다. 이 부분은 다양한 호소문제 영역을 실습하기 위한 부분이다.

	핵심 질문
내용 구체화	"버려지는 두려움이라고 했는데 어떤 의미인가요?" "사랑받지 못하는 것과 버려지는 두려움은 같은 의미인가요?
증상 구체화	"버려질 것 같은 두려움이 올 때, 신체적으로 어떤 반응이 일어날까요?"
맥락 구체화	"버려질 것 같은 두려움은 어떤 상황에서 느끼실까요?"
발생시점 구체화	"언제부터 버려질 것 같은 두려움을 느끼기 시작했나요?"
자신에 대한 태도 구체화	"버려질 것 같은 두려움을 느끼는 자신의 모습을 어떻게 받아들이시나요?"
바람 구체화	"되고 싶은 자신의 모습은 어떤 것일까요?"

2) 호소문제 기초선 탐색 연습

다음 호소문제 예시를 가지고 단계별로 3인조 실습을 해 보자. 다음 호소문제 중 한 가지를 내담자가 선택한다. 내담자가 선택한 호소문제 기초선을 탐색한다.

(1) 현재 상태를 질문하여 기초선 탐색

[연습 1-1] 다음 예시를 보고 구체적으로 내담자가 진술할 수 있는 호소문제를 생각해 보고 2가지 이상 작성해 보자. 작성한 것을 가능할 수 있는 정답과 비교하고 수정해 보자.

호소문제	탐색된 호소문제
자존감이 낮아요.	
우울감에서 벗어나고 싶어요.	
아버지와 소통을 하고 싶어요.	
완벽주의에서 벗어나고 싶어요.	
대인관계가 어려워요.	
평범한 나로 살고 싶어요.	
인생을 어떻게 살아야 할지 막막해요.	

(2) 해결할 수 있는 것

[연습 1-2] 다음 예시를 보고 구체적으로 내담자가 진술할 수 있는 호소문제를 생각해 보고 2가지 이상 작성해 보자. 작성한 것을 정답과 비교하고 수정해 보자.

호소문제 부적절	적절한 호소문제 연습
부모가 변했으면 좋겠어요.	
지나치게 지배적인 아버지	
사랑하는 강아지를 잃은 것에 대한 슬픔	

(3) 내담자의 현재 및 현실기능과 관련된 것

[연습 1-3] 다음 예시를 보고 구체적으로 내담자가 진술할 수 있는 호소문제를 생각해 보고 2가지 이상 작성해 보자. 작성한 것을 정답과 비교하고 수정해 보자.

호소문제 부적절	적절한 호소문제 연습
어머니에게서 버려짐	
알코올 중독 병력	
도박중독으로 패가망신	

(4) 이론적 개념과 설명적 개념 포함하지 않기

[연습 1-4] 다음 예시를 보고 구체적으로 내담자가 진술할 수 있는 호소문제를 생각해 보고 2가지 이상 작성해 보자. 작성한 것을 정답과 비교하고 수정해 보자.

호소문제 부적절	적절한 호소문제 연습
스트레스로 인한 자기 분열	
지나치게 밀착된 가족	
분노에 대한 부적응적 반응으로 알코올 섭취	

(5) 여러 가지 문제를 포함한 호소문제

[연습 1-5] 다음 예시를 보고 구체적으로 내담자가 진술할 수 있는 호소문제를 생각해 보고 2가지 이상 작성해 보자. 작성한 것을 정답과 비교하고 수정해 보자.

여러 가지 호소문제	적절한 호소문제 연습
친밀한 관계와의 결별을 다루기 어려움	
학대적인 관계 속에서 받게 될 대우에 대한 한계를 정하는 데 어려움	
사회관계를 시작하고 유지하기 어려움	
내가 좋아하는 직업을 선택해야 할까요? 아빠가 운영하는 회사에서 일해야 할까요?	
게이와 사랑에 빠졌어요. 친구들에게 커밍아웃했어요. 부모님께 말하려니 두려워요.	

(6) 문제가 없는데 상담을 받고 싶다고 할 경우

[연습 1-6] 다음 예시를 보고 구체적으로 내담자가 진술할 수 있는 호소문제를 생각해 보고 2가지 이상 작성해 보자. 작성한 것을 정답과 비교하고 수정해 보자.

호소문제 없을 경우	적절한 호소문제 연습
내가 누구인지 모르겠어요.	
특별한 문제는 없는데 저를 알고 싶어요.	
살아가는 데에 있어 불편함은 없는데 내가 모르는 게 있을까요?	

3) 3인조 실습

(1) 실습방법

- 3인조 실습은 위에서 제시된 호소문제 기초선 탐색 실습을 조원들과 함께 실제 상담에 적용해 보는 시간이다.
- 상담사, 내담자, 관찰자의 역할을 정하고 [연습 1-1]에서 [연습 1-6]까지 호소문제 기초선 탐색 연습 중 하나를 선택하여 그 상황이 포함되도록 자신의 사례 혹은 가상의 사례를 설정한 후, 다음 지시에 따라 한 회기 상담을 실제로 진행한다. 한 회기는 50분으로 진행하되 불가능할 경우 최소한 30분 이상 진행한다.
- 내담자는 [연습 1-1]부터 [연습 1-6]까지 제시된 내용 중 선택하여 내담자의 이야기를 그대로 읽는다.
- 상담사는 내담자의 이야기를 듣고 다양하게 반응해 본다.
- 관찰자는 상담사가 호소문제 탐색 질문 시 머뭇거렸던 지점을 주목하고 피드백한다.

(2) 실습 후 피드백

- 상담사는 상황별 호소문제 기초선 탐색 실습에서 어려운 점에 대해 나눈다.
- 내담자는 상담사의 호소문제 기초선 탐색 실습에서 느낀 점과 함께 유용했던 점에 대해서 피드백한다.

• 관찰자는 효과적인 호소문제 반응에 대해 피드백하고 상황별 가장 유용한 반응에 대해 토의하고 기록해 본다.

상황	유용한 호소문제 반응
1-1	
1-2	
1-3	
1-4	
1-5	
1-6	

(3) 성찰하기

• 호소문제 탐색 연습하면서 어떤 것을 경험하였는가?

• 호소문제 탐색 연습을 통해 배운 점과 변화되어야 할 지점, 상담장면에서의 적용 계획을 적어 보자.

배운 점	
변화가 필요한 지점	
적용 계획	

2. 위기평가 및 심리검사

호소문제 탐색과 동시에 위기평가는 다음 사례개념화 목록 중 진하게 강조된 영역에 해당된다.

	이론	사례개념화요소	탐색 및 확인영역
What	×	호소문제	가장 먼저 나온 것, 가장 관심 있는 것, 가장 힘든 것, 호소문제 기초선 설정
	×	**검사 및 위기평가: 위험요인**	**자살, 학대, 성폭력, 가정폭력, 성매매, 도박, 약물중독, 정신증, 약물복용 확인**
	×	강점과 지지체계	강점과 지지체계(대처, 유대감)
Why	×	촉발요인	최근 스트레스 사건(생물학적 차원/개인내적 차원/관계적 차원/영적 차원)
	○	유발 및 유지요인	호소문제와 관련된 발달력 탐색 (대인관계 혹은 가족력 탐색) (생물학적 차원/개인내적 차원/관계적 차원/영적 차원) 이론요소별로 탐색
How	×	합의목표	최종 목표점
	×	내담자 욕구	내담자가 상담에서 바라는 것
	○	임상목표	합의된 목표를 달성하기 위한 상담사 목표
	○	회기목표	임상목표를 예정된 상담회기별로 나누기
	○	이론별 상담전략	임상 및 회기목표 달성을 위한 이론적 상담전략
	×	공통상담전략	비언어적, 기본, 고급 상담기술

1) 위기평가

(1) 위기평가 핵심체크(nsw, 2004)

다음은 위기평가 시 체크해야 할 핵심내용이다.

분류		고위험	중위험	저위험
정신상태 위험성	우울함	심각한 우울증	보통의 우울증	가벼운 우울증, 슬픔
	정신병력	지시환청 및 죽음망상	약간의 정신과적 증상	정신과 증상 없음

	무망감 절망	무가치함에 몰입	약간의 슬픔	미래에 대한 희망 없음
	죄책감, 수치심, 분노, 불안	심함	중간	약간
	충동적	심한 분노와 적개심	보통 분노와 적개심	가벼운 분노와 적개심
자살 시도 및 사고	의도성	지속적, 뚜렷한 사고	빈번한 사고	막연한 사고
	치명성	명확한 의도	낮은 치명성의 다양한시도	최근 시도가 없거나 치명성과 의도성이 낮은 1회 시도
	자살수단 접근	치명성 높은 시도	반복되는 위협	
	자살시도		있음	없음
물질장애	현재 알코올이나 기타 약물 남용	현재 물질 남용, 의존	물질 남용, 의존 위험	가볍거나 아주 드물게 물질 사용
검사자료	MMPI	내용척도 DEP5 65 이상, 결정적 문항 자살시도, 자살사고 확인		
	PAI	SUI 65 이상		
	SCT	죽음, 자살, 무망감 언급		
	TAT	주제가 자살과 죽음에 관한 이야기		
	CPSQ-II, AMPQ-III	관심군 자살 언급		
	SIQ,BDI, BAI, DIS	SIQ 위험군		
		BDI 위험군		
		BAI 위험군		
		DIS 위험군		

(2) 자살평가 핵심질문

다음에 제시된 자살평가 질문을 익혀서 상담에 적용해 보자.

위기목록	핵심 질문
안전	"자살 생각은 언제부터 해 왔나요?" "혹시 이전에 자살시도를 해 본 적이 있나요?" "자살을 하고 싶다는 생각이 들게 만든 사건이 있나요?" "혹시 어떻게 자살할지에 대해 구체적으로 생각해 본 적도 있나요?" "자살을 구체적으로 생각하고 있다면, 언제인가요?" "걱정되어서 그러는데 혹시 술을 마셨거나 약이나 칼처럼 자살에 쓰이는 도구를 갖고 있나요?"

	"혹시 자살 충동을 참기 어려울 때 누군가 곁에서 도와줄 사람이 있나요?" "지인 중 자살로 사망한 사람이 있나요?" "일상생활은 유지되고 있나요? (수면, 식사, 외출 등)"
스트레스 원인	"무슨 일이 있었나요?" "왜 지금 자살을 하려는 건가요? "언제 자살 생각이 가장 많이 날까요?"
현재상태 확인	"지금 이 순간 저하고 만나는 이 시점에도 자살을 시도하려는 생각을 하고 계신가요?" "3년 전에 마지막으로 자살을 시도한 이후 지금까지 한 번도 시도한 적이 없으시다는 거죠?"
상황탐색	"어떤 상황에서 자살에 대한 생각이 떠오릅니까?"
지지체계	"가장 힘들 때 누가 생각나고 누구에게 전화를 거나요?"
안전화	"저하고 상담하는 동안에는 자살 시도하면 안 됩니다. 어렵고 힘든 일이 있으면, 저에게 연락을 해 주십시오. 연락이 안 될 경우는 24시간 상담할 수 있는 1366으로 전화해 주십시오"
생명의 연대책임	"지금부터 어떠한 어려움이 있더라도 자살을 해서는 안 됩니다. 민들레님의 생명은 본인의 것이기도 하지만, 상담사인 저의 것이기도 합니다. 왜냐하면, 상담사인 제가 민들레님을 알았기 때문입니다. 민들레님이 힘들다고 생명을 함부로 해서는 안 됩니다."
상담사와 연대감	"만약에 상담 중에 생명을 끊는 상황이 벌어지면, 저는 상담을 할 수가 없습니다. 제가 하루에 내담자를 5명씩을 만나는데 한 달에 20명, 1년이면 2,000명이 넘는 사람들이 저의 도움을 받을 수가 없게 됩니다. 또한 저도 민들레님의 자살에 대한 죄책감 때문에 상담을 더 이상 진행할 수가 없습니다. 그만큼 민들레님의 생명이 중요하다는 것을 꼭 기억해 주시길 바랍니다."

(3) 3인조 실습

① 실습방법

- 상담사, 내담자, 관찰자의 역할을 정하고 앞에서 배운 위기평가 시 내담자에게 안내해야 할 내용 및 상담사의 역할을 떠올리면서 위기평가 과정을 실제로 진행한다. 접수면접 회기는 50분으로 진행하되 불가능할 경우 최소한 30분 이상 진행한다.
- 상담사는 내담자에게 위기평가과정을 실습한다.
- 내담자는 상담사의 안내에 따라 위기평가과정을 듣고 궁금한 부분을 질문한다.
- 관찰자는 상담사가 위기평가 목록에서 누락된 부분이 있으면 다음 표에 구분하여 기록한다.
- 조원들은 각 역할을 모두 경험해 볼 수 있도록 역할을 바꿔 가면서 3번 반복해서 실습한다.

분류		고위험	중위험	저위험
정신상태 위험성	우울함	심각한 우울증	보통의 우울증	가벼운 우울증, 슬픔
	정신병력			
	무망감, 절망			
	죄책감, 수치심, 분노, 불안			
	충동적			
자살 시도 및 사고	의도성			
	치명성			
	자살수단 접근			
	자살 시도			
물질장애	현재 알코올이나 기타 약물 남용			
검사자료	MMPI			
	PAI			
	SCT			
	TAT			
	CPSQ-II, AMPQ-III			
	SIQ, BDI, BAI, DIS			

② 실습 후 피드백

위기목록	핵심 질문
안전	
스트레스 원인	
현재 상태 확인	
상황탐색	

지지체계	
안전화	
생명의 연대책임	
상담사와 연대감	

• 내담자는 자살 위기평가 실습에서 느낀 점을 피드백한다.
• 자살 위기평가를 진행할 때 무엇이 어려웠는가? 관찰자가 체크한 것을 토대로 서로 토의한다.
• 자살면담 핵심질문에서 무엇이 빠졌는지 확인한 후 다시 3인조 실습을 진행한다.

③ 성찰하기
• 자살 가족력이 있거나 자살위기에 처해 본 경험이 있는가? 그 경험을 어떻게 다루었는가?
• 위기평가 실습을 통해 배운 점과 변화되어야 할 지점, 상담장면에서의 적용 계획을 적어 보자.

배운 점	
변화가 필요한 지점	
적용 계획	

2) 심리검사 가설설정 핵심체크

(1) 검사자료 핵심체크

다음 검사 가설설정은 『초심상담사를 위한 상담내비게이션』 책에서 나온 〈사례 8〉의 자료와(김형숙, 2021a, pp. 100-120) TCI 자료(부록)를 기반으로 설정한 상담방향이다. 각 검사자료에서 가설설정 시 체크해야 할 부분이다.

① MMPI. TCI, 접수면접으로 가설설정

접수면접가설 1-1	MMPI 자료 1-1/TCI자료	상담 방향
• 자해, 자살 • 정서적 혼란 • 심한 우울	• 임상척도 2번(D:68)과 내용척도 DEP(93) 상승: 심한 우울 • F(60)상승: 현재 스트레스로 심리적인 도움을 요청 • 자살사고(DEP4:83), 결정적 문항(15번)에도 자살언급 체크 • 현재 자살 시도 가능성이 있는 위기 내담자	접수면접 자료에서도 확인되고 있기에 자살 위험이 있는 위기 내담자라는 임상적 가설은 일단 채택, 자살 시도, 계획 확인 필요 ▷가설 채택

접수면접가설 1-2	MMPI 1-2자료/TCI자료	상담 방향
• 자해, 자살 • 정서적 혼란 • 심한 우울	• 8-7 코드(Sc:78:Pt:74): 혼란스러운 정서적 동요상태에 놓여 있음. 우울하고 비관적인 느낌, 자살사고, 불안 등의 문제가 나타날 것으로 보임 • 반추적 사고가 많아서 자책과 자기비난이 심할 것으로 보임(OBS:72) • 내담자의 불안은 예기불안, 불확실성에 대한 불안, 낯선 사람에 대한 두려움 등 기질적인 것도 영향을 미쳤을 것으로 보임(TCI:HA, 100)	이러한 검사 결과는 접수면접 자료를 기초로 하여 세웠던 임상적 가설-'불안과 우울이 극심한 상태일 수 있다. 심리적 혼란이 심할 것이다.'-을 지지함 ▷가설 확장

접수면접가설 1-3	MMPI 자료 1-3/TCI자료	상담 방향
• 자해, 자살 • 정서적 혼란 • 심한 우울	• 7-8코드: 대인관계에서 수동-의존적인 관계를 형성하며(TCI:SD,35), 성숙한 이성관계에서의 곤란이 예상될 수 있음. 이러한 성적(sex)으로 부진한 수행의 보완 시도로 성적 공상에 몰두할 수 있음(결정적 문항). 내담자가 스트레스 상황에서 감정적으로 통제되지 않는 어려움이 자살충동을 촉발시킬 수 있겠음(면담)	접수면접 가설-'불안과 우울, 심리적 혼란이 심할 것이다.'-을 지지함 상담사는 심리적 혼란일 때 자살 및 자해 시도를 확인해 보는 것 필요 ▷가설 확장

접수면접가설 2	MMPI 자료 2/TCI자료	상담 방향
• 상담 동기 높음 • 자기개방에 적극적	• 낮은 동기(TRT1:76)와 낮은 자기개방(TRT2:44): 접수면접에 세웠던 가설과는 상충됨. 이런 검사 결과는 내담자가 상담에 대한 동기가 높아서가 아니라 현재 겪고 있는 어려움의 심각성으로 상담실을 찾아왔을 가능성을 시사함. 내담자 스스로 문제를 통제하지 못하는 절박한 상황에 놓여 있을 것으로 추정됨	첫 회기에서 라포 형성 후 심각한 어려움에도 자신의 문제를 해결하려고 하는 내담자의 의지를 지지해 주는 것이 필요함 ▷가설 수정

접수면접가설 3	MMPI 자료 2/TCI자료	상담 방향
• 우울과 무기력 호소 • 심리적 갈등과 혼란	• 직장생활을 하고 있지만 정서적 부적응 상태일 수 있음(RCD:83, INTR:80, ANX:78, A:66) • 직장생활곤란(WRK:77)을 보아 현재 직장생활뿐만 아니라 대인관계에서의 어려움도 있을 수 있음(S1:66). • 그러나 이러한 어려움이 최근의 일이 아니라 성인생활부적응(MT:77)과 외상 후 스트레스(PK:75) 때문은 아닌지도 고려해 볼 필요 있음	대학 시절이나 그 이전에 어떤 어려움을 겪었는지, 혹시라도 감정을 억압하면서 고통을 견디어 온 것은 아닌지를 살펴보아야 함 ▷가설 채택

접수면접가설 4	MMPI 자료 4, 5/TCI자료	상담 방향
• 최근 스트레스 사건 확인	• 스트레스에 취약할 수 있다는 점을 보여 줌(ES:32) • 직장생활을 유지하고 있지만 자신의 삶에 자기 수용이 어렵고 목적의식이 없는 것들이 이러한 점을 촉발시키는 요인으로 작용할 가능성이 있음	자책과 자기비난을 다루는 것이 우선시됨 ▷가설 수정

② 심리검사 가설 전체과정

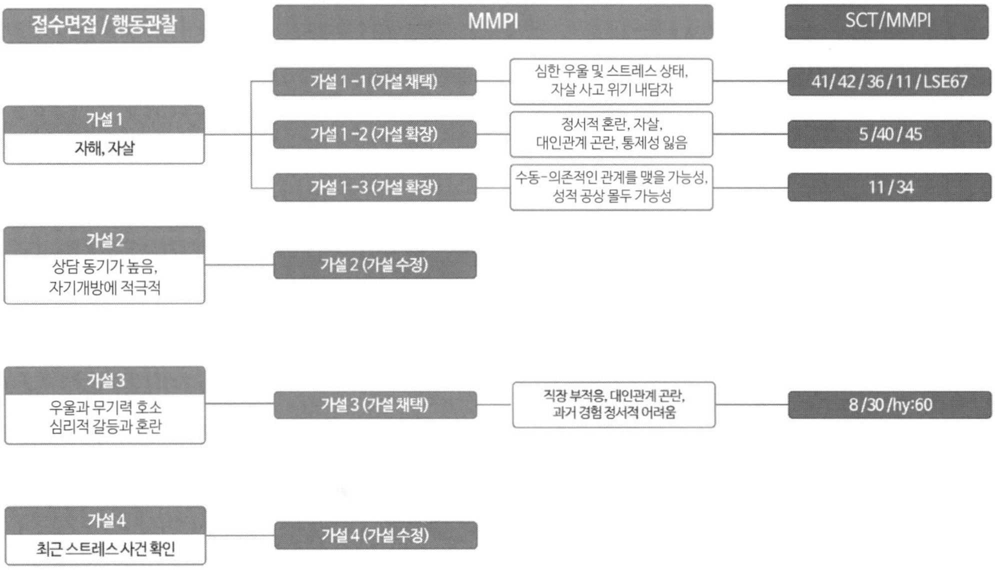

(2) 심리검사 가설 연습

[연습 2-1]

〈사례 8〉에서 제시하고 있는 MMPI, TCI, 면담자료(부록)로 가설설정한 것을 기반으로 SCT 자료(부록)로 가설을 확장해 보자.

[연습 2-2]

다음은 〈사례 2〉에서 제시하고 있는 내담자의 심리검사자료(MMPI, TCI, 1회기 축어록)로 가설을 설정해 보자.

[사례 2 MMPI, TCI, 접수면접 자료]
- 30대 후반 여성, 전업주부, 대졸
- 신청경위: 가정폭력 피해자로 경찰서에서 의뢰됨
- 호소문제: 불안하고 자신감이 바닥으로 떨어져요.
- 가족사항: 남편(30대 후반), 결혼 6년차, 자녀 12M, 모(母)의 통제를 벗어나고 싶어 결혼함

타당도 척도(T점수)									임상 척도(T점수)									
VRIN	TRIN	F	F(B)	F(P)	FBS	L	K	S	Hs	D	Hy	Pd	Mf	Pa	Pt	Sc	Ma	Si
45	51	37	38	35	55	45	41	49	39	58	41	45	49	63	58	47	31	77

재구성 척도									정신병리 5요인 척도				
RCd	RC1	RC2	RC3	RC4	RC6	RC7	RC8	RC9	AGGR	PSYC	DISC	NEGE	INTR
63	35	62	39	44	45	60	41	50	49	41	37	69	58

내용 척도														
ANX	FRS	OBS	DEP	HEA	BIZ	ANG	CYN	ASP	TPA	LSE	SOD	FAM	WRK	TRT
62	56	63	59	52	40	54	39	67	66	77	75	57	67	55

보충 척도														
A	R	Es	Do	Re	Mt	PK	MDS	Ho	O-H	MAC-R	AAS	APS	GM	GF
66	45	53	34	64	65	58	67	48	49	44	38	56	40	61

TCI (백분위)									.
TCI	NS	HA	RD	PS	SD	CO	ST	SD+CO	
	5	95	99	24	2	3	25	0	

(3) 3인조 실습

① 실습방법

- 3인조 실습팀은 [연습 2-1]과 [연습 2-2]에서 각자가 세운 가설을 서로 확인하고 위의 질문에서 가설과 연결한 근거들을 이야기 나눈다.

② 실습 후 피드백

- 3인조 실습팀은 각자 세운 가설을 서로 비교하면서 피드백한다.
- 나의 가설과 다른 조원의 가설은 다른가? 다르다면 차이점은 무엇인가? 가설이 다른 이유는 무엇이라고 생각하는가?

③ 성찰하기

- 상담사로서 내담자의 위기평가를 해 보거나 심리검사결과를 근거로 상담을 위한 가설을 설정해 본 경험이 있는가? 그 경험을 어떻게 다루었는가?

- 심리검사 가설설정 실습을 통해 배운 점과 변화되어야 할 지점, 상담장면에서의 적용 계획을 적어 보자.

배운 점	
변화가 필요한 지점	
적용 계획	

3. 강점과 자원 찾기

1) 강점과 자원 찾기 핵심체크

강점과 자원체계는 내담자의 보호 요인에 해당된다. 앞에서 살펴본 위기평가를 할 때 같이 탐색할 수도 있고 상담과정 중 추가로 탐색이 될 수 있다.

	이론	사례개념화요소	탐색 및 확인영역
What	×	호소문제	가장 먼저 나온 것, 가장 관심 있는 것, 가장 힘든 것, 호소문제 기초선 설정
	×	검사 및 위기평가: 위험요인	자살, 학대, 성폭력, 가정폭력, 성매매, 도박, 약물중독, 정신증, 약물복용 확인
	×	**강점과 지지체계**	**강점과 지지체계(대처, 유대감)**
Why	×	촉발요인	최근 스트레스 사건(생물학적 차원/개인내적 차원/관계적 차원/영적 차원)
	○	유발 및 유지요인	호소문제와 관련된 발달력 탐색(대인관계 혹은 가족력 탐색) (생물학적 차원/개인내적 차원/관계적 차원/영적 차원) 이론요소별로 탐색
How	×	합의목표	최종 목표점
	×	내담자 욕구	내담자가 상담에서 바라는 것
	○	임상목표	합의된 목표를 달성하기 위한 상담사 목표
	○	회기목표	임상목표를 예정된 상담회기별로 나누기
	○	이론별 상담전략	임상 및 회기목표 달성을 위한 이론적 상담전략
	×	공통상담전략	비언어적, 기본, 고급 상담기술

2) 강점과 자원 찾기 핵심질문

다음은 강점과 자원체계를 탐색할 수 있는 핵심질문이다.

목록	핵심 질문
강점	"계속하게 되는 재미있는 것이 뭘까요?"
자원	"삶과 죽음의 경계선에서 민들레님을 살게 한 것, 깊은 내면에 있는 것은 무엇일까요?"
대처능력	"수업시간에 더 많이 떠들고 싶은 유혹을 어떻게 견더낼 수 있었나요?" "사는 게 힘겨워 모든 걸 포기하고픈 것을 어떻게 견더낼 수 있었나요?"
사회적 지지망	"매일매일 살아가는 데 가장 도움이 되는 사람이 누굴까요?" "힘들다는 생각이 들 때 누굴 찾나요? 어디에 가나요? 뭘 하나요?"
지키고 싶은 것	"무엇을 잃고 싶지 않았기에 이 순간 힘껏 살고 계신가요?" "무엇을 지키고 싶어서 지금까지 이렇게 열심히 달려오셨나요?"

3) 3인조 실습

(1) 실습방법

- 상담사, 내담자, 관찰자의 역할을 정하고, 〈사례 2〉를 활용하여 내담자에게 강점과 자원을 돌려주기 위한 한 회기 상담을 진행한다.
- 관찰자는 상담사가 강점과 자원을 돌려주는 과정에서 빠뜨린 것을 체크한다.
- 조원들은 각 역할을 모두 경험해 볼 수 있도록 역할을 바꿔 가면서 3번 반복해서 실습한다.

강점과 자원 목록	체크(○/×)	상담사의 목소리 톤, 속도, 시선, 태도	내담자의 반응
강점			
자원			
대처능력			
사회적 지지망			
지키고 싶은 것			

(2) 실습 후 피드백

- 내담자는 강점과 자원 찾기에서 느낀 점을 피드백한다.
- 강점과 자원 찾기를 진행할 때 무엇이 어려웠는가? 관찰자가 체크한 것을 토대로 서로 토의한다.

(3) 성찰하기

- 상담사로서 자신의 강점과 자원은 무엇이라고 보는가? 그것은 상담에 어떻게 활용되고 있는가?

- 강점과 자원찾기 실습을 통해 배운 점과 변화되어야 할 지점, 상담장면에서의 적용계획을 적어 보자.

배운 점	
변화가 필요한 지점	
적용 계획	

4. 호소문제 원인 핵심체크

호소문제가 왜 일어났는가의 원인은 촉발요인과 유발요인 및 유지요인으로 연결되어 있다.

	이론	사례개념화요소	탐색 및 확인영역
What	×	호소문제	가장 먼저 나온 것, 가장 관심 있는 것, 가장 힘든 것, 호소문제 기초선 설정
	×	검사 및 위기평가: 위험요인	자살, 학대, 성폭력, 가정폭력, 성매매, 도박, 약물중독, 정신증, 약물복용 확인
	×	강점과 지지체계	강점과 지지체계(대처, 유대감)
Why	×	**촉발요인**	**최근 스트레스 사건 (생물학적 차원/개인내적 차원/관계적 차원/영적 차원)**
	○	**유발 및 유지요인**	**호소문제와 관련된 발달력 탐색(대인관계 혹은 가족력 탐색) (생물학적 차원/개인내적 차원/관계적 차원/영적 차원) 이론요소별로 탐색**
How	×	합의목표	최종 목표점
	×	내담자 욕구	내담자가 상담에서 바라는 것
	○	임상목표	합의된 목표를 달성하기 위한 상담사 목표
	○	회기목표	임상목표를 예정된 상담회기별로 나누기
	○	이론별 상담전략	임상 및 회기목표 달성을 위한 이론적 상담전략
	×	공통상담전략	비언어적, 기본, 고급 상담기술

1) 촉발요인 핵심체크

영역	핵심 질문
호소문제와 관련된 선행사건	(보복에 대한) 두려움이 생길 만한 어떤 일이 있으셨을까요?
이 시점에 상담 온 계기	(남편의 폭력이 계속되었음에도) 이 시점에 상담에 오신 이유가 궁금합니다.
최근 스트레스 사건	최근 스트레스가 된 사건이 있었는지 궁금합니다.

2) 유발요인 핵심체크

유발요인은 상담사의 이론적 접근에 따라 다르게 기술될 수 있다. 유발요인과 유지요인은 명확히 구별되지 않는다. 어떤 사례는 유발요인과 유지요인이 같을 수도 있다. 아래는 상담사의 이해를 돕기 위해서 임의로 유발요인과 유지요인으로 나누었다. 따라서 상담사는 사례의 전체 맥락에서 유발요인과 유지요인을 찾는 것이 필요하다.

(1) 이론별 핵심체크

<table>
<tr><th colspan="2">요인</th><th>예시</th></tr>
<tr><td colspan="2">호소문제</td><td>남편이 해코지할까 봐 불안하고 내가 뭔가를 잘못한 것 같은 자책이 든다.</td></tr>
<tr><td colspan="2">호소문제 기초선</td><td>말해야 하는 상황에서 눈치를 봄, 가슴이 두근거림</td></tr>
<tr><td colspan="2">합의 목표</td><td>1. 폭력신고를 처음 하는 경우에는 불안한 것이 이상하지 않음을 알아차리기
2. 내가 뭘 잘못했나 하는 생각이 들 때마다 마땅히 할 것을 했다고 인정해 주기</td></tr>
<tr><td rowspan="6">유발 요인</td><td>인지행동</td><td>비합리적 사고: 참아야 문제가 크게 일어나지 않는다.</td></tr>
<tr><td>수용전념치료</td><td>경직된 유연성: 참아야 문제가 크게 일어나지 않는다.</td></tr>
<tr><td>인간중심</td><td>가치조건화된 자기개념: 참고 있어야 사람들이 나를 인정해 준다.</td></tr>
<tr><td>게슈탈트</td><td>미해결과제: 말을 하면 아버지한테 맞을 수 있다.</td></tr>
<tr><td>대상관계이론</td><td>• 정서적으로 조율받은 경험(안아 주기와 담아 주기)이 부족
• 부정적 감정과 갈등적인 욕구를 견뎌 내는 심리적 힘이 약함
• 부모와 남편 및 자신에 대한 표상이 통합되지 않고 all good, all bad로 분열
• 이만하면 좋은 내면화된 부모상 결여(분열된 대상표상, 분열된 자기표상)</td></tr>
<tr><td>이야기치료</td><td>자기 삶의 정체성의 이야기를 잃어버림</td></tr>
</table>

3) 유지요인 핵심체크

(1) 인지행동치료

<table>
<tr><th colspan="2">요인</th><th>예시</th></tr>
<tr><td colspan="2">호소문제</td><td>남편이 해코지할까 봐 불안하고 내가 뭔가를 잘못한 것 같은 자책이 든다.</td></tr>
<tr><td colspan="2">호소문제 기초선</td><td>말해야 하는 상황에서 눈치를 봄, 가슴이 두근거림</td></tr>
<tr><td colspan="2">합의 목표</td><td>1. 폭력신고를 처음 하는 경우에는 불안한 것이 이상하지 않음
2. 내가 뭘 잘못했나 하는 생각이 들 때마다 마땅히 할 것을 했다고 인정해 주기</td></tr>
<tr><td rowspan="4">유지 요인</td><td>자동적 사고</td><td>호소문제(불안할 때 C) 어떤 생각이(B) 떠오르나요?</td></tr>
<tr><td>비합리적 신념</td><td>~해야만 한다, 하지 않으면 안 된다, 만약 ~하면 할 것이다</td></tr>
<tr><td>핵심신념</td><td>자신, 타인, 세상에 대한 신념</td></tr>
<tr><td>핵심신념 형성배경</td><td>이러한 신념을 어디에서 배웠습니까? (가족관계 탐색)</td></tr>
</table>

(2) 수용전념치료

요인		예시
호소문제		남편이 해코지할까 봐 불안하고 내가 뭔가를 잘못한 것 같은 자책이 든다.
호소문제 기초선		말해야 하는 상황에서 눈치를 봄, 가슴이 두근거림
합의 목표		1. 폭력신고를 처음 하면 불안한 것이 이상하지 않음을 알아차리기 2. 내가 뭘 잘못했나 하는 생각이 들 때마다 마땅히 할 것을 했다고 인정해 주기
유지 요인	인지적 경직성	수용하지 못해 장애물이 되고 있는 감정
		인지적 융합: 역기능적 행동을 초래하는 인지적 융합
		현재 경험에 대해 알아차리지 못함
		제한적인 자기 지식
		가치명료화의 결여 및 접촉
		개념화된 자기애의 부착

(3) 인간중심치료

요인		탐색방법
호소문제		조건화된 가치로 인한 유기체적 자기의 상태
호소문제 기초선		• 조건화된 가치가 현재 삶에 미치는 고통감, 불편감: 혼자 남는 두려움, 삶의 의미를 모르고 죽고 싶다. • 부적응적 행동: 타인과의 행동에서 눈치를 보며 회피함
합의 목표		1. 폭력신고를 처음 하는 경우에는 불안한 것이 이상하지 않음 2. 내가 뭘 잘못했나 하는 생각이 들 때마다 마땅히 할 것을 했다고 인정해 주기
유지 요인	가치의 조건화	예: 내가 말하지 않고 따르는 것이 최고다.
	불일치 찾기	부모에 의해 형성된 자아개념(조건화된 자기개념)과 현재 경험하고 있는 자아와의 괴리감
	대처 방식 찾기	• 가치조건화된 삶을 유지하기 위해 선택한 방법 • 대처 방식의 사용으로 인한 불편감 • 주관적 현실과 외부현실의 불일치 • 현실자기와 이상적 자기의 불일치

(4) 게슈탈트치료

<table>
<tr><th colspan="2">요인</th><th>탐색방법</th></tr>
<tr><td colspan="2">호소문제</td><td>과거 미해결 문제가 지금-여기에서 불일치에서 오는 혼란과 갈등 상태</td></tr>
<tr><td colspan="2">호소문제 기초선</td><td>• 대인관계적인 측면에서의 어려움, 방어기제들을 살펴보기
• 이들 요소들이 미해결 과제들과 어떻게 연결되는지 탐색하기
• 생활 전반에 영향을 미치고 있는 감정, 사고, 행동, 그리고 패턴 파악하기, 상담장면에서 이러한 미해결 과제와 연결된 문제들이 어떻게 나타나는지 과정 찾기
• 내담자는 알아차림–접촉 주기의 어느 단계에서 어떤 정신병리 현상을 보이고 있는가?–접촉경계 혼란행동</td></tr>
<tr><td colspan="2">합의 목표</td><td>1. 폭력신고를 처음 하면 불안한 것이 이상하지 않음
2. 내가 뭘 잘못했나 하는 생각이 들 때마다 마땅히 할 것을 했다고 인정해 주기</td></tr>
<tr><td rowspan="3">유지 요인</td><td>내담자가 현재 속한 장</td><td>• 내담자는 전체적인 환경과의 관계성 속에서 잘 연결되고 있는가?
• 내담자는 환경과의 장 속에서 알아차림과 접촉을 잘하고 있는가?
• 가족과의 관계에서 어떠한 경험, 역할을 하고 있는가?</td></tr>
<tr><td>미해결과제</td><td>큰 소리가 나고 폭력을 사용하면 무서워서 말을 할 수 없다.</td></tr>
<tr><td>성격발달단계: 접촉경계 혼란행동</td><td>내담자는 성격변화 단계 중 부모의 기대에 맞추어, 특히 모의 꿈인 교사가 됨으로써 주어진 역할을 성실하게 받아들이고 이를 수행하는 연기층에 멈춰 있다. 결혼 후에도 부모와 주위의 기대, 규준, 틀에 맞추어 잘 살아오고 있다고 믿고 있었던 내담자는 좋은 엄마, 좋은 아빠에 대한 틀을 갖고 있다. 이러한 틀은 남편에 대한 기대로 이어졌고, 기대를 충족시키지 못하고 폭력을 가하는 남편의 모습에서 부의 폭력적인 모습이 떠올라 기대했던 자신의 욕구가 좌절되었다. 내담자 자신의 내면의 욕구와 감정을 알아차리지 못한 채 눈치를 보고 있다.</td></tr>
</table>

(5) 대상관계이론

요인	탐색방법
호소문제	• 정서조절 능력 미흡 • 현실적인 문제해결 능력은 양호할 수 있으나 극심한 스트레스 상황에서 자신의 정서를 조절하는 능력은 미흡: 정서조절 능력은 정서적으로 조율 받은 경험[안아 주기(holding)와 담아 주기(containing)를 받은 경험]을 통해 습득됨 • 복잡한 부정적 감정과 갈등적인 욕구를 견뎌 내는 심리적 힘이 약함(내적 위기 촉발) • 남편에 대한 강력한 의존욕구, 접촉 후 높은 수준의 불안에 압도, 정서조절 곤란 상태

호소문제 기초선		내면 안에 있는 자기와 대상의 분리에서 불안, 결핍
합의 목표		1. 폭력신고를 처음 하는 경우에는 불안한 것이 이상하지 않음 2. 내가 뭘 잘못했나 하는 생각이 들 때마다 마땅히 할 것을 했다고 인정해 주기
유지 요인	외적 요인에 대한 내담자의 지각과 반응, 대처 방식에 영향을 미치는 내적 역동	• 대상관계(자기표상, 대상표상): 대인관계 상황(부모, 현재 주변 사람들, 상담사와의 관계)에서 반복되는 패턴 • 자아기능 및 기능수준의 변통 및 변동을 촉발하는 외적, 내적 요인 방어기제[분열(splitting), 투사적 동일시(projective identification), 해리(dissociation), 억압(repression)] • 외적, 내적 자극에 대한 대처전략
	내담자 내적 역동에 영향을 미친 가족관계와 발달배경	완벽한 엄마, 완벽한 가정에 대한 소망과 미충족된 욕구 확인
	증상이나 역기능적 행동패턴의 기능적 측면	나쁜 엄마와 좋은 엄마의 통합－충분히 좋은 엄마(good enough mother)인 치료자와의 동맹관계에서 있는 그대로 수용(holding & containing)을 통한 신뢰, 정서적 유대감 경험

(6) 이야기 치료

요인		탐색방법
호소문제		내가 문제가 되어 버린 지배적인 이야기
호소문제 기초선		자신의 삶의 이야기를 잃어버리는 지점
합의 목표		1. 폭력신고를 처음 하면 불안한 것이 이상하지 않음 2. 내가 뭘 잘못했나 하는 생각이 들 때마다 마땅히 할 것을 했다고 인정해 주기
유지 요인	문제 이야기	문제 이야기 서술
	문제 해체	문제 이야기를 둘러싸고 있는 사회, 문화가 갖고 있는 지배적 담론은 무엇인가?
	독특한 결과 찾기	문제 이야기가 아닌 독특한 결과 이야기는 무엇인가?
	대안 이야기 찾기	이야기 속 나의 정체성은 무엇인가?

4) 3인조 실습

(1) 실습방법

- 각자가 진행하고 있는 상담사례들 중 하나를 선택하여 조원들과 함께 내담자 호소문제로 촉발요인, 유발요인, 유지요인을 찾아본다. 또한 어떤 상담이론으로 사례개념화를 할 수 있는지를 토의한다.
- 진행 중인 사례가 없는 경우 호소문제 기초선 탐색 연습 중 하나를 선택하여 진행한다.
- 상담사는 〈호소문제 기초선 탐색연습〉에서 선정한 호소문제에 대하여 촉발요인 질문으로 탐색한다. 내담자가 다른 이야기를 할 경우 촉발요인 질문을 계속하여 탐색한다.
- 상담사는 〈호소문제 기초선 탐색연습〉에서 선정한 호소문제에 적합한 이론적 접근별로 유발요인을 탐색한다. 내담자의 호소문제를 해결할 수 있는 근접한 이론적 접근은 무엇이라고 보는가? 그 근거는 무엇인가?
- 상담사는 〈호소문제 기초선 탐색연습〉에서 선정한 호소문제에 적합한 이론적 접근별로 유지요인을 탐색한다. 내담자의 호소문제를 해결할 수 있는 근접한 이론적 접근은 무엇이라고 보는가? 그 근거는 무엇인가?
- 이론적 접근별로 유발요인, 유지요인을 탐색할 때 어려운 부분을 3인조에서 토의해 보자.
- 조원들은 각 역할을 모두 경험해 볼 수 있도록 역할을 바꿔 가면서 3번 반복해서 실습한다.

(2) 실습 후 피드백

- 촉발요인, 유발요인, 유지요인을 탐색할 때 호소문제와 연결하는 과정은 어떠했는가?
- 다른 이론적 접근과 비교해 볼 때 무엇이 같고 무엇이 다른가?

(3) 성찰하기

- 상담사의 선호이론은 상담사의 철학이 주로 반영되어 있다고 한다. 상담사인 당신이 주로 사용하는 이론은 무엇이며 그 이론을 사용하는 이유는 무엇인가?

• 호소문제 원인 핵심체크 실습을 통해 배운 점과 변화되어야 할 지점, 상담장면에서의 적용 계획을 적어 보자.

배운 점	
변화가 필요한 지점	
적용 계획	

5. 내담자 욕구

1) 내담자 욕구 핵심체크

(1) 욕구 종류 핵심체크

종류	욕구 상태와 상담 개입 방향
생리적	음식, 양육, 주거, 소득, 고통으로부터 자유, 휴식과 에너지의 재충전
	생리적 욕구가 충족되지 않음으로 인해 내담자가 겪고 있는 고통이나 영향을 다룸
안전	자연 재해, 가정 폭력, 유아 학대와 같이 개인의 물리적 안전이 보장되지 못할 경우, 경제 위기나 실업 등으로 인해 개인의 경제적 안전이 보장되지 못할 경우 생김
	안전에 관한 내담자의 욕구를 직접 충족시켜 주지 못하지만 안전에 대한 위협으로 입은 심리적 손상을 다룸
애정과 소속	교우 관계, 가족 관계를 포함한 전반적인 사회적 관계를 맺지 못할 경우 생김
	손상된 애착욕구와 왕따 등의 심리적 손상을 다룸
친밀감	사랑과 성적인 욕구
	욕구를 인식하고 건강한 방식으로 충족할 수 있는 방식을 다룸
존중	타인에게 수용되고 가치 있는 존재가 되고자 할 때 생김
	열등감, 나약함, 무력감과 같은 심리적 불안정을 다룸

(2) 내담자 욕구 핵심체크

내담자의 상태	핵심체크
욕구를 모를 때	욕구 찾기
욕구는 알지만 숨길 때	표면 감정 뒤의 속 감정을 다루기
자신의 욕구보다 다른 사람의 욕구에 맞출 때	자신의 욕구 인정하기

2) 욕구 변별 연습

[연습 5-1] 다음에 제시된 내담자의 이야기를 읽고 적합한 생리적, 안전, 애정과 소속, 친밀감, 존중, 자유, 도전의 욕구 등을 찾아 적는다.

	내담자 이야기	욕구 찾기
1	내가 주인공이 돼서 자녀들을 이끌고, 보다 도움이 되는 엄마. 물질적으론 못 되더라도 정신적으로나 말로나 도움이 되는 존재가 되고 싶어요.	
2	내가 더 남한테 사랑받기만을 원했었는데 이제는 내가 배우자한테 사랑을 줄 수 있는 사람. 더 가까이 가서 "나 너 좋아해." "나 너 사랑해." 같은 말처럼 더 따뜻하고 덕이 되는 말을 많이 해 주는 그런 내가 되고 싶어요.	
3	상대랑 가까워지고는 싶은데 오히려 상대가 다가오면 좀 오히려 약간 뭐라고 해야 될까, 좀 부담스럽고 심리적으로 좀 많이 불편하고 그렇더라고요.	
4	"밥은 먹었냐?", 내가 힘든 이야기를 하면 "그렇구나." 하고 말해 주면 될 것 같아요.	
5	나도 이제 조금 사람으로서 존중받고 싶은데 대화를 할 때 엄마는 왜 자꾸 욕을 하고 소리 지르고 정말 왜 그러는 걸까 싶은 거예요.	
6	엄마한테 저는 항상 뒷전이었어요. (아~) 강아지들이랑 막 장난을 칠 때도 그렇고, 오빠랑 어떤 것을 할 때도 그렇고, 제가 느끼는 것은 항상 뒷전이었어요.	

3) 3인조 실습

(1) 실습방법

- 조원들은 함께 〈사례 2〉에서 나타난 내담자의 욕구를 찾아본다.
- 상담사, 내담자, 관찰자의 역할을 정하고 내담자의 욕구 상황이 포함되도록 자신의 사례 혹은 가상의 사례를 설정한 후, 다음 지시에 따라 한 회기 상담을 진행한다.
- 한 회기는 50분으로 진행하되 불가능할 경우 최소한 30분 이상 진행한다.
- 조원들은 각 역할을 모두 경험해 볼 수 있도록 역할을 바꿔 가면서 3번 반복해서 실습한다.

(2) 실습 후 피드백

- 욕구 찾기 실습을 할 때 무엇이 어려웠는가? 실습을 통해 상담사는 각자가 찾은 내담자의 욕구에 대한 근거를 이야기 나누고 욕구와 관련해서 서로 토의한다.
- 관찰자는 상담사가 이야기한 내담자의 욕구가 적절한지, 그에 대한 근거가 합당하다고 생각하는지 피드백하면서 토의에 참여한다.

내담자 진술번호	욕구 근거자료

(3) 성찰하기

- 상담사로서 자신은 어떤 욕구를 가지고 있는가?

- 욕구 찾기 실습을 통해 배운 점과 변화되어야 할 지점, 상담장면에서의 적용 계획을 적어 보자.

배운 점	
변화가 필요한 지점	
적용 계획	

6. 합의된 목표 설정하기

1) 합의된 상담목표 설정하기 핵심체크

기준	설정 기준	구체적 예시
일반적	호소하는 증상이나 갈등이 감소하고 바람직한 대안 행동이 형성되거나 증가	상담을 받는 동안 자신에 대해 긍정적인 사고와 행동을 세 배로 하기(100% 증가)
	부정적 정서를 감소	남편이 앙갚음하려는 불안이 올라올 때 '호흡'으로 내보내기
	자신의 경험을 인정하기	눈물이 날 때, 우는 것은 이상한 것이 아니라고 자신에게 다독여 주기
	다른 관점 해석 수용하기	톡 답장이 안 오면 다른 바쁜 일이 있을 수 있다고 생각하기
	긍정적 경험이 증가	발표할 때 평가 불안이 올라오면 불안할 수 있음을 인정하기
	왜곡된 경험을 알아차리기	톡을 보면 바로 답장해야 한다는 것은 내 생각일 수 있으며, 상대는 모르거나 바쁠 수 있음을 인식하기
구체적	목표 행동(Behavior) 설정	회피행동 줄이기, 밥 먹는 횟수 늘리기
	목표 행동을 수행하는 상황적 조건(Condition)	1) 학교에서 왕따 가해자를 만날 때 2) ~와 이야기할 때 3) ~왕따 이야기를 할 때
	수락 기준(Level): 기간, 수량, 빈도	하루에 10분 이상 산책하기 하루에 책 한 페이지씩 읽기 두 번 이상 소리 내어 보기 열 번 중 다섯 번 이하로 줄이기

2) 합의된 상담목표 연습

[연습 6-1] 합의된 상담목표

다음 표의 빈칸에 합의된 상담목표 내용을 적은 후 누락요소를 B(Behavior), C(Condition), L(Level)로 체크한다.

합의된 상담목표 실습	합의된 상담목표 해당요소 확인	누락요소
불안 감소		
남편을 쳐다보지 않기		
남편과 집에서 말싸움 줄이기		
자책하는 것 줄이기		
배우자가 폭력을 할 때 폭력은 안 돼라고 말하기 혹은 신고하기		
일주일 동안 자신에게 '수고해요, 고마워요'라는 말 하루에 두 번씩 하기		

[연습 6-2] 호소문제에서 합의된 상담목표 찾기

호소문제	탐색된 호소문제	합의된 목표
자존감이 낮아요.	1. 사람들 앞에 서면 위축되고 눈치를 보거든요.	
	2. 내 의견을 이야기하지 못하고 맞춰 줘요. 집에 오면 자책하는 제가 싫어요.	
	3. 사람들이 나를 이상하게 볼 것 같고 내가 잘하는 것이 없어서 시도하지 못해요.	
화목한 가정을 만들고 싶어요.	1.상처 주는 말이 싫어서 귀를 막아요.	
	2. 싸움이 날 것 같으면 폭식하고 회피해요.	
	3. 스스로 가치 없는 사람이라고 생각이 들면 우울해져서 사는 의미가 없어요.	

아버지와 소통을 하고 싶어요.	1.아버지를 보면 화가 나는데 말을 못 해요.	
	2. 아버지가 이기적이라고 말하고 싶은데 무서워요.	
	3. 내가 진짜 하고 싶은 이야기를 하면 아버지가 더 힘들다고 하니 차라리 입을 닫아요.	
완벽주의에서 벗어나고 싶어요.	1. 저 스스로가 저를 갉아먹어요.	
	2. 완벽하지 않으면 사람들이 저를 받아 주질 않을 것 같거든요.	
	3. 제가 하는 것이 마음에 들지 않아서 계속 자책을 해요.	
친구를 사귀고 싶어요.	1.친구한테 어떻게 다가가야 할지 모르겠어요.	
	2. 내가 다가가면 친구들이 싫다고 할까 봐 다가가지를 못하는 것 같아요.	
	3. 사람들이 나를 이상하게 볼까 봐 다가가지 못해요.	

3) 3인조 실습

(1) 실습방법

- 상담사, 내담자, 관찰자의 역할을 정하고, 합의된 목표를 설정하기 위한 상담을 실습한다.
- 상담사는 호소문제 목록 중 한 가지를 선택해서 자신의 사례 혹은 가상의 사례를 설정한 후, 다음 지시에 따라 한 회기 상담을 실제로 진행한다. 한 회기는 50분으로 진행하되 불가능할 경우 최소한 30분 이상 진행한다.
- 조원들은 각 역할을 모두 경험해 볼 수 있도록 역할을 바꿔 가면서 3번 반복해서 실습한다.

(2) 실습 후 피드백

- 합의된 목표를 설정할 때 무엇이 어려웠는가?
- 각자 위에 적은 것을 비교해 보고 서로 토의한다.

(3) 성찰하기

- 일상생활에서 상대방과 합의해서 일을 진행하는가? 아니면 상대방이 원하는 것을 확인하고 합의해서 해 주는가?

• 합의된 목표설정을 통해 배운 점과 변화되어야 할 지점, 상담장면에서의 적용 계획을 적어 보자.

배운 점	
변화가 필요한 지점	
적용 계획	

7. 임상목표와 회기목표

1) 임상목표 핵심체크

(1) 이론별 임상목표 핵심체크하기

<table>
<tr><th colspan="2">요인</th><th>예시</th></tr>
<tr><td colspan="2">호소문제</td><td>남편이 해코지할까 봐 불안하고 내가 뭔가를 잘못한 것 같은 자책이 든다.</td></tr>
<tr><td colspan="2">호소문제 기초선</td><td>말해야 하는 상황에서 눈치를 봄, 가슴이 두근거림</td></tr>
<tr><td colspan="2">합의 목표</td><td>1. 폭력신고를 처음 하는 경우에는 불안한 것이 이상하지 않음
2. 내가 뭘 잘못했나 하는 생각이 들 때마다 마땅히 할 것을 했다고 인정해 주기</td></tr>
<tr><td rowspan="9">임상 목표</td><td rowspan="3">수용전념 치료</td><td>첫 폭력신고 때 불안함을 알아차리기</td></tr>
<tr><td>남편이 보복할까 봐 두려워하는 자기를 알아차리기</td></tr>
<tr><td>'안돼'라는 말을 표현하는 것을 방해하는 융합된 사고를 알아차리고 객관화하기</td></tr>
<tr><td rowspan="2">인지 행동</td><td>참아야 문제가 일어나지 않는다는 사고에서 대안적인 사고하기</td></tr>
<tr><td>비합리적 신념 인식하기</td></tr>
<tr><td rowspan="2">인간중심</td><td>참고 있어야 사람들이 나를 인정해 준다는 가치조건화 알아차리기</td></tr>
<tr><td>참을 수 없는 상황에서 자신의 경험을 개방해서 표현하기</td></tr>
<tr><td rowspan="2">게슈탈트</td><td>우울과 불안한 감정을 알아차리고 접촉을 통해 적절하게 표현하기</td></tr>
<tr><td>애정욕구(인정욕구)에 대해 알아차리고 접촉하기</td></tr>
</table>

대상관계	긍정적인 자기 표상과 자기 가치감 발달시키기
	공감, 지지, 안전한 관계 경험을 통해 있는 그대로의 자기 수용하기
	자기통합에 따른 자기 응집성을 증진하기
	남편과의 대상관계 긍정적으로 변형시키기
이야기 치료	우울하지 않았던 예외적인 경험 발견해서 자신이 괜찮다는 정체감 조망하기
	바이올린을 좋아해서 연습하는 행동조망하기

(2) 회기목표 핵심체크

회기	대상관계	인지행동치료	인간중심	게슈탈트	이야기치료
1	상담구조화, 상담에 오게 된 계기				
2	호소문제 탐색 및 목표합의				
3	부모의 대상표상 탐색 및 타당성 평가	자동적 사고 탐색	현실적인 자기와 이상적인 자기의 괴리감 인식하기	미해결과제 탐색	안전한 치료적 환경 형성하기
4	최근의 불안촉발 사건 탐색	자동적 사고일지를 통한 비합리적 신념 탐색	이상적 자기의 조건화된 가치 배경 탐색	알아차림: 지금-여기	자연스런 애도과정에서 말하도록 허용하기
5	남편과의 관계 탐색	생활사 탐색	참고 있음으로 불안해하는 현실적 자기타당화하기	가계도를 통한 배경 알아차림	남자친구의 감정 정화하기
6	세대 간 대상관계 패턴 탐색	인지적 왜곡에 대한 자각하기	신체화 증상에 대한 알아차림	알아차림: 부모에 대한 감정	분노 표현을 돕기
7	자기표상과 대상표상의 관련성과 호소문제 연결	자동적 사고 수정하기: 대처카드	눈치 보지 않고 안전하게 경험 개방해 보기	빈의자 기법: 감정표현실험	구원자의 역할 알아차리기
8	자기표상과 대상표상 연결 인식	자동적 사고 다루기: 소크라테스 질문	있는 그대로의 자기 모습을 수용하고 신뢰할 수 있도록 하기	두의자 기법: 자신과의 대화	다른 사람을 보살피도록 강요받고 있다고 느끼는 이유 확인하기
9	자기표상의 변화과정 연결	자기대화를 통해 바꾸어 말하기	자신의 내면적 욕구와 경험에 귀를 기울이며 감정경험에 개방적인 태도 가지기	내사와 분리작업	자신의 욕구를 포기하지 않고 표현하기
10	상담종결과 상담효과 평가				

[연습 7-1] 임상목표와 회기목표 실습하기

〈사례 2〉에서 다른 이론적 접근으로 내담자를 이해할 때 설정할 수 있는 임상목표와 회기목표를 작성한 후 토의한다.

• 인지행동치료를 적용하여 상담을 진행하기 위한 임상목표

• 수용전념치료를 적용하여 상담을 진행하기 위한 임상목표

• 인간중심이론을 적용하여 상담을 진행하기 위한 임상목표

• 게슈탈트이론을 적용하여 상담을 진행하기 위한 임상목표

• 대상관계이론을 적용하여 상담을 진행하기 위한 임상목표

• 이야기치료를 적용하여 상담을 진행하기 위한 임상목표

2) 3인조 실습

(1) 실습방법

- 조원들은 [연습 7-1] 임상목표와 회기목표를 실습하기에서 기록한 것을 서로 비교해 보고 왜 다른지 토의하고 다시 수정해 본다.

임상목표
관찰자와의 차이:
내담자와의 차이:
회기목표
관찰자와의 차이:
내담자와의 차이:
차이가 난 이유

- 상담사, 내담자, 관찰자의 역할을 정하고, 임상목표와 회기목표를 정하기 위한 한 회기 상담을 진행한다.

(2) 실습 후 피드백

- 임상목표를 접할 때 무엇이 어려웠는가? 각자 적은 것을 토대로 서로 토의한다.
- 회기목표를 접할 때 무엇이 어려웠는가? 각자 적은 것을 토대로 서로 토의한다.
- 임상목표를 회기목표와 연결하는 것에서 어려웠던 점은 무엇인가? 각자 적은 것을 토대로 서로 토의한다.

(3) 성찰하기

- 임상목표와 회기목표를 통해 배운 점과 변화되어야 할 지점, 상담장면에서의 적용 계획을 적어 보자.

배운 점	
변화가 필요한 지점	
적용 계획	

3) 상담전략 핵심체크

(1) 이론별 핵심체크

회기	수용전념치료	인지행동치료	인간중심	게슈탈트	대상관계
1	탐색과 요약 공감				
2	심리검사실시, 신뢰관계 형성을 위한 상담사로서 일치성 제공하기				
3	심리검사해석, 안전하게 경험 개방하도록 촉진하기				
4	치료적 관계활용	자동적 사고 기록, 스트레스 감소와 이완	경험한 것을 있는 그대로 표현하도록 공감하기	부정적인 감정과 욕구를 표현하도록 하기	결핍경험의 공감
5	마음챙김	심리교육과 기술훈련	조건화된 가치를 알아차리도록 가계도 활용하기	감정 알아차리기	의존욕구의 타당화
6	인지적 탈융합	소크라테스식 대화 기법, 증거 조사,	욕구를 알아차리도록 개방적인 태도로 공감하기	분노감정 알아차리기	결핍경험과 파트너(친구) 선택 연관성 탐색
7	가치의 목록화	사고 중지, 행동 활성화, 노출, 자기표현, 문제해결 등, 행동시연	현실적인 자기와 이상적인 자기의 괴리감 알아차리도록 공감하기	항상 친절해야하는 내사에 도전하기	자기표상의 통합을 촉진하는 해석
8	자신의 묘비문구 상상하기	대처카드	눈치 보지 않고 있는 그대로 표현하도록 촉진하기	어린 시절 기억 회상	해석
9	가치 선택하기	감정파티	있는 그대로의 자신을 수용하도록 인정하기	희생자 역할을 맡아야 하는 신념에 도전하기	공감적 해석
10	지지 요약, 탐색질문, 상담효과 검증하기				

[연습 7-2] 상담전략 실습하기

〈사례 2〉에서 3인조가 각각 다음 이론을 적용하여 상담을 진행할 때 어떤 상담전략을 적용할지 상담전략을 구체적으로 작성해 본다.

• 인지행동치료

• 수용전념치료

• 인간중심

• 게슈탈트

• 대상관계

• 이야기치료

4) 3인조 실습

(1) 실습방법

- 상담사, 내담자, 관찰자의 역할을 정하고 상담전략을 〈사례 2〉 혹은 자신의 사례에 적용하여 한 회기 상담을 진행한다.
- 조원들은 [연습 7-2]에 작성한 상담전략을 서로 비교해 보고 왜 다른지 토의하고 수정해 본다.

임상목표
관찰자와의 차이:
내담자와의 차이:

상담전략
관찰자와의 차이:
내담자와의 차이:

차이가 난 이유

(2) 실습 후 피드백

- 상담전략을 작성할 때 무엇이 어려웠는가? 각자 적은 것을 토대로 서로 토의한다.
- 상담전략을 임상목표 또는 회기목표와 연결할 때 무엇이 어려웠는가? 각자 적은 것을 토대로 서로 토의한다.

(3) 성찰하기

• 상담전략을 통해 배운 점과 변화되어야 할 지점, 상담장면에서의 적용 계획을 적어 보자.

배운 점	
변화가 필요한 지점	
적용 계획	

제7장

상담중기

1. 상담중기

1) 내담자 변화 발달단계 핵심체크

다음은 내담자 변화 발달단계에 나타난 특징과 내담자에게 건넬 수 있는 질문들이다.

변화 발달단계	특징	핵심질문
전숙고 단계	변화의 필요성을 인식하지 못함, 변화를 원하지 않음, 문제를 다른 누군가의 탓으로 돌림	"상담이 필요 없다고 하시면서도 이미 상담실에 오셨습니다. 민들레님은 변화의 단계 중 어디에 있습니까?"
숙고 단계	변화의 필요성을 인식, 무엇인가 하는 것은 결정 못 함, 변화할지 말지를 고민	"어떻게 그 단계에 계속 있다고 보시나요?" "자신이 머물러 있다고 생각하는 단계는 어디인가요?"
준비 단계	변화의 필요성을 인식, 한 달 후 행동할 것을 결정, 과거 실패 경험을 상기하면서 미룸	"다음 단계로 넘어가기 위해서 무엇이 필요하다고 생각하십니까?"
행동 단계	문제가 성공하지 않았지만 행동 준비됨	"이전에 다음 단계에 머물렀던 기간이 있었다면 어떻게 가능했을까요?"
유지 단계	초점을 공고, 문제가 재발하지 않도록 행동계획을 세움	"어떻게 그것이 유지될 수 있었나요?"

2) 내담자 변화 발달단계별 반응하기 연습

[연습 1-1] 다음에 내담자 발달단계별로 나타나는 특징과 핵심질문을 적어 보자.

변화발달단계	특징	핵심질문
전숙고단계		
숙고단계		
준비단계		
행동단계		
유지단계		

[연습 1-2] 숙고단계 내담자

〈사례 4. 저만 상담을 받아 억울해요. 60대 아버지〉

자녀에게 폭력을 행사한 이유로 경찰서에서 의뢰된 내담자의 이야기를 읽고 상담사의 반응을 적어 본다.

내1: 왜 제가 상담을 받아야 되나요? 그리고 몇 시간 상담받는다고 뭐가 달라지나요?

상1: ______________________________

내2: 이제 저는 애를 포기했어요.

상2: ______________________________

내3: 기가 막히죠.

상3: ______________________________

내4: 그렇죠. 부모인데……. 그런데 잘 안 되니까 답답하죠.

상4: ______________________________

내5: 그것이 될까요?

상5: ______________________________

내6: 그렇긴 그렇죠.

[연습 1-3] 준비단계 내담자

내1: 아이를 때리고 나서 마음이 편치는 않았어요.

상1: ______________________________

내2: 때리면서도 이것은 아닌데 생각을 하죠. 그렇게 지금까지 온 것 같아요.

상2: ______________________________

내3: 뾰족한 방법이 없으니까…… 자식이니까 잘되라고.

상3: ______________________________

내4: 지금은 서로 말을 안 하고 있어요. 저도 직장 갔다 오면 밥 먹고 방에 들어가고. 애들도 내가 없을 때 밥 먹고 방에 있고, 각자…….

상4: ______________________________

내5: 모르겠어요. 어떻게 해야 할지.

상5: ______________________________

내6: 글쎄요, 변화가 될까요?

상6: ______________________________

내7: 자녀가 먼저 잘못했다고 용서를 빌어야 하지 않나요?

상7: ______________________________

[연습 1-4] 행동단계 내담자

내8: 내가 먼저 이야기했는데 아이가 안 받아들이면요?

상8: ______________________________

내9: 그 방법이 가능할까요?

상9: ______________________________

[연습 1-5] 유지단계 내담자

내9: (지난 일주일 어떻게 지내셨을까요?) 특별한 변화가 없이 그냥 별일 없었습니다.

상10: ____________________

내10: 그냥 별일이 없었죠.

상11: ____________________

내11: 요즘에는 소리가 안 나오더라고요, 아들이 이해가 되기도 하고.

상12: ____________________

내12: 그러니까 왜 내가 과거에 애를 때렸는지, 지금은 아들이 와서 이야기도 해요.

상13: ____________________

[연습 1-6] 저항을 수용하고 탐색하기

내담자의 이야기를 읽고 상담사의 반응을 적어 본다.

내1: (초등학교 6학년 남자 내담자가 상담실에 들어오면서 서류 파일을 보고 책상 위를 치면서 이 나쁜 놈이라고 크게 소리 지른다)

상1: ____________________

내2: (비아냥거리듯이) 글쎄요, 잘 모르지요.

상2: ____________________

내3: (다른 곳을 보면서) 저도 몰라요.

상3: ____________________

[연습 1-7] 파고드는 질문 삼가기

내1: 결국은 조종당하는 거죠.

상1: ____________________

내2: 엄마가 오게 했으니까, 전부 다 엄마의 책임이라고 생각해요.

상2: ____________________

내3: 네, 결국은 그런 거고, 그런 거죠.

상3: ____________________

내4: 네, 그냥 끌려온 거예요.

상4: ____________________

내5: 생각들이 놀라웠다고요?

상5: ____________________

내6: 그러면 결국 다닐 필요도 없겠네요.

상6: ______________________________

내7: 자, 그럼 이야기를 더 해 볼까요?

상7: ______________________________

내8: 자, 그럼 풀면 되겠네요?

상8: ______________________________

내9: 어떻게 꼬여 있는지 구조를 한번 보여 드리죠.

[연습 1-8] 대화의 출발점으로 삼기

내담자가 저항한다고 느껴질 때 처음 시작에서 가능한 질문을 3개 이상 적어 본다.

____

____

____

____

____

[연습 1-9] 대화 내용을 초월하는 질문으로 무장 해제하기

내1: 선생님 왜 그렇게 입이 튀어나왔어요? 눈도 째졌어요.

상1: ______________________________

내2: 제가 지금까지 본 사람들 중 최고예요.

상2: ______________________________

내3: 선생님 진짜 이상해요.

상3: ______________________________

내4: 아니거든요. 착각은 자유.

상4: ______________________________

내5: 아이, 상담 안 할 건데.

상5: ______________________________

[연습 1-10] 연결하여 직면하기

내1: 〈내담자가 최근 연속으로 상담을 잊거나 취소한 후〉 뭐 여러 가지 일이 바쁘고…….

상1: ____________________

내2: (주저주저하며) 실은, 최근 선생님이 제 상담 시간 앞뒤로 다른 분들을 만나기 시작하셨는데, 이상하게 선생님의 관심을 다른 데 뺏기는 것 같은 마음이 들어서 오기 싫었어요.

상2: ____________________

내3: (한참 생각 후에) 아…… 그럴 수 있어요. 제가 상담 선생님한테서 유일하게 관심을 받는 사람이라고 느꼈으니까요. 아마 다른 약속을 잡아서 빠지거나 하진 않았을 거예요. 제 신념은 저도 모르게 발동되는 걸 알았어요.

3) 침묵다루기

(1) 침묵상황 핵심체크

다음은 침묵상황일 때 내담자에게 시작할 수 있는 질문들이다.

침묵상황	핵심질문
두려움	"상담 초기에 자신의 이야기를 어느 정도까지 해야 할까 망설여지게 되지요. 상담 시간에 모든 것을 이야기하지 않으셔도 됩니다." "민들레님이 준비된 만큼 개방하시면 됩니다. 어렸을 적, 부모님에 관한 이야기를 모두 이야기해야 하는 것은 아닙니다."
평가 두려움	"내가 한 이야기로 상대방이 나를 어떻게 평가할까 조심스럽게 되지요. 이 시간은 민들레님의 시간이니 민들레님이 가진 두려운 마음도 이야기해도 됩니다."
어떤 말을 해야 할지 모를 때	기다려 준다. "잠시 침묵하셨는데, 그때 내면에서 어떤 경험을 하고 있었는지 이야기해 주실 수 있나요?" "심각한 이야기를 꺼내는 것이 어렵지요."
감정에 압도될 때	"제가 기다리겠습니다. 충분히 우셔도 됩니다. 우시고 나서 감정을 추스르는 시간이 필요합니다. 말씀 안 하셔도 됩니다."
상담사의 반응을 기다릴 때	"저의 답을 기다리고 있으신 것 같네요. 민들레님에게 제가 답을 준다는 것은 어떤 의미일까요?"
상담에 대한 저항	"상담에 오는 것을 원치 않았는데 상담하러 오게 된 것이 못마땅하군요."

침묵 이어 갈 대화	• 충분히 기다린 다음 "으음."이나 "네."라고 말하고 기다리기 • 내담자가 말했던 마지막 몇 단어를 강조하여 반복하기 • 그래도 침묵하면 내담자가 마지막으로 말한 문장 전체를 강조하여 반복하기 • 그럼에도 말을 안 하면 내담자가 이야기한 마지막 부분의 전체 내용을 요약하기 • 다른 것이 있는지 알아보기 위해서 "그런데?" "그래서?"와 같이 질문식으로 말한다. • "이야기하기가 어려운가 보군요." • 그렇게 해도 응답이 없을 때는 "왜 침묵을 하고 있는지 궁금하군요." • "침묵하는 무슨 이유라도 있나요?" • "아마도 무슨 말을 할지 모르겠나 보군요?" • "무슨 말을 할지 생각하고 있는 건가요?" • "혹시 당혹감을 느끼시는 건지?" • "아마도 마음속에 있는 말을 꺼내기가 두려운가 보군요." • "혹시 상담사가 어찌 받아들일지가 마음에 걸리는 건지도 모르겠고." • "혹시 저(상담사)에 대해서 생각하고 계신 건가요?"

[연습 1-11] 침묵 종류별 질문

상황별로 건넬 수 있는 핵심질문을 1개 이상 적어 본다.

침묵상황	핵심질문
두려움	
평가 두려움	
어떤 말을 해야 할지 모를 때	
감정에 압도될 때	
상담사의 반응을 기다릴 때	

상담에 대한 저항	
침묵 이어 갈 대화	

4) 상담성과 핵심체크 연습

[연습 1-12] 상담목표 점검하기

다음 질문지를 읽어 보고 상담 초기에 설정했던 상담목표에 대해서 예라고 생각되면 Y, 아니면 N, 상관없으면 IR에 체크한다. N, IR에 체크된 항목을 읽어 보고 상담목표에 대해서 다시 수정할 부분이 있는지 확인해 보자. 평가를 보고 상담목표에 대해서 무엇을 수정해야 하는가?

상담기술: 목표설정 체크리스트				
	질문	응답		
1	상담사는 자신의 행동을 어떻게 변화시키고 싶은지 말해 보라고 했다.	Y	N	IR
2	상담사와 내담자는 상담목표에 관해 동의했다.	Y	N	IR
3	상담사는 구체적이며 관찰 가능한 방식으로 목표를 설정하도록 요구했다.	Y	N	IR
4	상담사는 목표를 달성하기 위해 전념할 것을 말로 진술하게끔 요구했다.	Y	N	IR
5	내담자가 변화에 저항적이거나 무관심할 경우 상담사는 그 부분을 내담자와 논의했다.	Y	N	IR
6	상담사는 목표로 나아가기 위해 취할 수 있는 단계를 최소한 하나라도 구체화해 볼 것을 요청했다.	Y	N	IR
7	상담사는 생각해 볼 수 있는 몇 가지 대안을 내담자에게 제시했다.	Y	N	IR
8	상담사는 내담자가 목표 달성을 위해 필요한 행동계획을 세울 수 있게 했다.	Y	N	IR
9	상담사와 내담자가 설정한 행동계획들은 구체적이면서 현실적이었다.	Y	N	IR
10	상담사는 회기에서 내담자가 행동계획들을 미리 해 보고 연습할 기회를 제공했다.	Y	N	IR
11	상담사는 행동계획의 실행과 관련하여 피드백을 제공했다.	Y	N	IR
12	상담사는 내담자가 상담장면 밖에서 수행한 행동계획의 진전도나 결과를 관찰하고 평가하게끔 격려했다.	Y	N	IR

출처: Hackney & Bernard (2017/ 2019), p. 340 인용한 것을 수정함.

[연습 1-13] 상담개입 방법 점검하기

다음 질문지를 읽어 보고 상담 초기에 설정했던 상담개입 방법에 대한 선택과 적용에 대해서 예라고 생각되면 Y, 아니면 N, 상관없으면 IR에 체크한다. N, IR에 체크된 항목을 읽어 보고 상담목표에 대해서 다시 수정할 부분이 있는지 확인해 보자. 평가를 보고 상담개입에 대해서 무엇을 수정해야 하는가?

상담기술: 개입방법 선택과 적용 체크리스트				
	질문	응답		
1	상담사는 내담자가 선정한 목표에 기초하여 가능한 몇 가지의 개입방법을 제안했다.	Y	N	IR
2	상담사는 각 개입방법의 하위요소, 시간, 장점, 약점 등에 관한 정보를 제공했다.	Y	N	IR
3	상담사는 상담에서 사용될 개입에 관해 선택할 기회를 내담자에게 제공했다.	Y	N	IR
4	상담사는 한 가지 이상의 개입방법이 선택되었을 때 그 방법들이 적용될 순서에 대해서 설명했다.	Y	N	IR
5	상담사는 각 개입방법들이 기초하고 있는 원리를 알려 주었다.	Y	N	IR
6	상담사는 선택된 개입을 사용하는 방법에 대해 상세한 지침을 제공했다.	Y	N	IR
7	상담사는 선택된 개입들이 적용되는 방식에 대해 내담자가 이해했는지 확인했다.	Y	N	IR
8	개입방법이 덜 분명할 경우, 상담사는 가능한 한 신속하게 그 개입에 대해 설명하고 알려 주었다.	Y	N	IR

출처: Hackney & Bernard (2017/ 2019), p. 341 인용한 것을 수정함.

5) 3인조 실습

(1) 실습방법

- 3인조 실습은 위에서 연습한 상담사의 반응들을 조원들과 함께 실제 상담에 적용해 보는 시간이다.
- 상담사, 내담자, 관찰자의 역할을 정하고 위에 제시된 8가지 상황 중 하나를 선택하여 그 상황이 포함되도록 자신의 사례 혹은 가상의 사례를 설정한 후, 다음 지시에 따라 한 회기 상담을 실제로 진행한다. 한 회기는 50분으로 진행하되 불가능할 경우 최소한 30분 이상 진행한다.
- 내담자는 [연습 1-2]부터 [연습 1-9]까지 제시된 상황 중 한 가지를 선택하여 내담자의 이야기를 그대로 읽으며 재현한다.
- 상담사는 내담자의 이야기를 듣고 위에서 연습한 내담자의 정서위치 파악에 집중해

서 적절한 상담사 반응을 해 본다.

- 관찰자는 상담사의 반응이 적절했는지를 다음 표에 ∨체크하고 반응의 특이점을 기록한다. (1: 매우 부적절함, 3: 약간 부적절함, 5: 보통, 7: 적절함, 10: 매우 적절함)
- 조원들은 각 역할을 모두 경험해 볼 수 있도록 역할을 바꿔 가면서 3번 반복해서 실습한다.

상황	1	3	5	7	10	내담자의 비언어적 특징
1-2						
1-3						
1-4						
1-5						
1-6						
1-7						
1-8						
1-9						

(2) 실습 후 피드백

- 상담사는 상황별 직면과 침묵다루기 반응에서 어려운 점에 대해 나눈다.
- 내담자는 상담사의 직면과 침묵다루기 반응에서 느낀 점과 함께 유용했던 점에 대해 피드백한다.
- 관찰자는 효과적인 직면과 침묵다루기 반응에 대해 피드백하고 상황별 가장 유용한 직면과 침묵다루기 반응에 대해 토의하고 다음 표에 기록해 본다.
- 3인조 실습 후 다른 조원들로부터 받은 피드백을 요약하여 기록해 본다.

상황	유용한 직면과 침묵다루기 반응
1-2	
1-3	
1-4	
1-5	
1-6	
1-7	
1-8	
1-9	

상담사로서 피드백받은 내용

관찰자로부터:

내담자로부터:

내담자로서 상담사의 반응을 듣고 느낀 점

(3) 성찰하기

- 평소 상대방의 이야기를 들을 때 침묵을 사용하는가? 이때 어떤 생각을 하는가?

- 평소 상대방에게 내가 이야기를 할 때 상대가 침묵을 하면 어떤 마음이 드는가? 이때 어떻게 하는가?

- 이번 실습을 통해서 새롭게 알게 되었거나 이미 알고 있었던 것과 다르게 느낀 부분이 있는가?

제8장

상담종결

1. 종결 핵심체크

1) 종결을 알리는 단서

다음은 종결을 알리는 단서이다. 이 종결단서를 3인조 실습팀에서 상담사, 내담자, 관찰자와 함께 연습해 보자.

종류	반응
내담자의 구체적 태도나 생각	"모든 사람들은 문제가 있고 나도 그렇다. 그리고 유독 나만 나쁜 것 같지는 않다." "나는 내 문제를 내가 약하다는 증거로 생각해 왔다. 그러나 이제는 그렇지 않다는 걸 알게 됐다. 나는 이제 문제에 주의를 기울이지 않고 지나칠 수 있다." "내가 갖고 있던 큰 문제 중의 하나는 내가 세상의 최고가 되어야 한다고 집착했던 것이다. 이제는 그것이 나에게 그다지 중요하지 않다." "죄책감 때문에 내 마음은 무너질 것 같았다. 내 기준이 다른 사람들보다 훨씬 높다는 것을 알게 되었다. 사실 나는 내가 나쁘다는 걸 증명하기 위해 의도적으로 어떤 일을 하곤 했다. 이젠 그럴 필요가 없고, 그렇게 살고 싶지도 않다." "나는 항상 앞날을 걱정하느라 현재를 즐길 수 없었다. 그런 나 자신이 바보 같다는 것을 알고 있었지만 어떻게 할 수가 없었다. 하지만 이제 나는 현재에 충실할 수 있다."
내담자의 정서반응	첫째, 변화된 자신에 대한 뿌듯함과 충만함이다. 둘째, 자신과 함께 힘든 상담과정을 견뎌 준 상담사에 대한 감사함이다. 셋째, 상담사의 도움 없이 자립할 수 있을까에 대한 두려움이다. 넷째, 증상이 재발되지 않을까 하는 불안감이다.

2) 상담종결 과정 핵심체크

종결	핵심질문
종결시간 안내	"지난주에 이야기한 것처럼 오늘은 상담종결입니다. 종결은 그동안 상담 성과에 대해서 평가하고 마무리하는 시간입니다. 괜찮으시겠어요?"
종결하는 현재 마음	민들레님과 벌써 10번째 상담이네요. 지금 마음이 어떠신가요?
호소문제부터 요약	폭력신고 후 남편이 해코지할까 봐 불안하다는 것과 집중이 어렵다는 문제를 가지고 오셨습니다. 폭력신고를 처음 해 본 것이라 불안한 감정은 자연스러운 감정이지만 그 불안이 결혼 전부터 있었고 그것이 결혼 후 폭력으로 촉발되었다고 상담 전체 그림을 그렸습니다. 기억하실까요?
성과 측정	"가장 도움이 되었던 것은 어떤 것인가요?" "상담 초기에 말한 호소문제가 얼마나 해결되었다고 보시나요?" "상담에 대해서 얼마나 만족하셨나요? 10점 만점을 보고기준으로, 만족도를 말씀해 주시면 됩니다."
성과 요인	"이러한 성과가 날 수 있었던 가장 큰 요인은 무엇일까요?" "내담자 입장에서 노력한 것과 상담사 입장에서 노력한 것은 무엇일까요?"
보완 요인	"상담에서 아쉬운 것은 무엇일까요?" "민들레님이 다시 상담을 받으신다면 무엇을 다르게 하고 싶으세요?"
감사 인사	"저를 민들레님의 귀한 삶의 이야기에 초대해 주셔서 감사했습니다. 그 삶의 이야기에 제가 같이 이야기를 듣고 나아가도록 해 주셔서 고마웠습니다."
사후 상담	"상담 이후 한 달 그리고 3달 이후에 변화가 유지되고 있는지 뵙는 사후상담이 진행됩니다. 괜찮으실까요?"

3) 상담효과 평가 핵심체크

(1) 상담목표 달성 평가 기준

내가 진행하고 있는 상담사례는 단기목표와 장기목표 어디에 해당하는가? 상담초기에 설정했던 상담목표가 달성되었는지 평가기준을 다음 핵심체크 사항에서 확인하자.

목표종류	평가기준
1차(단기)	• 처음에 호소했던 증상의 완화 • 스트레스를 인내하는 정도의 상승 • 스트레스에 대처하는 전략의 다양성
2차(장기)	• 자기개념에 변화 • 성격 구조에 변화 • 인지적 유연성의 증가 • 대인관계를 맺는 능력의 향상

(2) 상담효과 평가

[연습 1-1] 상담 종결과 평가 체크리스트

- 다음 질문지를 읽어 보고 상담초기에 설정했던 상담목표 및 개입방법에 대한 선택과 적용에 대해서 예라고 생각되면 Y, 아니면 N, 상관없으면 IR에 체크한다.
- N, IR에 체크된 항목을 읽어 보고 상담목표에 대해서 다시 수정할 부분이 있는지 확인한다.
- 체크된 문항을 보고 초기에 설정했던 상담목표와 중간평가와 함께 달성한 것은 어떤 영역인가?

  ____

- 체크된 문항을 보고 초기에 설정했던 상담목표와 중간평가와 함께 간과한 것은 어떤 영역인가?

  ____

- 간과한 이유를 적어 본다.

  ____

상담기술: 상담종결과 평가 체크리스트				
	질문	응답		
1	상담사와 내담자는 달성하고자 했던 목표의 달성도를 평가하거나 측정하는 일을 했다.	Y	N	IR
2	상담사와 내담자는 전체조력 과정을 통해 발생한 내담자의 진전도를 요약했다.	Y	N	IR
3	상담사는 종결이 적절하다는 표식이나 행위를 확인했다.	Y	N	IR

4	상담사와 내담자는 상담시간에 습득한 것들을 내담자의 생활에 적용하고 전이시키는 방법에 관해 논의했다.	Y	N	IR
5	상담사와 내담자는 종결 후에 내담자가 맞닥뜨리게 될 장애물이나 걸림돌을 확인하고 그러한 장애물을 다룰 수 있는 방법에 관해 논의했다.	Y	N	IR
6	상담사는 어떤 형태의 추수 관리 계획을 내담자와 논의했다.	Y	N	IR
7	상담사는 자신의 상담에 관한 내담자의 피드백을 요청하거나 다른 대안적인 평가 절차를 밟았다.	Y	N	IR

출처: Hackney & Bernard(2017/ 2019), p. 342. 인용한 것을 수정함.

2. 추수상담에서 다룰 핵심체크

다음은 추수상담 진행 시 상담사가 사용할 수 있는 핵심질문이다.

질문영역	핵심질문
경험했던 정서에 대한 재탐색	"마지막 상담에서 상담을 그만두면 혼자서 문제를 해결할 수 없을 것 같은 불안이 크다고 했었는데, 실제로는 어땠나요?"
증상 재발 여부에 대한 확인	"종결 후에 불안이 또 올라온 적이 있나요?"
대처 방법의 유지	"그때 어떻게 대처했나요? 상담과정에서 사용했던 전략이 잘 활용되던가요?"
상담 재개 가능성 열어 두기	"오늘이 추수상담 마지막인데, 지금처럼 지내시다가 혹시 또 문제가 발생하거나 새로운 다른 문제가 생기면 언제든지 다시 올 수 있습니다."

3. 3인조 실습

1) 실습방법

- 3인조 실습조는 종결과정과 추수상담 핵심체크 내용을 그대로 읽고 연습한다. 연습 후 보지 않고 세부 항목에 사용하는 질문을 할 수 있을 정도로 반복해서 연습한다.
- 상담사, 내담자, 관찰자의 역할을 정하고 이 책 1부, 2부에서 사용한 [사례 1]부터 [사례 3] 중 하나를 선택하거나 혹은 자신의 사례를 설정한 후, 종결회기 상담을 실제로 진행한다. 종결 회기는 50분으로 진행하되 불가능할 경우 최소한 30분 이상 진행한다.

• 관찰자는 상담사가 상담종결 1부터 8까지 물어보면서 상담을 진행했는지를 다음 표 진행에 ∨ 체크하고 누락된 내용을 기록한다.
• 조원들은 각 역할을 모두 경험해 볼 수 있도록 역할을 바꿔 가면서 3번 반복해서 실습한다.

종결	진행	누락내용
1. 종결시간 안내		
2. 종결하는 현재 마음		
3. 호소문제 요약		
4. 성과 측정		
5. 성과 요인		
6. 보완 요인		
7. 감사 인사		
8. 사후 상담		

2) 실습 후 피드백

• 상담사는 종결회기 상담을 진행하면서 어려운 점에 대해 나눈다.
• 내담자는 종결회기의 상담사 반응에서 느낀 점과 함께 유용했던 점에 대해 피드백한다.
• 관찰자는 종결회기에서 효과적인 반응에 대해 피드백하고 상황별 가장 유용한 반응에 대해 토의한다.
• 3인조 실습 후 다른 조원들로부터 받은 피드백을 요약하여 기록해 본다.

3) 성찰하기

• 종결단계 실습을 통해 배운 점과 내게 변화가 필요한 지점, 앞으로 상담현장에서 적용해 보고 싶은 계획을 적어 본다.

배운 점	
변화가 필요한 지점	
적용 계획	

제 3 부

상담사의 발달단계 및 역량

상담 내비게이션 워크북

제9장 상담사의 자기인식과 성장

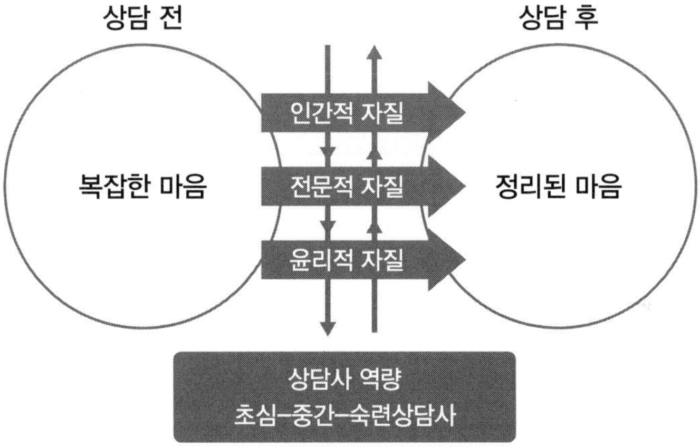
상담 전
상담 후
인간적 자질
복잡한 마음
전문적 자질
정리된 마음
윤리적 자질
상담사 역량
초심–중간–숙련상담사

제9장

상담사의 자기인식과 성장

1. 상담사의 자기 점검

1) 상담사 발달단계 체크

현재 자신이 상담사로서 어느 정도의 발달단계에 해당하는지를 아는 것은 상담사로 성장하면서 중요한 자기인식과정의 하나이다. 다음 척도를 통해 자신은 어느 단계에 해당하는지 확인해 보자.

(1) 상담사 발달단계 체크

상담사 발달단계

1: 상당히 일치하지 않는다. 2: 거의 일치하지 않는다. 3: 거의 일치한다. 4: 상당히 일치한다.

번호	내용	1	2	3	4
1	내담자 말의 내용을 정확히 반영한다.				
2	내담자 행동 변화를 위하여 특정한 계획을 세운다.				
3	내담자에게 평가적이거나 판단적이지 않은 태도를 유지한다.				
4	내담자의 대인관계 양상을 잘 이해한다.				
5	내담자의 감정을 잘 포착한다.				
6	내담자가 표현하는 말의 의도를 정확히 안다.				
7	내담자의 핵심문제를 잘 파악한다.				

8	내담자와 상담 관계가 잘 형성되어 있다.				
9	내담자의 내적 상황을 잘 감지한다.				
10	내담자에 대한 이해가 분명하다.				
11	내담자를 자신 있게 대한다.				
12	내담자의 말에서 중요한 주제를 잘 따라간다.				
13	내담자의 변화를 잘 알아차린다.				
14	내담자가 상담에서 원하는 것이 무엇인지를 잘 안다.				
15	내담자의 증상을 잘 파악한다.				
16	적절한 시기에 개입한다.				
17	내담자를 쉽게 포기하지 않는다.				
18	내담자에게서 나온 자료를 종합하여 내담자를 이해한다.				
19	상담사가 내담자에게 미치는 영향을 안다.				
20	상담사 말의 의도가 분명하게 표현된다.				
21	내담자에게 진실하고 솔직하다.				
22	내담자가 자기를 탐색할 수 있게 대화를 이끈다.				
23	내담자 증상이 어떻게 형성되고 유지되는지 안다.				
24	상담을 짜임새 있게 이끈다.				
25	대화의 맥락이 자연스럽다.				
26	바람직한 내담자의 행동을 강화해 준다.				
27	내담자를 보는 시각에 긍정적인 면이 있다.				
28	내담자가 얘기하는 것의 이면이 드러날 수 있도록 묻는다.				
29	공감표현을 잘한다.				
30	상담목표와 일치하는 기법과 그렇지 않은 기법을 분별해서 사용한다.				
31	내담자 문제를 다루는 데 우선순위를 정하여 접근한다.				
32	상담목적을 분명히 잡고 상담을 이끌어 간다.				
33	상담상황에서 내담자 감정에 대한 언급을 잘한다.				
34	내담자와 상담목표를 합의한다.				
35	내담자와 대화에서 드러난 것의 이면을 본다.				
36	내담자를 한 인간으로 존중한다.				
37	내담자의 이야기를 잘 들어 준다.				
38	내담자의 사회적 지지 체계를 본다.				
39	내담자의 문제에 가려진 내담자의 성장 가능성을 본다.				

40	문제해결의 대안이 적절하거나 다양하다.				
41	내담자에 대한 평가(assessment)가 폭넓다.				
42	내담자의 말 중에 모호한 부분이 구체적으로 드러나게 묻는다.				
43	상담상황에서 자신이 하고 있는 것을 잘 본다.				
44	내담자의 진술을 간결하고 명료하게 요약한다.				
45	중요한 치료기법들을 제대로 사용한다.				
46	변화된 내담자를 인지하게 한다.				
47	내담자가 상담사에게 주는 피드백을 자연스럽게 받아들인다.				
48	내담자의 순간순간의 마음을 잘 잡는다.				
49	내담자의 시점에서 상담하게 된 동기를 이해한다.				
50	내담자의 강점과 약점을 있는 그대로 본다.				

(2) 영역별 상담사 발달단계 지점

상담사의 발달단계는 크게 다음의 5가지 영역으로 나눌 수 있다. 앞에서 체크한 번호를 다음 영역에 맞게 기록하고 합산해서 자신의 영역별 점수를 기록한다.

① 점수 확인

영역	해당번호											점수
상담 대화기술	1	12	20	22	25	28	29	37	42	44		
사례이해	4	7	10	14	15	18	23	38	41	49	50	
알아차리기	5	6	9	13	19	33	35	43	48			
상담계획	2	16	24	26	30	31	32	34	40	45	46	
윤리적 태도	3	8	11	17	21	27	36	39	47			

(3) 상담사의 발달단계 확인하기

위 (2)에서 확인한 점수는 상담사 영역별 점수이다. 나의 영역별 발달단계는 어디에 해당하는지 다음에서 확인해 보자.

세부영역	초심상담사	중간상담사	숙련상담사
상담대화기술			
사례이해			
알아차리기			
상담계획			
윤리적 태도			

(4) 나의 상담사 발달단계 확인

위의 영역별 점수를 모두 합하면 몇 점인가? (________점)

상담사 발달단계	점수의 합
초심 상담사	척도지의 점수 합 평균이 126점 정도
중간 상담사	척도지의 점수 합 평균이 135점 정도
숙련 상담사	척도지의 점수 합 평균이 145점 정도

2) 3인조 실습

(1) 실습방법

- 조원들은 자신의 상담사 발달단계를 확인하고 어떤 마음이 드는지 이야기를 나누어 본다.
- 조원들과 자신의 상담사 5가지 영역별 발달단계에 대해서 자신이 생각한 것과 설문지에 체크한 결과가 일치했는지, 다르면 이유가 무엇인지 서로 나누어 본다.

(2) 실습 후 피드백

- 이번 상담사 발달단계 중 영역별 발달단계를 현재 지점으로 하고 이 책을 실습하고 난 후 어떤 지점으로 변화될 것인지에 대해서 구체적으로 적고 서로 나누어 본다.

(3) 성찰하기

- 이번 상담사 발달단계를 통해 배운 점과 내게 변화가 필요한 지점, 앞으로 상담현장에서 적용해 보고 싶은 계획을 적어 본다.

배운 점	
변화가 필요한 지점	
적용 계획	

2. 상담사의 목표 지점

1) 상담사의 장기목표 체크

상담사로서 내가 어떤 목표를 가지고 있는가에 관해 향후 5년 동안의 목표를 가능한 한 구제적으로 적어 본다.

위에서 확인한 5가지 상담사 발달단계가 어떤 상태가 되면 달성되는지를 측정 가능하도록 구체적으로 적는다. 구체적인 측정치는 1부 상담기술과 2부 상담진행과정에 나온 것으로 기술한다. (1: 매우 적절함, 3: 약간 부적절함, 5: 보통, 7: 적절함, 10: 매우 적절함)

세부 영역	확인 점	현재	1년 후	2년 후	3년 후	4년 후	5년 후
상담 대화 기술	듣기						
	표현하기						
	전달하기						
	비언어 이해하기						
알아차리기	알아차리기: 행동						
	알아차리기: 신체감각						
	알아차리기: 표면감정과 속 감정						
	알아차리기: 욕구와 나자신						

사례 이해	호소문제 탐색						
	심리검사로 내담자 어려움 파악						
	위기평가						
	내담자 문제 진단						
	진단의 이론적 근거 설명						
상담 계획	합의목표 수립						
	임상목표 수립						
	회기목표 수립						
	상담개입전략 수립						
윤리적 태도	전문지식						
	수퍼비전 받음						
	전문적 태도						
	자격 취득						

2) 상담사 자질

(1) 인간적 자질 체크

다음 8개의 항목은 상담사의 기본적 자질부터 애매함에 대한 인내까지 인간적 자질에 해당된다. 세부사항별로 자신이 어느 정도에 해당되는지 정도를 점수로 적어 보자.

(1: 매우 관심 없음, 3: 관심 없음, 5: 보통, 7: 조금 관심 있음, 10: 매우 관심 있음)

인간적 자질	세부사항	정도(1~10)
기본적 자질	인간에 대한 애정과 고통에 대한 깊은 관심	
	자기통제능력	
	신뢰 있고 친밀한 인간관계 형성능력	
	언어적 표현능력	
	대인관계 예민성	
	보통, 상 수준 이상의 지능	
	다양한 문화적 배경과 지식	
	도덕성과 윤리의식	

동기	자기 치유 동기	
	관음증적 동기	
	마술적 동기	
	지배자의 동기	
	구원자의 동기	
상담사 욕구	호기심에 대한 욕구	
	관계에 대한 욕구	
	힘에 대한 욕구	
신뢰성	신뢰할 수 있음	
	책임감 있음	
	윤리기준 준수함	
	예측 가능함	
자기인식	자기를 인식하는 능력	
	상담 실제와 관련된 개인적 이슈(역전이) 탐색	
타인인식	동료 및 내담자와의 상호작용에서 자각수준	
개방적 태도	피드백에 개방성과 수용성	
	불쾌하게 여기는 내담자	
	종교가 다른 내담자	
	다문화 내담자	
애매함에 대한 인내	같은 말을 계속 듣는 것	
	변화되지 않는 태도	

(2) 3인조 실습

① 실습방법

- 3인조는 각자 체크한 인간적 자질에 대해서 어느 점수가 가장 높은가? 여기에 대해서 어떻게 생각하는가?
- 상담사로서 훈련이 가장 필요한 인간적 자질은 무엇인가?
- 상담사로서 강점이 되는 인간적 자질은 무엇인가?
- 상담은 가까운 친구 관계와 어떻게 다른가?
- 주위 사람 중 효과적인 상담사가 될 자질이 있는 사람이 있는가?

- 이런 자질을 어떻게 가지게 되었다고 생각하는가?
- 당신이 상담사가 되려는 가장 중요한 이유는 무엇인가?
- 당신은 상담을 받아 보았는가? 어떤 측면에서 상담이 인간으로서 그리고 상담사로서 당신의 발달에 도움이 되는가? 상담을 받고 싶지 않다면 그 이유는 무엇인가?
- 3인조 실습팀에서 각 자질에 대한 당신의 현재 상태에 대해 의논해 보자.

② 실습 후 피드백

- 최고 강점으로 가진 자질은 상담사인 당신에게 어떤 의미라고 할 수 있겠는가?
- 3인조 실습팀의 다른 구성원들의 이야기를 듣는 동안 당신의 감정은 어땠는가?

③ 성찰

- 당신 자신에 대해서 무엇을 새롭게 배웠는가?
- 다른 문화에 대해서 무엇을 새롭게 배웠는가?
- 가장 어려운 자질에 대해서 생각했을 때, 어떤 생각이 드는가?

(2) 전문적 자질 핵심체크

① 전문적 자질 기초선 확인 (자격증 보유: 유, 자격증 보유하지 않을 경우: 무)

첫째, "당신은 전문적인 상담능력을 가진 사람이 되고 싶은가?"

둘째, "전문적인 능력을 가지려면 상담사 자격증을 필수적으로 갖추어야 할까?"

셋째, 상담사가 자격증 없이 내담자를 상담하거나 상담소를 개소할 수 있는가?"

넷째, 자격증이 없는 상담사가 내담자에게 상담의 목적으로 비용을 받을 수 있는가?"

이 질문에 대하여 스스로 답을 해 보자. 그리고 그 질문에 대한 현재 당신의 전문적 자질의 기초선을 다음에서 체크해 보자.

전문적 자질	구체적 종류	유무	지도감독자
자격증			
학력	상담 관련 전공 학부졸, 석사재학, 석사졸, 박사재학, 박사		
임상경험	내담자 경험	총 시간	
	상담사 경험(상담진행)	총 시간	
	상담 슈퍼비전	총 시간	

심리검사 실시	총 시간	
심리검사 해석	총 시간	
심리검사 슈퍼비전	총 시간	
집단상담 참여 경험	총 시간	
집단상담 슈퍼비전	총 시간	

② 상담사 자격증 필수 여부

- 만약 당신이 내담자로서 상담을 받기 위해서 상담사를 선택할 때 상담사의 무엇을 가장 먼저 고려하겠는가?
- 그 이유는 무엇인가?
- 당신이 상담을 받을 때 상담사의 자격과 경력을 확인해 볼 것인가? 그렇다면 그 이유는 무엇인가?
- 만약 상담사가 열정과 동기는 있는데 자격을 갖추지 못했다면 그 상담사를 상담 전문가로 볼 수 있는가?
- 왜 상담사는 자격증을 갖추어야 한다고 보는가?

③ 상담직업군

- 심리상담을 직업으로 하고 싶은 이유가 무엇인가?
- 직업으로 상담사를 선택한 당신의 이유에 대해 서로 토의해 보자.
- 어느 직업군에서 심리상담을 하고 싶은가?, 그 이유는 무엇인가?
- 다음 직업군에서 희망하는 기관의 직책을 5가지를 찾아보자. 그리고 선택한 이유를 적어 보자.

기관		청소년상담사		한국상담심리학회	
		2급	1급	2급	1급
국가	청소년상담복지 개발원	상담원	상담 교수	상담원	연구원 슈퍼바이저
	시/도청소년 상담복지센터	상담원	상담원	상담원	상담원
	청소년문화관	행정상담원	상담원	행정상담원	
	청소년수련관	행정상담원	상담원		

	청소년쉼터	행정상담원	상담원		
	청소년 관련 복지시설	행정상담원	상담원		
	국방부	병영생활상담관		병영생활전문상담관	
	경찰청	성고충전문상담관		성고충전문상담관	
	법무부			상담원	
	법원	위탁보조인	위탁보조인	상담원	가사조사관
	아동보호전문기관	상담원	상담원		
	보육원	상담원	상담원	상담원	
	해바라기상담센터	상담원	상담원	상담원	
	육아종합지원센터	상담원	상담원	상담원	
	건강가정 지원센터	상담원	상담원	상담원	
국가 혹은 재단	초, 중, 고등학교	전문상담사	상담원	상담원	
	대학상담센터 및 인권센터		상담원	전문상담사	
	근로자건강센터		상담원	상담원	상담 교수, 연구원
	서울시 청년활동지원센터	위촉직 상담사	상담원	상담원	상담원
	국가트라우마센터			트라우마 상담원	
	정부청사			상담원	상담책임자
국가 혹은 개인	사회복지관	상담원		스마트 폰과 의존 상담사	스마트 폰과 의존 상담사
	가정폭력 및 성폭력 상담소	상담원	상담원	위촉직 상담사	
	디지털성범죄 안심지원센터		상담원		전문상담사
	스토킹피해자 원스톱	상담원	상담원	상담사	전문상담사
민간	개인 혹은 비영리 민간상담센터	상담원	상담원	상담원	상담원
기업	EAP상담		상담원	상담원	상담센터장
	대기업			상담원	상담연구원
				상담원	상담원
				상담원	상담원
				상담원	상담책임자

출처: 김형숙(2021a), p. 57 인용하여 수정.

④ 상담직업군에 대한 기대치

- 3인조 실습팀에서 같이 다음의 이야기를 함께 나누어 보자.
- **당신이 상담직업군을 선택할 때 무엇을 가장 중요시 여기는가**?
- 그것이 가장 중요한 이유는 무엇인가?
- 당신이 선택한 상담직업군의 보수(연봉)에 대해서 알아보자. 그것에 만족하는가?
- 만족하지 않아도 이 일을 하는 이유는 무엇인가?

⑤ 스트레스 평가

자기유발 스트레스	당신 내면에서 미해결된 것은 무엇입니까?
	현재 해결되지 못한 것은 무엇입니까?
	당신을 괴롭히는 가장 큰 두려움은 무엇입니까?
사건 관련 스트레스	현재 자신의 삶 속에서 지속되고 있는 스트레스의 원인들은 어떤 것들이 있습니까? (양육, 관계, 질병, 경제)
	개인생활에서 스트레스 상황에 자주 노출되고 있나요?
내담자 관련 스트레스	전체 일정에서 특정 개별 내담자로 인한 스트레스는 어느 정도입니까?
자격 관련 스트레스	상담사 자격을 취득하기 위한 과정에서 어떤 스트레스가 있나요?
	상담 분야에서 전공과 관련된 고민이나 불안이 있습니까?
기타 스트레스	기타 환경에서 받은 스트레스가 당신의 안녕감에 영향을 주었습니까?

⑥ 스트레스원에 대한 각자 평정

(1: 없음, 3: 약간 있음, 5: 중간, 7: 높음, 10: 매우 높음)

스트레스 원인	구체적 항목	스트레스 평점 (1–10)
자기유발 스트레스	당신 내면에서 해결되지 못한 것은 무엇입니까?	
	현재 해결되지 못한 관심사는 무엇입니까?	
	당신을 괴롭히는 가장 큰 두려움은 무엇입니까?	
사건 관련 스트레스	현재 자신의 삶 속에서 지속되고 있는 스트레스의 원인에는 어떤 것들이 있습니까? (양육, 관계, 질병, 경제)	
	개인생활에서 스트레스 사건에 자주 노출되고 있나요?	
내담자 관련 스트레스	전체 일정에서 특정 개별 내담자로 인한 스트레스는 어느 정도입니까?	
자격 관련 스트레스	상담사 자격을 취득하기 위한 과정에서 어떤 스트레스가 있나요?	
	상담 분야에서 전공과 관련된 학업으로 어떤 스트레스가 있나요?	
기타 스트레스	기타 환경에서 받은 일이 당신의 안녕감에 어떤 영향을 주나요?	

⑦ 스트레스 감소를 위해 변화시킬 필요가 있는 것

스트레스 원인	스트레스 평정 (1–10)	변화가 필요한 항목
자기유발 스트레스		
사건 관련 스트레스		
내담자 관련 스트레스		
자격 관련 스트레스		
기타 스트레스		

⑧ 적용 부분

- 당신 자신에 대해서 무엇을 새롭게 배웠는가?
- 가장 다루기 힘든 스트레스는 무엇인가?
- 스트레스 감소를 위해 당신은 어떤 변화가 필요한가?
- 3인조의 다른 구성원들의 이야기를 듣는 동안 당신의 감정은 어땠는가?

(3) 윤리적 책무 핵심체크

① 윤리적 책무 기초선 확인

윤리적 책무	유무	조치
성적으로 가해를 한 경험		
가정폭력 가해 및 피해 경험		
성매매 경험		
약물중독 경험		
알코올중독 경험		
성중독 경험		
타살 경험		
자살시도 및 자해 경험		
학교폭력가해 경험		
범죄가해 경험		
아동학대 경험		
장애인학대 경험		

- 심리상담을 직업으로 하는 당신에게 위의 경험이 있는가? 있다면 내담자에게 어떤 영향을 미칠 거라고 보는가?
- 만약 위의 어려움이 있음에도 불구하고 상담을 직업으로 선택한 이유는 무엇인가?

② 윤리적 책무 이행

- 상담사로서 윤리적인 책무를 어떻게 이행하고 있는가?
- 상담사로서 마음에 짐이 되는 윤리적인 것이 있는가?

③ 내담자 경험 필요성

- 상담사는 자신에 대한 상담(교육분석 혹은 내담자 경험)이 필요하다고 생각하는가? 그 이유는 무엇인가?
- 당신은 상담사로서 내담자 경험을 받아본 적이 있는가? 있다면 이유는 무엇인가?
- 없다면 이유는 무엇인가?
- 내담자 경험이 필요하다면 몇 회기가 적절하다고 보는가?
- 자신에 대한 심리검사를 받아 보는 것이 필요하다고 보는가? 그 이유는 무엇인가?
- 심리검사결과에서 자신에 대해서 어떻게 이해를 하고 있는가?

(4) 상담사 자신 돌봄

① 소진 확인

다음의 문항을 잘 읽어 보고 평소 느끼고 생각하는 바와 같거나 가장 일치하는 곳에 ∨표 한다.

나는 전문상담사로서……	전혀 그렇지 않다	거의 그렇지 않다	보통 이다	약간 그렇다	매우 그렇다
1. 전문상담사라는 직업 때문에 대부분의 시간에 피곤함을 느낀다.	①	②	③	④	⑤
2. 나는 내가 능력이 없는 전문상담사라고 생각한다.	①	②	③	④	⑤
3. 나는 상담기관에서 불공정한 대우를 받고 있다.	①	②	③	④	⑤
4. 나는 내담자와 내담자의 문제에 점점 관심이 없어진다.	①	②	③	④	⑤
5. 난 전문상담사로 일하면서 가족에게 소홀해져 가는 것 같다.	①	②	③	④	⑤
6. 전문상담사라는 직업이 나를 맥빠지게 한다.	①	②	③	④	⑤
7. 전문상담사로서 나의 능력에 실망하게 된다.	①	②	③	④	⑤
8. 기관장 또는 슈퍼바이저에게 껄끄러움(거리감)을 느낀다.	①	②	③	④	⑤
9. 나는 내담자들에 대해 점차 무디어져 가는 것 같다.	①	②	③	④	⑤
10. 내게는 개인적인 관심사에 쓸 수 있는 시간이 충분하지 않다.	①	②	③	④	⑤
11. 전문상담사라는 직업 때문에 나는 심한 스트레스를 받는다.	①	②	③	④	⑤
12. 나는 상담기술에 대해 자신이 없다.	①	②	③	④	⑤
13. 나는 상담기관의 조직체계에 (꼼짝없이) 매여 있다.	①	②	③	④	⑤
14. 나는 내담자의 문제에 공감하기가 점점 힘들어져 간다.	①	②	③	④	⑤

15. 나는 친구들과 보낼 시간이 거의 없는 것 같다.	①	②	③	④	⑤
16. 전문상담사라는 직업 때문에 어깨와 등이 뻣뻣해져 가는 느낌이다.	①	②	③	④	⑤
17. 나는 내담자들을 긍정적으로 변화시킬 자신이 없다.	①	②	③	④	⑤
18. 나는 상담기관의 조직체계로 인하여 좌절감을 느낀다.	①	②	③	④	⑤
19. 나는 내담자들의 행복에 대해 점점 걱정하지 않게 되는 것 같다.	①	②	③	④	⑤
20. 나는 일과 개인생활의 영역을 분명하게 선 긋기가 어렵다.	①	②	③	④	⑤

출처: 홍경미(2019) 인용하여 수정함.

② 상담사 자기돌봄

- 소진될 때 어떻게 자신을 돌보는가?

- 전반적으로, 당신의 삶에 대해 얼마나 돌봄을 하고 있습니까?

전혀 아님	1	2	3	4	5	6	7	매우 그러함

- 전반적으로, 당신 자신에 대해 어떻게 느끼고 있습니까? (자존감)

전혀 아님	1	2	3	4	5	6	7	매우 그러함

- 전반적으로 감정을 어느 정도 표현하고 있다고 느끼십니까?

전혀 아님	1	2	3	4	5	6	7	매우 그러함

③ 건강체크

- 현재 복용하고 있는 약이 있다면 적어 주십시오. (용도, 용량 등)
- 주치의가 있습니까? 예/아니요
- 만약 '예'라면 어떤 질병을 치료하기 위한 약입니까?
- 언제 마지막으로 건강검진을 받았습니까?
- 과거에 경험했거나, 현재 겪고 있는 다른 주요한 의학적 증상이 있습니까? 예/아니요

④ 행동 및 신체감각 확인

• 다음 중에서 당신에게 해당되는 행동 또는 신체감각이 있으면 모두 ∨표시해 주시기 바랍니다.

분류	증상	유무
행동	• 과음 • 금지된/향정신성 약물 복용 • 과식 • 거식 • 친구와 가족에 대한 무관심 • 자신 또는 자신의 욕구에 대한 무관심 • 자신에게 친절하거나 사랑을 베풀기 어려움 • 자신 또는 타인에게 상처를 주는 방식으로 행동함 • 과도하게 흥분함 • 몇 가지 행동에 대해서는 통제하기 어려움 • 자살 사고, 계획 및 시도 • 집중하기 어려움 • 수입 이상으로 소비함 • 과도한 울음 • 그 밖에 다른 행동적인 특징	
신체 감각 및 신체화	• 두통 • 만성적인 소화불량 • 현기증 • 심장 두근거림 • 안절부절못함 • 성적 집착 • 울렁거림/무감각 • 과도한 피로감 • 환청/환시 • 기절이나 절도 • 그 밖에 다른 신체적 고통	

만약 '예'라면 어떻게 대처했는가?

• 전반적으로, 당신의 신체 건강 상태는 어느 정도입니까?

매우 안 좋음	1	2	3	4	5	6	7	매우 좋음

• 수면 패턴은 어떠합니까? (몇 시에 잠자리에 듭니까? 몇 시간을 잡니까? 깨지 않고 잡니까? 아니면, 중간에 깨었다 다시 잡니까?)

• 잠에서 깨어나면 휴식을 취한 느낌이 듭니까? 예/아니요

• 평상시의 식습관은 어떠합니까? (즐겨 먹는 음식 종류나 양)

• 비타민이나 영양보충제를 복용하고 있습니까? 예/아니요
만약 '예'라면 어떤 종류인지 알려 주십시오.

• 꾸준히 하고 있는 운동이 있습니까? (에어로빅/근육강화운동) 예/아니요
만약 '예'라면 구체적으로 적어 주십시오.

⑤ 지지체계

• 친구, 가족, 동료 등 당신의 대인관계에 대해 기술하십시오.

⑥ 가치

• 당신에게 중요하거나 의미가 있는 것은 무엇입니까? (당신에게 가장 중요한 일은 무엇입니까?)

• 당신에게 가장 중요한 도덕적 가치는 어떤 것입니까? 그 도덕적 가치들은 당신에게 얼마나 중요합니까?

참고문헌

Erford, B. T. (2021). **상담자가 반드시 알아야 할 40가지 상담기법.** (김은하 역). 서울: 학지사. (원저는 2020년에 출판).

Hackney, H. L., & Bernard, J. M. (2019). **상담의 실제.** (김동민, 김은하, 서영석, 정여주, 최한나 공역). 시그마프레스. (원저는 2017에 출판).

Phifer, L. W., Crowder, A. K., Elsenraat, T., & Hull, R. (2022). **아동과 청소년을 위한 인지행동놀이치료 워크북.** (김정민, 정하나, 유선미 공역). 서울: 학지사. (원저는 2012년에 출판).

Russell-Chapin L. A & Ivey A. E. (2007). **상담인턴십.** (지승희 역). 학지사. pp. 171-175. (원저는 2007에 출판).

Sperry, S., & Speery, J. (2015). **상담실무자를 위한 사례개념화 이해와 실제.** (이명우 역). 학지사. (원저는 2012에 출판).

Spira, R. (2023). **알아차림에 대한 알아차림.** (김주환 역). 서울: 퍼블리온. (원저는 1960년에 출판).

강진령(2022). **상담연습 치료적 대화기술.** 서울: 학지사.

김주환(2021). 아나빠나사띠 숫따를 통해 본 호흡 명상-'sabba, kaya'의 의미를 중심으로. **명상의학 1**(2), 47-58.

김주환(2023). **내면소통: 삶의 변화를 가져오는 마음근력 훈련.** 인플루엔셜.

김환, 이장호(2006). **상담면접의 기초: 마음을 변화시키는 대화.** 학지사.

김형숙(2009). 경상북도 청소년지원센터 교사 연수회 강의자료집.

김형숙(2014). 자살 내담자 상담진행방법. **한국가족치료학회 학술대회 발표 자료집.**

김형숙(2015a). 경기도 건강가정지원센터 전문상담사 전문역량강화 강의자료집.

김형숙(2015b). 경기도 교육청 위센터 전문상담사 전문역량강화 강의자료집.

김형숙(2015c). 인천시 계양구, 부평구, 건강가정지원센터 전문상담사 전문역량강화 강의자료집.
김형숙(2016). 안산시 청소년상담복지센터 전문상담사 전문역량강화 강의자료집.
김형숙(2017a). 위기상담 면담 실무과정. [내부 교재], 평생교육원 (2017. 1. 30.), 12.
김형숙(2017b). 서산시 청소년상담복지센터 전문상담사 전문역량강화 강의자료집.
김형숙(2017c). 비자발적 내담자를 위한 외재화 기법. 17년 연차대회 발표자료집. 한국상담학회.
김형숙(2018a). 화성시 청소년상담복지센터 전문상담사 전문역량강화 강의자료집.
김형숙(2018b). ADHD 가족상담기법. 한국상담학회 연차대회 발표자료집.
김형숙(2018c). 서산시 청소년상담복지센터 전문상담사 전문역량강화 강의자료집.
김형숙(2018d). 충청남도 청소년진흥원 전문상담사 전문역량강화 강의자료집.
김형숙(2018e). 경기도 동두천위센터 전문상담사 전문역량강화 강의자료집.
김형숙(2019a). 슈퍼비전연수회 발표자료. 한국상담학회.
김형숙(2019b). 인천시 중구, 부평구 건강가정 다문화지원센터 전문상담사 전문역량강화 강의자료집.
김형숙(2019c). 화성시 청소년상담복지센터 전문상담사 전문역량강화 강의자료집.
김형숙(2019d). 경기도여성비전센터 가족상담사 역량강화교육(자녀의 행동문제 사례연구 및 연습) 강의자료집.
김형숙(2020a). 안양시 건강가정 다문화지원센터 전문상담사 역량강화 강의자료집.
김형숙(2020b). 서울시 중랑구 가족센터 전문상담사 역량강화 강의자료집. zoom
김형숙(2020c). 목회자 부부 상담에서의 정서중심 부부치료(EF내담자) 적용에 관한 고찰. 한국기독교 상담심리학회 20년도 학술대회 발표 자료집.
김형숙(2020d). 한국가족치료학회 지역사례발표회 발표 자료집. 단국대학교.
김형숙(2020e). 호서대학교 전문상담사 전문역량강화 강의자료집. zoom
김형숙(2021a). 초심상담사를 위한 상담 내비게이션. 학지사.
김형숙(2021b). 상담 내비게이션 실전세미나 1기 워크숍자료. 다리꿈발달상담교육센터 zoom회의실
김형숙(2021c). 상담 내비게이션 실전세미나 2기 워크숍자료. 다리꿈발달상담교육센터 zoom회의실
김형숙(2021d). 화성시 청소년상담복지센터 전문상담사 전문역량강화 강의자료집. zoom
김형숙(2021e). 내담자위치별 공감방법. 한국상담학회 연차대회 발표자료집. zoom
김형숙(2021f). 상담 내비게이션 실전세미나 3기 워크숍자료. 다리꿈발달상담교육센터 zoom 회의실
김형숙(2021g). 호서대학교 전문상담사 전문역량강화 강의자료집 I . zoom
김형숙(2021h). 호서대학교 전문상담사 전문역량강화 강의자료집 II . zoom
김형숙(2021i). 인천시 동구 정신건강복지센터 정신보건 전문역량강화 강의자료집. zoom
김형숙(2021j). 청주시 교육지원청 전문상담사 전문역량강화 강의자료집. zoom
김형숙(2022a). 상담 내비게이션 실전 세미나 4기 워크숍자료. 다리꿈발달상담교육센터 zoom회의실
김형숙(2022b). 상담 내비게이션 실전 세미나 5기 워크숍자료. 다리꿈발달상담교육센터 zoom회의실
김형숙(2022c). 상담 내비게이션 실전 세미나 6기 워크숍자료. 다리꿈발달상담교육센터 zoom회의실

김형숙(2022d). 전문상담사 상담실운영방법. 한국상담학회 연차대회 발표자료집. zoom
김형숙(2022e). 한국이야기치료학회 사례회의 발표자료집. zoom
김형숙(2022f). 성결대학교 전문상담사 전문역량강화 강의자료집.
김형숙(2022g). 경기도 꿈드림센터 상담사 전문역량강화 강의자료집. zoom
김형숙(2022h). 호서대학교 전문상담사 위기자문역량강화 강의자료집. zoom
김형숙(2022i). 호서대학교 교수 전문역량강화 강의자료집. zoom
김형숙(2022j). 연세대학교 연합신학대학원 상담실습 강의자료집.
김형숙(2022k). 경기도부천교육지원청 위센터 전문상담사 상담역량 강의자료집. zoom
김형숙(2023a). 상담 내비게이션 실전세미나 7기 워크숍자료. 다리꿈발달상담교육센터 zoom 회의실
김형숙(2023b). 평택시교육지원청 위센터 전문상담사 상담역량 강의자료집.
김형숙(2023c). 인천광역시 부평구 가족센터 전문상담사 상담역량 강의자료집. zoom
김형숙(2023d). 호서대학교 교수역량강화: 공감대화법 강의자료집. zoom
김형숙(2023e). 연세대학교 연합신학대학원 상담실습 강의자료집.
김형숙(2023f). 인천시 연수구 위센터 전문상담사 상담역량 강의자료집.
김형숙(2023g). 시연으로 배우는 위기평가 첫상담구조화방법. 한국상담학회 연차대회 발표자료집.
김형숙(2023h). 연세대학교 연합신학대학원 고급상담실습 강의자료집.
김형숙(2023i). 열린사이버대학교 특강: 심리검사 상담활용세미나 강의자료집.
김형숙(2023j). 고용노동부 청년도전 지원사업: 종사자 직무역량 강의자료집.
김형숙(2023k). 경기도 부천교육지원청 위센터: 학교폭력 상담개입의 실제. 강의자료집. zoom
김형숙(2023l). 청소년문제 이해와 개입방안. 전문상담사 역량교육강의자료집. 서울대학교.
이구상(2022). 도박상담교육: 위기개입의 적용과 실제. 한국도박문제예방치유원.
임성진, 이정은, 한신(2017). 화상통화를 이용한 심리치료에 대한 인식 및 필요성. 스트레스硏究, 25(1), 57-67.
박영숙, 제롬글렌(2017). 일자리혁명 2030: 제4차 산업혁명이 변화시킬 업(業)의 미래. 비즈니스북스.
천성문, 박은아, 이정아, 이지영, 정세영, 차윤희, 김지숙, 김현정(2023). 초심상담자를 위한 상담 기술의 실제. 서울: 학지사.
최윤미(2019). 상담 이론에 기반한 상담사례의 사례개념화 -대상관계이론, 인지치료이론, 실존역동적 접근 방식의 사례개념화. 한국상담학회. 상담학연구 사례 및 실제 4(2) 27-41.
홍경미(2015) 학교 전문상담사의 직무만족이 자기효능감과 소진에 미치는 영향. 배제대학교 대학원, p. 64-69.

예시 답안

〈상담사의 가능한 반응〉

다음 각 연습문제에 나온 반응은 정답이 없다. 내담자의 이야기 맥락에서 표현한다. 상담사가 할 수 있는 적절한 반응의 기준은 상담사의 반응을 듣고 내담자 마음에 가장 와 닿은 표현이다. 다음 표현들은 그 다양성의 표현 중 일부일 뿐이다.

제1부 상담기술

제1장 비언어적 상담기술

4. 상담과정별 개입법

[연습 4-1] 과호흡일 때

상1:

상담초기: 괜찮습니다. 저를 따라서 숨을 들이마시고 내쉬고 같이 해 봅시다.

상담중기: 아버지 이야기를 하시는 게 많이 힘드신 것으로 느껴져요. 다음에 말씀해 주셔도 됩니다. 잠시 숨을 좀 가다듬으셔도 되어요. (좋습니다)

상당종결: 민들레님의 힘듦이 제게도 느껴지네요. 안타깝지만 오늘은 종결회기라서 지금까지 나누었던 이야기를 정리하고 상담평가로 마무리하려고 합니다. 아버지 이야기는 종결 후 다음 상담 시 좀 더 깊이 다루었으면 좋겠습니다. 괜찮으실까요?

상2:

상담초기: 생각은 계속 떠오를 수 있어요. 괜찮아요. 저와 함께 일어나서 숨 들이쉬고~ 하나, 둘, 셋~ 내쉬고 하나, 둘, 셋…….

상담중기: 잠시만요. 지금 아버지 이야기하시면서 몸으로 느껴지는 변화가 혹시 있으세요?

상당종결: 민들레님의 힘듦이 제게도 느껴지네요. 안타깝지만 오늘은 종결회기라서요. 아버지 이야기는 종결 후 꼭 상담에서 다루시기를 바랍니다. 오늘은 안전화만 하고 상담평가로 마무리하려고 합니다. 괜찮으실까요?

[연습 4-2] 눈 마주침을 안 할 때

상2:

상담초기: 눈 마주치는 것이 조금 부담스러울 수도 있죠. 그런데 민들레님의 눈을 마주치니 민들레님과 더 가까워지고 있다는 느낌이 드네요.

상담중기: 민들레님 눈이 크고 맑아서 바라보는 상대는 민들레님과 눈을 마주치고 싶을 거예요.

상담종결: 오늘이 상담종결이네요. 민들레님의 눈을 바라보고 싶었어요. 많이 아쉽습니다. 다음 상담에 기회가 돼서 보면 그때는 얼굴 보고 이야기하기를 바랄게요. 고생하셨습니다.

상3:

상담초기: 에고, 그런 생각이 드셨다면 그간 상대방의 눈을 바라보는 게 얼마나 힘드셨겠어요!

상담중기: 혹시 상대방이 나를 평가한다는 느낌을 주는 눈빛을 경험하신 적이 있으신가요?

상담종결: 지난 상담 회기 동안 상대방의 평가에 민감하셨고 그로 인해 긴장돼서 상대방에게 다가가는 것이 힘들다는 부분을 다루었습니다. 종결인 오늘, 타인의 평가에 대해 신경 쓰는 것이 어떻게 달라졌을까요?

[연습 4-3] 힘든 이야기를 하면서 미소 지을 때

상1:

상담초기: 민들레님, 가슴 아픈 이야기를 하시는데 입가에는 미소를 짓고 계시네요.

상담중기: 혹시 다른 사람에게 힘든 것을 이야기하면 어떤 일이 일어날 거 같으세요?

상담종결: 오늘이 상담종결이네요. 그동안 힘든 이야기하면서 미소 지으신 것이 많이 줄었는데 아실까요?

상2:

상담초기: 민들레님 지금 힘든 이야기하는 중이신데…… 표정은 웃고 계시네요.

상담중기: 웃고 있다고 말씀 드렸는데 그 말을 듣고 나서 느낌이 어떠세요?

상담종결: 자신이 힘들 때마다 갈등을 피해 왔고 미소로써 관계를 유지해 오신 자신에 대해서 어떻게 느끼세요?

상3:

상담초기: 민들레님이 힘든 것을 다른 사람에게 이야기하는 게 어렵다는 말로 들리네요.

상담중기: 내가 힘들다는 걸 드러내면 사람들과 잘 지내기 어렵다고 생각되시나요?

상담종결: 힘든 이야기를 하면 안 된다는 생각으로 지금껏 살아오셨는데 웃지 않고 힘든 것을 바라보시니 어떠셨어요?

상4:

상담초기: 사람들과 잘 지내고 싶은 마음이 그만큼 크시다는 거죠?

상담중기: 어떤 점에서 내가 힘들다는 걸 드러내면 사람들과 잘 지내기 어렵다고 생각되시나요?

상담종결: 민들레님은 초기에 사람들과 잘 지내고 싶어서 갈등을 피해 오셨죠. 그래서 미소를 지으셨는데 상담을 마칠 지금은 어떠신 것 같으세요?

[연습 4-4] 눈물을 흘릴 때

상1:

상담초기: (조용히 티슈를 건넨다) 우셔도 됩니다. 우는 것은 이상한 것이 아닙니다. 자연스런 몸의 반응입니다.

상담중기: 지금 눈가에 눈물이 보이네요. 어떤 마음이 드셨을까요?

상담종결: 우실 때마다 참으려고 애쓰셨네요. 상담을 마치는 지금은 눈물이 나올 때 어떻게 하신 것 같으세요?

상2:

상담초기: 이미 충분히 몸으로써 말씀하고 계십니다. 몸이 울음으로 이야기를 하고 계시네요.

상담중기: 민들레님의 마음을 바라보고 느껴 보세요. 자신의 감정을 충분히 허용해 주세요.

상담종결: 우실 때마다 참으려고 하셨는데 요즘은 우는 자신을 어떻게 바라보세요?

상3:

상담초기: 크게 소리 내서 울어도 됩니다. 소리 내서 우는 것은 부끄러운 것이 아닙니다.

상담중기: 마음속 깊이 묻어 둔 것을 울음으로 내어놓으셔도 됩니다.

상담종결: 참으신 울음을 소리 내서 울어 보니 요즘은 어떠하시나요?

상4:

상담초기: 참지 않으셔도 돼요. 울음을 허용하시고 우셔도 돼요.

상담중기: 더 크게 소리 내서 울어도 됩니다.

상담종결: 우는 것을 참고 지내셨는데 '상담시간에 우는 것은 괜찮다, 소리 내서 울어도 된다' 하면서 울음을 허용했는데 지금은 어떠신가요?

상5:

상담초기: 기다려 드리겠습니다. (휴지를 건네며) 지금 느껴지는 감정 그대로 머물러 우셔도 좋습니다.

상담중기: 꺼이꺼이 우셔도 좋습니다. 울고 나니 몸은 괜찮으실까요?

상담종결: 상담사 앞에서 울음을 허용해 보고 소리 내어 울어 보기도 하셨어요. 그런 자신에 대해서 어떻게 느껴지세요?

[연습 4-5] 침묵할 때

상1:

상담초기: 침묵도 민들레님이 몸으로 이야기를 하는 것입니다. 기다리겠습니다. 준비되시면 이야기하셔도 됩니다.

상담중기: 아버지에 대한 분노의 감정이 불쑥 올라와 한참을 아무 말 하지 않으셨어요. 그때 어떤 생각이 떠오르셨을까요?

상담종결: 오늘이 상담 마지막이네요. 여러 감정이 민들레님 속에 있는 것 같습니다. 그래서 어떤 말을 해야 하나? 말을 시작하시기가 쉽지 않으실 것 같으세요.

제2장 기본적 상담기술

1. 재진술과 앵무새 반응

(3) 재진술과 앵무새 반응 연습

[연습 1-1] [재진술]

아프다고만 하시군요. [앵무새]

[연습 1-2] [재진술]

아빠한테 다시는 마음을 열 수가 없을 것 같다고 하시군요. [앵무새]

[연습 1-3] [재진술]

"내가 이런 이야기까지 알려 주어야 하나"라고 말하시는군요. [앵무새]

[연습 1-4] [재진술]

무너져 버리셨군요. [앵무새]

[연습 1-5] [재진술]

아빠와 이야기하고 싶으셨군요. [앵무새]

[연습 1-6] [재진술]

아빠한테 삐지셨군요. [앵무새]

[연습 1-7] [재진술]

아버지가 알아봐 주기를 바라셨군요. [앵무새]

[연습 1-8] [재진술]

꼬시다고 생각하시는군요. [앵무새]

[연습 1-9] [재진술]

아빠가 미우시군요. [앵무새]

[연습 1-10] [재진술]

버티셨네요. [앵무새]

(4) 재진술 연습

[연습 1-11]

반응1: 엄마가 민들레님에게 일한다고 하면서 산책하러 나가는 것이 오히려 엄마를 이해하는 것이 힘든 상황으로 들리네요.

반응2: 엄마의 모순된 행동이 이해하기 힘들어 민들레님이 웃음을 보이시네요.

반응3: 엄마가 솔직하게 말씀하지 않으시고 행동하는 부분을 이해하기 어려우시군요.

[연습 1-12]

반응1: 엄마에게 하기 싫다는 이야기가 목구멍까지 차올랐지만 바보같이 이야기를 못하는 것 같네요.

반응2: 하고 싶지 않다는 말을 꺼내기가 너무 힘들어 속이 상하시군요.

반응3: 하고 싶은 이야기를 하지 못해 목구멍까지 차올랐을 때 목소리가 떨리시군요.

[연습 1-13]

반응1: 내가 너무 싫을 만큼 나를 갉아먹는 허울뿐인 자존감에서 벗어나 힘들고 싶지 않은 마음으로 들립니다.

반응2: 힘들다고 솔직하게 표현하고 싶은데 허울뿐인 자존심 때문에 그럴 수 없어 힘드시군요.

반응3: 허울뿐인 자존감에 갇혀 사는 게 힘들고 억울하고, 그런 스스로도 싫다는 거군요.

[연습 1-14]

반응1: 엄마에게 하기 싫다고 말하는 순간 버려질 것 같은 두려움을 느끼시는군요.

반응2: 엄마에게 하기 싫다고 솔직하게 말하고 싶지만 그러면 버려질 것 같은 두려움에 말할 수 없으시군요.

반응3: 엄마에게 솔직히 '하기 싫어.'라고 하면 버려질 것 같아 두려움이 민들레님을 휘감고 있네요.

2. 질문하기

[연습 2-1]

1. 개방 2. 개방 3. 공격 4. 지시 5. 체크 6. 제안 7. 억측 8. 폐쇄

[연습 2-2]

- 개방형 질문:

질문1: 무서운 것이 아니면 민들레님의 마음은 어떤 것이었어요?

질문2: 엄마와 대화는 하고 싶은데 말이 안 나오고 답답할 때 어떤 생각이 드시나요?

질문3: 지금 말씀하시면서 울고 계시는데 눈물은 어떤 의미일까요?

- 기타 질문:

질문1: 엄마에게 말도 못해 답답하지만 무섭지는 않다는 거네요?

질문2: 답답하고 말은 안 나오는데 눈물은 계속 나오네요. 눈물은 어떤 의미일까요?

질문3: 엄마의 존재가 무서운 게 아니라면 엄마는 어떤 존재일까요?

[연습 2-3]

- 개방형 질문:

질문1: 민들레님에게 두려움이란 어떤 의미일까요?

질문2: 두려움이 최대치가 될 때 민들레님에게 어떤 반응들이 있을까요?

질문3: 견뎌 낼 힘이 없을 때 민들레님은 어떻게 하시나요?

- 기타 질문:

질문1: 왜 말을 하지 않으면 두려움이 생기지 않죠?

질문2: 두려워서 견뎌 낼 힘이 없으세요?

질문3: 두려움이 최대가 될 때 말하지 않는 것 외에 또 다른 방법이 있다면 어떻게 하고 싶으실까요?

[연습 2-4]

- 개방형 질문:

질문1: 민들레님이 알게 된 실체는 어떤 것이었어요?

질문2: 사람들에게 배려하며 맞춰 주고 살아서 더 싫다는 것은 어떤 의미일까요?

질문3: 민들레님에게 두려움 밑에 있는 밑바닥은 무엇일까요?

- 기타 질문:

질문1: 혹 사람들을 배려하고 그들을 맞추지 않으면 어떤 일이 생길까요?

질문2: 지금까지 사람들에게 배려하고 맞추고 사셨을까요?

질문3: 이 일로 실체를 알게 되고 밑바닥까지 알게 되니 어떤 생각이 드세요?

[연습 2-5]

- 개방형 질문:

질문1: 사방(가족, 직장, 친구 등)에서 압박감이 몰려올 때 민들레님은 어떻게 하시나요?

질문2: 지금 내가 받고 싶은 것은 어떤 것이 있을까요?

질문3: 먼저 내가 해 줘야 받을 수 있다는 것은 어떤 의미일까요?

- 기타 질문:

질문1: 내가 받고 싶은 것이 있으면 먼저 상대에게 그 만큼 해 줘야 하네요?

질문2: 압박감을 주는 곳이 가족이 가장 크실까요?

질문3: 사방에서 압박감이 몰려올 때 특히 누구로부터 가장 크게 느끼시나요?

3. 명료화하기

(1) 내담자의 진술에 구체성이 필요할 때

[연습 3-1] 누락 명료화

상9:

반응1: 아빠가 누구한테 화를 내시는 걸까요? (화를 내고 있는 대상 명료화)

반응2: 민들레님에게 화를 내신다는 것일까요?

반응3: 이유 없이 아빠가 화내는 대상은 누구일까요?

[연습 3-2] 일반화 명료화

상12:

반응1: 집이 불안하다고…… 집에 누가 있을 때 제일 불안할까요? ('집'은 '가족'을 뜻하는데 가족 전체를 뜻하는지 가족의 일부를 뜻하는지 명료화하면서 피상적인 대화를 방지)

반응2: 집이 불안하다는 건 집에 머무는 게 불안하다는 것일까요? 아니면 가족과 함께 있는 것이 불안하다는 것일까요?

반응3: 불안을 느낄 때 민들레님은 어떤 행동, 감정, 생각들을 하나요?

[연습 3-3] 왜곡 명료화

상13:

반응1: 민들레님이 아빠의 강아지가 아닌 것과 아빠가 집에 있다면은 어떤 말일까요? (압축된 내담자의 메시지를 명료화)

반응2: 항상 아빠를 기다리고 있어야 된다는 생각을 하시는 건가요?

반응3: 아빠가 집에 있다면 놀러 갈 수 있다는 것이 어떤 말일까요?

(2) 내담자의 진술 내용이 정확한지에 대해 확인할 때

[연습 3-4]

상16:

반응1: 민들레님이 이야기를 할 때 '그렇구나.'라는 말만 들어도 괜찮네요. (진술내용 명료화)

반응2: 누군가 민들레님의 이야기에 '그렇구나.' 하면 인정받는 느낌이 들어 '괜찮다.'라는 느낌이 드는 것일까요?

반응3: 상대방이 민들레님의 이야기에 '그렇구나.' 하고 대답해 주면 인정받고 공감받는다는 마음이 들어서 '아, 괜찮구나.'라고 느껴진다는 걸까요?

(3) 내담자의 진술 내용이 모호하거나 혼동될 때

[연습 3-5]

상18:

반응1: 민들레님이 말을 해야 될 때 뭐라고 말을 해야 할지 몰라서 억울하다는 것일까요? (모호한 내용 명료화)

반응2: 억울한 이야기를 못하는 방해요소가 어떤 것이 있을까요?

반응3: 나보다 아빠가 더 힘들다는 이야기를 하면 내 억울함을 공감받지 못할까 봐 아빠에게 말할 수 없는 걸까요?

(4) 상황별 연습

[연습 3-6]

반응1: 집이라고 말씀해 주셨는데, 구체적으로 누구를 말씀하는 것인지 궁금해요.

반응2: 집이란 가족을 말씀하시는 걸까요? 맡은 역할을 하지 않으려면 이유가 있어야 한다는 말은 누가 누구에게 한 말일까요?

반응3: 집에서 뭔가 맡은 역할을 해야 하는데, 그것이 부담스럽다고 느껴지는 거군요.

[연습 3-7]

반응1: 어머니께서 그렇게 만들어 놨다고 하셨는데 그것에 대해 이야기해 주실 수 있을까요?

반응2: 그렇게 만들었다는 어떤 사건이 있었나요?

반응3: 민들레님이 친구들 따까리를 했던 것이 엄마 때문이라고 생각하시는군요.

[연습 3-8]

반응1: 남들한테 사랑을 구걸할 수밖에 없었다는 게 어떤 말이에요?

반응2: 슬프게 들리는 것과 사랑을 구걸하는 것은 어떤 말인지 궁금하네요.

반응3: 나 자신도 싫은데 남들에게 사랑을 구걸할 수밖에 없는 나라고 하셨어요. 진짜 어떤 나였으면 좋으실까요?

[연습 3-9]

반응1: 민들레님께 독립을 강요하셨던 부모님이 민들레님께 의지하는 현재가 부담스러우신 것일까요?

반응2: 부모님이 말씀하시는 독립과 민들레님이 이해하는 독립은 어떻게 다를까요?

반응3: 이런 날이 올 때마다 독립을 이야기했을까?에서 '이런 날'은 어떤 날일까요?

[연습 3-10]

반응1 : 나름대로 엄마한테 안 해도 되나라는 것은 무엇을 말하나요?

반응2: 우리 설날에 무엇을 보러 간다는 것이며 무엇을 안 해도 된다는 말씀이실까요?

반응3: 민들레님이 말씀하시는 '무조건 집중해야 한다.'라고 할 때 무엇에 집중해야 하는 것일까요?

[연습 3-11]

반응1: 점점 포기한다는 것은 어떤 것을 포기한다는 것일까요? (기대, 어필)

반응2: 계속 이야기하고 어필했지만 나아지는 것이 없어서 실망하고 그러다 포기하게 되신 거군요.

반응3: 민들레님의 기대는 어떤 것일까요?

[연습 3-12]

반응1: 결국은 스트레스를 받아 문제해결이 안 될 때 관계를 끊고 다른 데로 간다는 건가요?

반응2: 갈등, 문제라고 하셨는데 구체적으로 어떤 것인가요?

반응3: 이야기를 해 봐야 해결은 안 되고 계속 스트레스만 받고 악순환이 되니까 그냥 관계를 끊고자 했던 거군요.

4. 중단시키기

1) 중단시키기 핵심체크

(1) 들어 주는 것이 어떤 도움이 되는지 확인하기

[연습 4-1]

상1:

반응1: 제가 민들레님의 이야기를 계속 들어 드리는 게 민들레님께 어떤 도움이 되는지 여쭤 보고 싶어요.

반응2: 민들레님의 이야기를 계속 들어 주기를 원하시나요?

반응3: 잠깐만요. 제가 들은 얘기가 ~인데 맞을까요?

(2) 환기시키기

[연습 4-2]

상2:

반응1: 민들레님, 저도 민들레님의 이야기를 계속 들어 드리고 싶은데 제한된 회기 안에 상담이 진행됩니다. 제가 중간에 질문을 해도 괜찮을까요? 제가 '잠깐만요.'라고 물어볼게요.

반응2: 지난 회기 때 해 주신 말씀은 제가 이미 잘 들었는데, 또 그 이야기를 하고 계시니 그게 민들레님께 중요했던가 보네요.

반응3: 잠시만요. 지난 회기에 하셨던 얘기를 오늘도 말씀하시는데 계속 들어 드리는 게 나을까요? 아니면 호소문제에 대해 좀 더 이야기하는 것이 좋을까요?

(3) 말 끊은 것에 상처가 있다면 공감하면서 들어 주기

[연습 4-3]

상1:

반응1: 우선 마음을 솔직하게 표현해 주셔서 고맙습니다. 이렇게 이야기해 주시니 제가 더 마음이 놓입니다.

반응2: 쉽지 않으셨을 텐데 마음을 표현해 주셔서 고맙습니다. 어떻게 하면 수용받는다고 느끼실까요?

반응3: 제 나름대로 수용한다는 것이 민들레님에게는 수용받는다는 느낌이 들지 않을 수 있어요. 어떤 부분에서 수용되지 못한다고 느끼실까요?

상2:

반응1: 민들레님의 느낌을 이야기해 주니 이 시간이 편안하시다는 것으로 받아들여져요. 하지만 저로서는 고민이 되네요.

반응2: 민들레님께 과연 어떤 도움이 되는지 걱정이 돼요. 제가 상담사로서 이야기를 듣기만 하는 것이 어떤 도움이 될까 하면서도 민들레님이 하고 싶은 이야기가 많다는 것은 이해합니다.

반응3: 민들레님이 말씀하신 그 느낌을 조금 더 구체적으로 말씀해 주실 수 있겠어요? 제가 그 느낌을 따라가지 못할까 걱정이 되네요.

상3:

반응1: 저는 민들레님의 상담사로서 제가 민들레님의 이야기를 잘 이해하며 따라가고자 질문을 드리는데요. 정작 민들레님은 그 질문들을 불편해하시는 것 같아서요.

반응2: 민들레님께서 하고 싶은 이야기들이 많다는 것은 이해합니다만 제가 민들레님의 이야기를 듣기만 하는 것이 민들레님께 어떤 도움이 될지 걱정이 돼요.

반응3: 먼저 자신의 마음을 솔직히 이야기해 주니 더 가깝게 느껴집니다. 제가 어떻게 할 필요가 없다고 하니 제가 더 편안합니다. (제가 민들레님을 앞으로 어떻게 하면 더 잘 이해할 수 있을까 고민이 됩니다)

상4:

반응1: 민들레님께서 말씀하실 때, 중간에 제가 질문하는 것이 민들레님이 이야기하는 시간을 존중받지 못했다는 생각이 드시는군요.

반응2: 제가 상담사로서 이야기를 듣기만 하는 것이 어떤 도움이 될까 하면서도 민들레님이 하고 싶은 이야기가 많다는 것은 이해합니다.

반응3: 제가 어떻게 하면 이해받았다는 느낌이 드실까요?

상5:

반응1: 하고 싶은 이야기들이 많았는데 못하면 얼마나 답답했겠어요. 민들레님의 마음을 이해할 수 있을 거 같아요. 다만, 상담이 감정을 해소하는 것도 중요하지만 저와 민들레님이 함께 세운 목표를 향해 가는 것도 중요한 일이어서 말씀드렸어요.

반응2: 내가 하고 싶은 이야기를 다 했을 때 비로소 이해받는다는 느낌이시군요. 그렇다면 마지막 종결시간에 상담목표를 어느 정도 만족하실까요?

반응3: 내가 하고 싶은 말로 이야기가 흘러가길 원하시네요. 민들레님이 처음 오셔서 호소한 어려움과 지금 말씀하신 이야기 사이에 어떤 연관성이 있으실까요?

상6:

반응1: 그럼 민들레님은 제가 민들레님의 이야기를 그냥 들어 드리는 것만으로 만족하시나요?

반응2: 그렇다면 민들레님은 이 상담에서 가장 원하시는 것이 무엇인가요?

반응3: 상담이 종결될 때쯤 민들레님에게 어떤 변화가 정말 있길 원하시나요?

상7:

반응1: 이야기를 들어 드리는 것은 충분히 가능합니다. 듣기만 할 때 저도 이야기를 놓칠까 봐 걱정이 되네요. 제가 이야기를 잘 들어 드리기 위해서 중간에 내용을 놓칠 때는 다시 질문을 하거나 잠깐만요 해도 괜찮으실까요?

반응2: 민들레님은 이야기를 상담사가 들어 주는 것이 중요한 경험일 것 같다고 여겨집니다.

반응3: 저도 민들레님의 이야기가 궁금합니다. 제가 이야기를 충분히 들어 드리지만 제가 이야기를 놓칠 때는 질문하거나 '잠깐만요' 하고 다시 확인해도 될까요?

2) 중단시키기 연습

(1) 상황별 연습

[연습 4-4]

반응1: 민들레님, 지난 회기에도 같은 말을 하셨는데 제가 지금 들어 드리는 게 어떤 도움이 될까요?

반응2: 어린 민들레님은 엄마와 함께 하고 싶었고 이야기하고 싶었군요. 하지만 엄마는 날 비난하는 것 같았고 성인이 된 지금도 여전히 엄마와의 관계는 두려우시고요. 그리고 이런 엄마와의 관계가 지금 민들레님이 다른 사람과 관계를 맺는 데 영향을 미치고 있네요. 결국 남들한테 이야기할 필요 없다는 마음이 드시는 거군요.

반응3: 지난 회기에도 같은 말씀을 하셨어요. 그만큼 엄마와 풀어 보려고 애썼음이 느껴져요. 이렇게 엄마 이야기를 반복으로 말씀하시면서 어떤 느낌(마음)이 드세요?

[연습 4-5]

반응1: 잠시만요. 상담시간이 다 되어 가네요. 지금 말씀하신 것은 중요한 것으로 다음 회기에 먼저 다루도록 하고 오늘 상담을 정리해 보려고 합니다.

반응2: 엄마는 아니라고 하시지만 엄마의 말투나 목소리가 민들레님을 비난하는 것처럼 들리시는 군요. 엄마가 민들레님께 어떻게 말씀하시면 이해받고 있다고 느껴질 것 같으세요?

반응3: 잠시만요. 결국 엄마가 다그쳐 몰아세우면 아무 말을 못하시는 민들레님이시네요. 심지어 오빠 눈치까지 봐야 하는 민들레님의 마음이 어떠할지 전해 옵니다.

[연습 4-6]

반응1: 민들레님은 계속해서 엄마에게 사랑받고 인정받고 싶으셨네요. 그래서 엄마에게 쓸모 있는 존재가 되기 위해 노력해 오셨고요. 만약 민들레님이 다른 사람을 위한 궂은일을 하지 않는다면 엄마나 다른 사람들이 민들레님을 어떻게 대할 거라 생각되시나요?

반응2: 네, 그러셨군요. 이해했습니다. 민들레님은 엄마의 따뜻한 돌봄과 인정을 바라고 계셨네요. 그래서 엄마에게, 사람들에게 냉대받지 않기 위해, 존재를 증명하기 위해 하기 싫어도 웃으며 노력해 오셨네요. 만약 민들레님이 다른 사람을 위해 궂은일을 하지 않는다면 어떤 일이 일어날 것 같으세요?

반응3: 잠시만요. 지금까지 엄마의 냉대에 혼자되는 것이 두려워 내 탓하며 칭찬받으려고 무척 애쓰셨어요. 그런데 다른 사람에게도 똑같이 무기처럼 사용하고 계시네요. 제가 이해한 것이 맞을까요?

[연습 4-7]

반응1: 잠시만요, 민들레님. 지금 하신 이야기는 지난 회기 동안 했던 이야기이네요. 계속 들어 주길 원하시나요? 민들레님에게 어떤 도움이 될까요? 제가 중간에 질문을 해도 괜찮을까요?

반응2: 가족에게 돌봄과 수용받기를 원하는 민들레님의 마음이 느껴져요. 그동안 민들레님이 느꼈을 외로움에 저도 마음이 아프네요. '이상한 책임감'은 부모님에게 사랑받고 싶다는 마음에서 발동되는 것인가요?

반응3: 잠시만요. 제가 이야기를 좀 정리해 볼게요. 민들레님은 가족으로부터 소외될까 봐 두려워 부모님 일이면 하기 싫으면서도 책임감을 강하게 느끼시네요.

제3장 고급 상담기술

1. 공감하기

1) 정서 파악하기

(1) 속감정과 표면감정 핵심체크

[연습 1-1]

표/속
속
표
속
표
표
표
속
속

(2) 내담자의 심리적 위치 파악 연습

[연습 1-2] ~ [연습 1-11]

연습	1-2	1-3	1-4	1-5	1-6	1-7	1-8	1-9	1-10	1-11
정답	행동	속감정	표면 감정	자기 자신	욕구	신체 감각	신체 감각	신체 감각	신체 감각	자기 자신

2) 내담자의 심리 위치별 공감하기

(1) 공감실습

[연습 1-12] 행동 경향성 위치 공감법

근거 단어(문장): 자해가

공감 반응: 행동 경향성 공감

"수치스러운 마음을 느끼면 자해를 하는군요."

"속이 상하시면 자해를 하면서 잠시 문제를 회피하셨군요."

"불편하실 때마다 아픈 행동을 하면서 잊어버리려고 애쓰셨네요."

[연습 1-13] 표면감정 공감위치

근거 단어(문장): 부끄러운(내가 잘못했다는 생각)

공감 반응: 표면감정 공감

"혼날 때(촉발 단서) 자해를 하면서 부끄러운 감정(표면감정)에서 도망가는군요."

[연습 1-14] 신체감각 공감 위치

근거 단어(문장): 숨이 막히고, 나를 짓눌러 오고

공감 반응: 신체감각 공감

"지금 이야기를 하시면서 얼굴 인상이 찌푸려지시네요."

"그 고통이 신체 어느 부분에 느껴지시나요?"

"말씀하신 압축기는 신체 어느 부분이 장치되어 있을까요?"

"나를 쥐어짜는 이미지를 말씀하실 때 목소리가 작아지시네요."

[연습 1-15] 속감정 공감 위치

근거 단어(문장): 절망감

공감 반응: 속감정 공감

"무기력(표면 감정) 뒤에 절망감이 느껴집니다(속감정)."

"게다가 이게 마지막이 될지도 모른다는 절망감까지 드시는군요(속감정)."

"무기력 뒤에(표면감정) 막막함까지 느껴집니다(속감정)."

[연습 1-16] 욕구 공감 위치

근거 단어(문장): 나는 나로서 서 있고 싶어요.

공감 반응: 욕구 공감

"그 순간에 내가 바라는 것은 평가받는 내가 아니라 나로서 서 있고 싶은 거였네요."

"그 순간에 내 스스로가 단단해지기를 원하셨군요."

"하지만 간절히 바라는 것은 내 스스로 당당해지고 싶으신 것이었네요."

"깊이 들여다보니 부끄러움이 아니라 당당해지고 싶은 감정을 느끼셨군요."

[연습 1-17] 자기자신 공감 위치

근거 단어(문장): 나는 못하는 아이, 부족한 아이

공감 반응: 자기자신 공감

"부족한 자신을 보기가 두려우셨네요."

"비참하리만큼 못하는 나를 마주할 힘이 부치는 게 느껴지네요."

"나는 못하는 아이, 부족한 아이를 보셨네요. 그 아이는 지금 무엇이 필요할까요?"

"오히려 눈치만 더 보는 나를 보게 되셨네요. 그 동안 눈치 보느라 힘들었다고 '나(self)'를 안아 주시겠어요?"

"눈치 보는 아이는 지금 저에게 눈치를 보지 않고 힘들었던 이야기를 하시네요."

2. 반영하기

2) 반영하기 핵심체크

(2) RISSSC manner 핵심체크

[연습 2-1]

반복(Repeat): 민들레님은 그 고통에 **숨 막히고, 짓누르고, 쥐어 짜였네요.**

이미지(Image): 나를 누르는 압축기, 뭉쳐서 누르고 있는 이미지를 떠올려 보실래요, 뭐가 보이시나요?

눈동자는 압축기와 나 사이에서 어디쯤 있을까요?

눈동자가 어디에서 사라졌을까요?

단순함(Simple): 모든 압축기가 나를 누를 만큼 고통스러우셨네요.

천천히 진행(Slow): 나를 누르는 느낌에서 천천히 호흡을 해 보시겠습니다.

부드러움(Soft): 너는 당시 5학년 어린아이여서 영어를 못할 수 있지. 우리나라 말도 아닌데 영어를 어떻게 잘할 수 있어? 그 나이에 영어 못하는 건 잘못이 아니야. 공부하면 돼. 그건 네가 아니야. 민들레야, 너는 평가받을 대상이 아닌 그 자체로 빛나는 존재야.

내담자의 언어(Client's words): '너는 그 자체로서 빛나고, 귀하고, 정말 소중한 존재란다.'라고 현재의 내가 나를 안아 줍니다. 크게 소리 내서 울어도 됩니다. 그리고 안아 줍니다. 그 5학년짜리 쪼그라든 나를 안아 줍니다.

(3) 과거형을 현재형으로 질문하기

[연습 2-2]

상1:

상담초기: 그 말을 하고 있는 민들레님의 지금 마음은 어떤가요?

상담중기: 그 상황으로 들어가 볼까요? 그 말을 들은 민들레님은 지금 어떻게 하고 있나요?

상담종결: 지금까지 무서운 아버지의 이야기를 했고 다루어 왔습니다. 지금 종결시점에서는 아버지의 무서움이 어느 정도이신가요?

상2:

상담초기: 어린 시절 아버지가 무서워 숨어 있던 민들레님은 지금 아버지 이야기를 하면서 저와 마주하고 있어요.

상담중기: 두리번거리며 숨어 있는 어린 민들레에게 지금 어떤 이야기를 해 주고 싶으세요? 어떻게 해 주길 원하나요?

상담종결: 어린 시절에는 피해 있었죠. 상담을 마친 지금은 어떠신가요?

상3:

상담초기: 어린 민들레는 지금 그 말을 듣고(하고) 싶었네요.

상담중기: 어린 민들레 손을 잡고 안심시키면서 괜찮아 하고 집에서 데리고 나왔어요. 지금의 민들

레님은 어린 민들레에게 어떻게 해 주고 싶은가요?

상담종결: 집에서 데리고 나온 어린 민들레는 지금 어떤 모습으로 있나요?

상4:

상담초기: 어린 민들레가 듣고 싶었던 이야기를 지금 민들레가 당당히 말하시네요.

상담중기: 어린 민들레를 지금 다시 바라보니 어떤 마음이 드세요?

상담종결: 지금까지 어린 민들레와 이야기 나누면서 지금은 아버지가 어떻게 보이시나요?

(4) 감정의 강도에 맞추어 반응하기

[연습 2-3]

상1: (행동 위치) 숙제를 못 한 나를 볼 때 **손을 막 벽에다 긁고** 결국 밤이 되었을 때 **목도리로 막 목을 졸랐네요.**

상2: (표면감정 위치) 못하는 내가 너무 **싫어서 숨어 버리고** 싶었네요.

상3: (속감정 위치) 완벽하게 보여 줄 수 없는 나의 모습을 바라보기가 너무 **고통스러웠을 것** 같아요.

3) 반영하기 연습

(1) 상황별 연습

[연습 2-4]

반영1: 어려운 상황에 있어도 민들레님은 안도감을 느끼면 괜찮으시군요.

반영2: 어려운 상황이 오는 것은 인정하시지만 상대가 안도감을 주는 것이 중요하시네요.

반영3: 어려운 상황보다 안도감을 받고 싶은 마음이 더 크시네요.

[연습 2-5]

반영1: 민들레님이 안도감을 가지도록 알려 주는 것을 바라시네요.

반영2: 그 사람의 표정이 어떻든 엄마가 안도감이 들도록 일러 주면 좋을 것 같다고 생각하시는군요.

반영3: 민들레님에게는 나를 수용해 주는 엄마가 오히려 안도감에 큰 영향을 주네요.

[연습 2-6]

반영1: 아버지에 대한 마음을 상담사가 이해하지 못한다고 느끼시는군요.

반영2: 그 당시엔 분노의 감정이 동기가 되어 아빠에게 이야기하셨군요. 그리고 현재 저와의 대화에서는 민들레님이 제대로 이해받지 못하고 있다는 느낌을 받으시는군요.

반영3: 분노로 인해 아빠에게 이야기했지만 분노는 여전히 남아 상담가에게 전달이 되네요.

[연습 2-7]

반영1: 엄마에게 사랑한다는 말을 들으면 더 이상 민들레님은 불안하지 않으시겠네요.

반영2: 나의 존재는 엄마로부터 사랑을 받아야지만 확신되어 더 이상 불안을 느끼지 않으시네요.

반영3: 민들레님은 충분히 사랑받을 만한 존재라는 말을 통해 안정감을 느끼고 싶어 하시는 듯합니다.

[연습 2-8]

반영1: 상대방의 인정과 상관없이 민들레님 스스로가 가치 있다고 느끼고 싶은 마음으로 보여집니다.

반영2: 뭔가를 해내지 못하면 인정받지 못하고 내가 무가치한 사람으로 느껴지시겠네요.

반영3: 지금까지 버려질까 봐, 미움받을까 봐 두려워 인정받기 위해 나의 가치를 모두 타인에게 집중했네요.

3. 직면하기

2) 직면 연습

[연습 3-1]

직면1: 결국 두 분 모두 민들레님이 필요한 욕구를 못 채워 주신 분인데 아빠에 대한 감정이 더 복잡하네요.

직면2: 민들레님이 필요한 욕구가 따로 있다고 하면서도 여전히 아빠에 대한 감정이 복잡해서 아무 말 못하고 계시네요.

직면3: 엄마보다 아빠가 도움을 준다고 하셨지만 민들레님의 진짜 욕구에는 도움을 받지 못했네요.

[연습 3-2]

직면1: 아빠한테 화를 내고 싶지만 다른 한편으로는 아빠가 힘들다고 이해를 하고 계시는군요.

직면2: 아빠가 내게 잘해 주시는 걸 알고 있기 때문에 미안한 마음에 정작 내가 원하는 걸 아빠에게 요구할 수 없어 답답하시군요.

직면3: 죄책감이 들어 화를 낼 수 없다고 하시면서 여전히 아빠에게 화를 내고 싶어 하시네요.

[연습 3-3]

직면1: 회사 선배들보다 일을 잘하지만 내 스스로 가치 있다고 받아들이기가 힘이 드시네요.

직면2: 민들레님은 조금 전에 스스로 가치증명을 해서 인정받았다고 하셨는데 한편으로는 여전히 자신이 가치가 없다고 말씀하시네요.

직면3: 힘이 생겼다는 말에 동의하기 힘들다고 하시면서도 스스로의 가치를 증명해 인정받았다고 생각하시네요.

[연습 3-4]

직면1: 두려움은 많이 줄어들었지만 지금껏 문드러져 살아왔던 나에게 화는 남아 있네요.

직면2: 만약 지금까지도 문드러져 살아오고 있다면 민들레님의 두려움은 어떠했을 거 같으세요?

직면3: 두려움은 줄어들었고 오히려 답답함과 화가 나서 이런 내가 마음에 안 드시네요.

4. 해석하기

2) 해석하기 연습

[연습 4-1]

해석1: 민들레님은 재능이 없다고 말한 교수의 말에 이 분야에서 더 이상 희망이 없다면서 도망가는 것처럼 행동하는 것 같습니다.

해석2: 교수님의 말에 영향을 많이 받고 계시는 것 같아요. 민들레님에 대한 다른 사람의 의견을 좀 들어 보는 건 어떠실까요?

해석3: 지금 학교에서 거의 낙제인 것과 고3 동안 열심히 한 것 사이에 어떤 연관성이 있다는 것을 알 수 있나요?

[연습 4-2]

해석1: 학업과 성적에 대한 압박이 꿈에서 나타날 만큼 압박을 크게 느끼고 있네요. 현재 상황에 대한 부담과 압박 때문에 미래에 대해 생각할 수 없는 상황인 것 같네요.

해석2: 퇴학당하는 꿈을 꿀 만큼 학업과 성적에 대한 압박을 크게 느끼고 계시네요. 실패에 대한 두려움과 압박 때문에 자신의 미래에 대해 제대로 생각할 수 없는 건 아닌가 싶습니다.

해석3: 졸업이 임박해 느끼는 스트레스가 무척 심하신 것으로 보여요. 낮은 학점에 대한 걱정도 많으시고요. 퇴학당하는 꿈을 주기적으로 꾸는 것은 학점에 대한 스트레스와 갈등이 무의식적으로 드러난 것으로 보여요.

[연습 4-3]

해석1: 결혼까지는 안도감을 느끼지만 아직 아이 출산 부분은 불안감이 남아 있는 것 같습니다.

해석2: 결혼을 생각할 만큼 독립적이고 성숙한 성인이 되었다는 생각을 하게 되었고, 좋은 남자친구를 만나 새로운 가정에 대해 독립적인 생각을 하면서도, 아직 엄마의 눈치를 보고 계신다고 하니, 정서적으로는 독립이 아직 이루어지지 않은 것으로 보여요.

해석3: 남자친구가 주는 안정감으로 결혼을 생각하고 있지만 엄마가 될 자신은 없으시군요. 엄마의 눈치를 보는 것 같다고 말씀해 주셨는데 혹시 엄마와의 관계로 인해 육아에 대한 두려움이 있으신 건 아닐까요?

5. 즉시성

3) 즉시성 연습

[연습 5-1]

내담자 상황	즉시성 표현 예시
1.	문제가 없다고 이야기하시면서 상담에 오는 것은 어떤 의미일까요? 상담이 도움이 되실까 걱정이 됩니다.
2.	저 역시 가슴이 아픕니다. 그러나 민들레님의 깊은 상처를 나눠 주셔서 안심이 됩니다.
3.	저는 민들레님을 어떻게 도와야 할지 실망감을 느끼고 있어요. 상담 관계에 대해서 어떻게 느끼는지 궁금해요.

4.	저는 민들레님이 이 상담에 대하여 어떻게 느끼는지 확신할 수 없었는데 회기 내내 생각하게 되었다고 말할 때 놀랐어요.
5.	제가 하는 모든 말을 거부하셔서 제가 상처받았어요.
6.	민들레님이 오늘 회기에서 했던 반응이 궁금하네요.
	제가 당신을 격려했을 때 어떤 것을 느꼈나요?
	민들레님이 지금 저에게 바라는 것은 무엇인가요?
7.	오늘 민들레님과 거리감이 느껴지는데 어떻게 느꼈는지 궁금하네요.
	오늘 민들레님과 감정을 나누니 너무나 가깝게 느껴지네요.
8.	오늘 또 늦었네요. 상담에 오는 것이 민들레님에게는 어떤 느낌인지 궁금하네요.
	계속 시계를 보고 있네요. 민들레님은 지금 상담에 대해서 어떻게 느끼고 있나요?
	그것을 말할 때, 민들레님이 화난 것처럼 보였어요. 민들레님 안에서 무슨 일이 일어나고 있나요?
9.	민들레님은 아무도 당신을 이해하지 못한다고 말하고 있어요. 지금 제가 당신을 이해하지 못하고 있는 것이 무엇인지 말해 줄 수 있나요?
	누군가 당신을 비난하면 매우 흥분한다고 말했는데 바로 지금 미루는 것을 제가 이야기할 때 뒤로 물러서네요. 제가 민들레님을 비난한다고 느끼시나요?
	민들레님이 제 질문을 피하는 것을 보니 속상하네요.

6. 자기개방

2) 자기개방 연습

[연습 6-1]

자기개방1: 저도 상담 공부하면서 나한테 맞지 않다고 생각해서 방황하다 돌아온 경우가 있어서 그 마음 충분히 이해합니다.

자기개방2: 저 또한 민들레님과 같은 고민을 하고 있어요. 그래서 민들레님의 고민하는 것이 무엇인지 충분히 이해합니다. 경제적인 것 이외에 상담이 적성에 맞지 않다고 느끼시는 부분이 있으실까요?

자기개방3: 저 또한 늦은 나이에 상담 공부를 시작했고 이 공부가 워낙 돈이 많이 드는 공부라는 걸 시작하고 알게 되었어요. 그 부분에서 많은 고민이 있으시군요. 충분히 이해합니다. 금전적인 부분 외에 특별히 상담이 적성에 맞지 않는다고 느끼는 부분은 어떤 것이 있을까요?

[연습 6-2]

자기개방1: 저도 공부할 때 핸드폰을 보는 등 집중이 어려울 때가 많이 있어서 그 마음이 이해가 되네요.

자기개방2: 저도 공부에 집중하기 위해 친구들과의 만남을 포기했던 적이 있는데 그럼에도 불구하고 공부하는 물리적 시간은 비슷하고 집중하기 어렵더라고요. 혹시 창밖의 사람들을 보면 어떤 생각이 드세요?

자기개방3: 공부에 집중하기 위해 여자친구와 헤어지기까지 하셨다니 쉽지 않은 결정이셨겠어요. 제 경험을 생각해 보면, 집중이 안 될 때는 계속 책상에 앉아 있기보다는 공부와 관련 없는 산책이나 운동, 티타임 같은 걸 가지면서 머리를 식혀 주는 게 공부에 집중하는 데 오히려 도움이 되더라고요.

[연습 6-3]

자기개방1: 말씀만 들어도 심장이 조이는 것 같아요. 가해자를 죽이고 싶다는 마음이 드는 건 어쩌면 당연한 게 아닐까 싶네요. 그런 생각이 들 때의 민들레님의 마음을 색으로 표현한다면 어떤 색일까요?

자기개방2: 나를 고통스럽게 하는 사람한테는 저도 그런 마음이 가진 적이 있어서 어떤 마음인 줄 알 것 같습니다.

자기개방3: 저도 저를 괴롭히는 사람에게 복수하고 싶었던 순간이 있었어요. 복수를 해야지만 내 마음이 풀릴 것이라 생각했는데 복수한다는 게 쉽지 않아서 많이 억울하고 화도 났었지요.

7. 상담사의 다양한 반응 인식하기

1) 상담사 반응 실습

[연습 7-1] 다양한 상담 개입기술로 실습하기

번호	1	2	3	4	5	6	7	8	9	10	11	12
정답	개	명	재	격	정	폐	직	지	해	즉	중	재

[연습 7-2]

번호		축어록 내용	상담 개입기법	대안질문하기
상	41	어렸을 때에는 모범적인 딸로 성장하셨다고 지난 시간에 이렇게 적혀 있어요. 민들레님께서 어머니 말에 순종하고 어머니가 시키는 대로 하고 (손을 목에 갖다 대며) 여기까지 차신 것 같거든요. 더 이상 할 수 없어서.	요약 반영	접수면접지에는 모범적인 딸로 성장했다고 기록되었네요. 어머니의 말에 순종하면서 목까지 참으신 것이 느껴집니다.
상	42	이거를 들은 척하고 사실 순종하는 척하고 모범적인 딸이었지만, 이 스트레스가 가득 있다가 또 남편한테 왔는데 스트레스를 하나 더 주고 또 위험한 상황에서 아이를 또 케어해야 되니까 또 스트레스가 생기고 지금 이런 상황이 어떻게 받아들여지세요?	요약 개방형 질문	친정어머니에게 참고 사는 것에서 도망쳐서 결혼했는데 남편도 스트레스, 출산 후에는 아이까지 더해지니 스트레스가 쌓였을 것 같아요.

개입기법	횟수	개입기법	횟수	개입기법	횟수
비언어적 반응		명료화		해석	
단순반응		중단시키기		즉시성	
재진술		요약		자기개방	
바꾸어 말하기		공감		과제 주기	
간접질문		반영		정서적 개입	
직접질문		격려		인지적 개입	
개방형 질문				행동적 개입	
폐쇄형 질문		직면		체계적 개입	

제4장 정서, 인지, 행동적 개입기술

3. 인지적 개입기술

1) 자동적 사고 찾기

(5) 자동적 사고 찾기 연습

[연습 3-1]

진행 순서	질문
1.	상1: 남편이 화난 모습을 하고 집을 나서는 장면을 떠올려 보실래요? 내1: (눈을 감고 장면을 떠올린다) 상2: 그 장면에서 어떤 생각이 스쳐 지나가나요? 내2: 내가 쓸모가 없어서 저를 못마땅하게 생각하는……. 상3: 방금 스쳐 지나간 생각을 우리는 자동적 사고라고 말합니다. 이러한 생각은 누구나 할 수 있으며, 너무 빠르기 때문에 인식하지 못하고 자동적으로 지나갑니다. 이 생각은 때때로 적응적이기도 하지만, 방금 '나를 쓸모가 없는 아내'라고 생각한 것처럼 부정적으로 인식됩니다. 마치 실제로 그런 것처럼 우리 몸이 반응하게 만듭니다. 여기까지 혹시 질문이 있으실까요? 내3: 제가 그런 생각을 자동적으로 한다는 사실을 미처 몰랐던 것 같아요. 상4: 지금부터 이러한 생각들을 찾아보고, 그 생각이 민들레님에게 도움이 되는지, 또 타당한 생각인지 같이 평가해 보고자 합니다. 한번 찾아볼까요? 내4: 네.
2.	상5: 방금 민들레님이 떠올렸던 장면이나 이미지처럼 우리가 실제 거기 있지 않아도 그 일을 상상하면서 그것을 경험할 수 있는데요. 이러한 과정을 심상 과정이라고 합니다. 우리는 한번쯤은 이런 이미지를 떠올리고 살아가는데요. 이 과정은 우리가 살아가는 데 이해되지 않는 부분을 면밀하게 살피고, 다시 생각하게 만들도록 도와줍니다. 혹시 여기까지 이해가 되시나요? 내5: 그렇군요. 너무 신기하네요. 아까 그 이미지 속에 실제로 제가 있는 것 같았고, 마치 그 때의 느낌을 가졌어요. 상6: 맞아요. 지금부터 저와 함께 이러한 심상 과정을 통해 민들레님에게 불편감을 주었던 경험을 떠올려 보면서 미래에 그와 비슷한 상황을 마주할 때, 다르게 대처하는 방법을 같이 할 것입니다. 내6: (고개를 끄덕인다)

3.	상7: 최근 일주일 동안, 자신이 가장 무시받고 버려진 것 같다고 느꼈던 장면이 기억나나요? 내7: 네. (고개를 끄덕인다) 상8: 그 장면을 떠올려 보세요. 내8: (눈을 감고 장면을 떠올린다) 상9: 지금 어떤 모습이 보이나요? 내9: 남편은 들어오면 게임만 해요. 저는 눈치를 보고 있어요. 상10: 주변을 둘러보세요. 혹시 더 보이는 게 있나요? 내10: 저는 남편 주위를 보면서 이야기할 타이밍을 찾고 있어요. 방은 캄캄해요. 천장이 보이네요. 상11: 소리, 혹은 냄새, 온도는 어떤가요? 내11: 조용해요. 길가 차 다니는 소리가 멀리 들리고요. 상12: 그 장면을 보고 있을 때 어떤 느낌이 드나요? 내12: 게임하는 남편에게 다가가질 못하겠어요. 말을 하고 싶은데, 화낼까 봐 조심스럽고요. 어쩔 줄 모르겠어요. 상13: 그 느낌은 몸 어디에서 느껴지나요? 내13: 가슴이요. 답답해요. 상14: 그 느낌에 조금 머물러 봅시다. 지금 마음속에 어떤 생각이 스쳐가나요? 내14: 나에게 관심이 없구나. 내가 별로인가. 나는 사랑받지 못하는 아내이다.

[연습 3-2]

단계	세부내용	질문
1. 기본질문		"(C: 결과)한 느낌(혹은 감각)이 느껴질 때(혹은 들 때) 어떤 생각이 드나요?(혹은 스쳐 지나가나요?)"
2. 자동적 사고 구체화 질문	핵심사고가 아닐 때	상: 가슴이 답답한 그 상황에서 드는 또 다른 생각이 있나요? 내: 내가 뭘 잘못했나? 내가 나가서 돈도 안 벌고 그래서 남편이 속상한가?
	기능 파악	상: 그 생각을 믿는 것은 민들레님에게 어떤 영향을 주나요? 내: 우울하죠. 속상하고요.
	강도	상: 우울한 상황에서 그 생각을 얼마나 믿고 있나요? 내: 1에서 10까지라면 9정도 되는 것 같아요.
	기저사고 파악	상: 그 생각이 의미하는 걸 조금 더 구체적으로 말해 주실 수 있나요? 내: 애 낳고 키우면서 저는 제가 뭘 할 수 있을까 하는 생각이 들어요. 살도 찌고 외모도 별로인데, 다른 집 엄마들처럼 살림을 그렇게 잘하는 것도 아니고, 능력이 있어서 바깥에 나가 돈을 버는 것도 아니고요. 내가 남편이라도, 저 같은 와이프 정말 별로일 것 같아요.

3. (C: 결과)에 대한 연결점 파악	정서 파악	상: 우울한 생각이 들 때 어떤 감정이 느껴지나요? 내: 제가 정말 싫어요. 맘에 안 들어요. 내가 미운 마음이에요. 서글프고 눈물이 나요.
	대처기제 파악	상: 그런 생각이 들 때, 어떤 행동을 하게 되나요? 내: 잠도 안 오고, 눈물만 나고, 괜히 애한테 짜증만 나고요. 누구 만나기도 싫고 그렇죠. 먹는 걸로 풀 때가 많은 것 같아요.
	강도 파악	상: 그런 우울한 감정은 어느 강도로 느껴지나요? 내: 심할 때는 막 마음에서 천불이 나요.
		상: 그것을 1~10까지의 강도로 표현한다면 어느 정도 강도일까요? 내: 심할 때는 10이에요.
4. 핵심적인 사고인지 파악하기		상: 그 생각을 그 당시에는 얼마나 믿고 있나요? 내: 그 생각에 사로잡혀 있죠. 머릿속이 그런 생각으로 꽉 차는 느낌이에요. 상: 그 생각을 믿는 것은 민들레님에게 어떤 영향을 주나요? 내: 나쁜 것 같아요. 완전히 사로잡히니까. 다른 생각을 못 하고, 더 깊게 생각하게 돼요. 정말 그게 내가 되는 거죠.

2) 자동적 사고 수정하기(A-B-C-D-E)

(4) 소크라테스 질문 연습

[연습 3-3]

분류	세부 분류	질문 실습하기
1. 증거 질문하기	자동적 사고를 지지하는 증거들을 하나씩 점검할 때	상: 나는 도망갈 수 없다. 꼼짝달싹도 할 수 없다고 믿는 증거가 있을까요? 내: 나는 아무 것도 대응하지 못하니까요.
	증거를 하나만 이야기하는 경우	상: 그런 생각을 지지하는 또 다른 증거가 있을까요? 내: 참는 것 외에 다른 방법은 없다고 생각해요. 이 사람을 이길 수 없고, 이 사람은 변하지 않을 거니까.
	자동적 사고를 지지하는 증거 찾고 타당성에 반하는 증거 찾을 때	상: 그렇다면 그 생각에 반대되는 증거가 있을까요? 내: 경찰에 신고했어요.
2. 대안적인 사고 질문하기	대안적 사고가 필요할 때	상: 그 상황을 다시 한번 살펴본다면, 남편이 물건을 집어 들었지만, 던지지는 않았을 때, 그 상황을 설명할 수 있는 다른 것은 무엇일까요? 내: 저 사람도 무서워하는 것이 있구나.

3. 최악의 시나리오가 포함되지 않도록 질문하기	가장 큰 두려움에 대해서 질문이 필요할 때	상: 민들레님이 여전히 남편을 무서워하신다면 남편이 들어오는 문소리가 나는 것이 무섭다면 그 상황에서 일어날 수 있는 최악의 상황은 어떤 건가요? 내: 남편이 물건을 던지지는 않지만, 제게 욕을 하는 거요.
4. 관점 재구성 질문하기	버틸 수 있지만 즐겁지 않거나 슬프다고 한 경우	상: 그 상황에서 민들레님은 버틸 수 있을까요? 내: 두려움은 있지만, 못 버티진 않을 것 같아요.
	주변 사람들에게 대입해서 생각하도록 할 때	상: 무섭지만 버티신다면, 그 방법은 어떤 걸까요? 내: 아무리 화가 나도 나한테 욕을 하거나 위협적인 태도를 취하는 것은 하지 말라고 말하는 거요.
	가장 큰 두려움이 죽음이라고 생각할 때	상: 민들레님이 가장 지혜롭다고 생각하는 사람이 있다면 혹시 누구일까요? 내: 교회 사모님인 것 같아요. 상: 만약 그분이 지금 여기에 있다면 민들레님에게 어떤 이야기를 해 줄까요?
		내: 잘했다, 경찰에 신고한 것. 용기가 있는 것을 기억해라. 앞으로도 참지 말고 당당히 남편의 폭력에 대해 말하라고. 이 과정이 두려울 수 있다. 처음 하는 것은 누구나 두렵다. 이미 시작했다. 그것이 힘이 있는 증거다. 상: 그럼 민들레님이 그 사모님이 되어서 민들레님에게 이야기한다면 어떤 말을 해 줄까요? 내: 민들레야, 왕 같은 제사장이요. 거룩한 백성이야. 누구도 너를 해할 수 없어. 너는 왕처럼 존중받을 자격이 있어. 잘했어. 앞으로 괜찮을 거야. 이미 시작했어. 남편 몰래 상담도 왔잖아. 너를 위해서 지혜 있는 선택을 했어.
5. 영향력 질문하기	왜곡된 생각에 반응하는지 안 하는지 파악할 때	상: 폭력을 신고한 것에 남편이 앙심을 품고 보복을 할지도 모른다는 생각은 민들레님께 어떠한 영향을 줄까요? 내: 그 생각으로 불안해서 눈치 보는 것 같아요.
	C 반응이 재확인되는 지점일 때	상: 민들레님 스스로 도망칠 수도, 꼼짝달싹할 수도 없는 사람이라고 생각하는 것은 민들레님에게 어떤 영향을 주는 것 같나요? 내: 저를 너무 불안하고 우울하고 무력하게 만들어요.
6. 거리두기 질문하기	다른 사람은 이 상황에서 어떻게 할지에 대해서 생각해 보게 할 때	상: 그 생각이 우울하고 무기력하고 자신감이 없게 만드네요. 그렇다면 그 생각이 변화한다면 민들레님의 삶에는 어떤 변화가 있을까요? 내: 무섭지만 피하지 않고 말할 수 있을 것 같아요.

7. 문제해결 질문하기	행동으로 이어지도록 할 때	상: 만약 민들레님의 남편이 물건을 집어 던지려고 하는 모습을 본다면, 다른 사람은 어떻게 할 것 같은가요? 내: '멈춰, 물건을 던지면 신고하겠다'고 말할 것 같아요.
		상: 이 상황에서 후회 없이 최선의 선택을 한다면 무엇일까요? 내: 어디 갔다 왔냐고 따지면 상담 갔다 왔다고 말할 것 같아요. 상: 만약 그 상황에서 달리 행동한다면 어떻게 행동할 수 있을까요? 내: '당신과 잘 지내고 싶지만 폭력을 사용하는 당신은 너무 싫어'라고 말하고 싶어요.

[연습 3-4] 증거 점검하기 연습

자동적 사고: 남편은 안 바뀔 것이다.	
지지증거	반대증거
남편은 결혼 초부터 화를 잘 참지 못했기 때문에 변할 것이라는 생각이 들지 않는다.	남편이 물건을 들지만 던지지 않았다.
지금은 경찰 때문에 조심하는 것 같지만 시간이 지나면 이전의 모습으로 갈 것이다.	바로 때리지 않고 나의 눈치를 살폈다.
지금도 협박하는 모습은 남아 있다.	남편이 밖에서는 폭력을 사용하지 않는다.

3) 인지적 재구조화

[연습 3-5]

상황	남편이 다시 물건을 집어 든다.
대처카드1	대처카드 상세내용
1. 현재 감정이 촉발된 상황	나는 남편이 물건을 잡으면 가슴이 뛰고 불안하다. 왜냐하면 남편이 신고한 나에게 보복을 할 수도 있기 때문이다.
2. 역기능적 신념 확인	이 감정은 '내가 하찮다는 생각'과 관련이 있다고 생각한다. 이러한 생각은 나를 (보호)하도록 과장되게 생각하도록 만든다.
3. 현실검증	비록 남편이 나를 하찮게 생각할지라도, 남편은 지금 폭력은 행하지 않는다. 경찰에 신고한 이후 남편은 내 눈치를 보고 있다.
4. 대처전략	여전히 남편을 무서워하지만 경찰에 신고한 것처럼 내가 나를 지킬 수 있다. 경찰에 신고하는 것은 서로를 지키는 안전한 방법이다. 불안할 때는 상담에서 배운 심호흡을 하자. 그리고 '괜찮아'라고 이야기해 주자.

제2부 상담진행과정

제6장 상담초기

1. 호소문제

2) 호소문제 기초선 탐색 연습

(1) 현재 상태를 질문하여 기초선 탐색

[연습 1-1]

호소문제	탐색된 호소문제
자존감이 낮아요.	1. 사람들 앞에 서면 위축되고 눈치를 보거든요.
	2. 내 의견을 이야기하지 못하고 맞추어 줘요. 집에 오면 자책하는 제가 싫어요.
	3. 사람들이 나를 이상하게 볼 것 같아 내가 잘하는 것이 없어서 시도하지 못해요.
우울감에서 벗어나고 싶어요.	1. 아무것도 하기 싫고 잠도 못 자고 귀찮아요.
	2. 잠을 못 자거나 폭식할 때가 있으며 우울해지고 무기력해져요.
	3. 스스로 가치 없는 사람이라는 생각이 들 때가 종종 있고, 자주 주변 사람들의 말을 왜곡해서 듣게 돼요.
아버지와 소통을 하고 싶어요.	1. 아버지를 보면 화가 나는데 말을 못 해요.
	2. 아버지가 이기적이라고 말하고 싶은데 무서워요.
	3. 내가 진짜 하고 싶은 이야기를 하면 아버지가 더 힘들다고 하니 차라리 입을 닫아요.
완벽주의에서 벗어나고 싶어요.	1. 저 스스로가 저를 갉아먹어요.
	2. 완벽하지 않으면 사람들이 저를 받아 주질 않을 것 같거든요.
	3. 제가 하는 것이 마음에 들지 않아서 계속 자책을 해요.
대인관계가 어려워요.	1. 친구한테 어떻게 다가가야 할지 모르겠어요.
	2. 내가 다가가면 친구들이 싫다고 할까 봐 다가가지를 못하는 것 같아요.
	3. 남자들은 괜찮은데 여자들은 까다로워서 말을 이어가기가 힘들어요.

평범한 나로 살고 싶어요.	엄마 눈치 보고 뭔가 빚진 것처럼 하는 것이 힘들어요.
	언제 싸움이 일어날지 몰라서 긴장하는 것이 싫어요.
	다른 사람 때문에 내 기분이 달라지는 것이 아니라 눈치 안 보고 단단해지고 싶어요.
인생을 어떻게 살아야 할지 막막해요.	나만 퇴보되는 것 같고 가해자는 잘 살고 있는 것 같아 억울해요.
	가해자 같은 옷만 봐도 심장이 뛰고 몸이 얼음이 되는 것 같아요.
	내가 무엇을 놓쳐서 상대방이 처벌되지 않으면 어떻게 될까라는 불안으로 잠을 못 자요.

[연습 1-2]

호소문제 부적절	적절한 호소문제 연습
부모가 변했으면 좋겠어요.	가해자인 부모는 상담받을 생각을 하지도 않는데 나만 상담받아서 억울해요.
지나치게 지배적인 아버지	아버지의 부정적 반응들이 두려워 제 욕구를 주장하는 것이 어려워요.
사랑하는 강아지를 잃은 것에 대한 슬픔	2년이 넘었는데도 슬픔에 빠진 제가 이상해요.

[연습 1-3]

호소문제 부적절	적절한 호소문제 연습
어머니에게서 버려짐	여자들을 신뢰하는 게 어려워요.
알코올 중독 병력	알코올 중독으로 지속적인 직장생활을 유지하기가 어려워요.
도박중독으로 패가망신	도박 빚에 쪼들려서 여전히 단도박이 힘들어요.

[연습 1-4]

호소문제 부적절	적절한 호소문제 연습
스트레스로 인한 자기 분열	스트레스받으면 내가 흩어지는 것 같아요.
지나치게 밀착된 가족	문제가 생기면 엄마의 말을 들어요.
분노에 대한 부적응적 반응으로 알코올 섭취	화가 치밀어 오르면 나도 모르게 술을 마셔요.

[연습 1-5]

여러 가지 호소문제	적절한 호소문제 연습
친밀한 관계와의 결별을 다루기 어려움	결별에 대한 두려움
	다른 사람을 만나는 것의 두려움
학대적인 관계 속에서 받게 될 대우에 대한 한계를 정하는 데 어려움	직장에서 받게 될 대우의 한계를 정하는 데 어려움
	남편으로부터 받게 될 대우의 한계를 정하는 데 어려움
사회관계를 시작하고 유지하기 어려움	낯선 사람과 새로운 사회적 환경 속에서의 불안과 부끄러움
	의사소통 기술들의 부족
	사회적 모임들의 회피
내가 좋아하는 직업을 선택해야 할까요? 아빠가 운영하는 회사에서 일해야 할까요?	아버지 회사에서 일을 해야 할지 아닌지에 대한 우유부단함
게이와 사랑에 빠졌어요. 친구들에게 커밍아웃했어요. 부모님께 말하려니 두려워요.	부모의 동의 없이 게이와의 사랑 유지에 대한 양가감정
	성적 지향 커밍아웃으로 인해 부모로부터 버려질 것에 대한 두려움

[연습 1-6]

호소문제 없을 경우	적절한 호소문제 연습
내가 누구인지 모르겠어요.	사람들이 나를 어떻게 생각할까 늘 고민해요.
특별한 문제는 없는데 저를 알고 싶어요.	내가 스트레스받을 때 어떻게 하는지 궁금해요.
살아가는 데 있어 불편함은 없는데 내가 모르는 게 있을까요?	내가 아는 나와 사람들이 아는 나는 얼마나 다를지 늘 생각해 왔어요.

2. 위기평가 및 심리검사

2) 심리검사 가설설정 핵심체크

(2) 심리검사가설 연습

[연습 2-1]

MMPI 1-1로 수정된 가설	SCT에서의 가설 확장
• 심한 우울 및 스트레스 상태 • 자살 사고 및 시도 가능성이 있는 위기 내담자	• 자살에 관련된 문항은 보이지 않는다. • 다만, 완벽해지고자 하는 자기(41번 문항: 나의 평생 가장 하고 싶은 일은 완전한 자아를 완성하는 것; 42번 문항: 내가 늙으면 완전한 자아를 완성해 있을 것이다; 36번 문항: 완전한 남성상은 책임감 있는, 든든한, 따뜻한, 능력 있는, 가정적인)와 여성에게 구원받기를 갈망하거나 과거의 삶에 얽매여 있는 현재의 자기 모습(11번 문항: 내가 늘 원하는 것은 여성으로부터의 구원; 34번 문항: 나의 가장 큰 결점은 과거에 얽매인다는 것, 연인에게 구원을 바라는 것)의 괴리에서 오는 자괴감이 낮은 자존감을 형성하였고(LSE:67) 오랫동안 내담자에게 압박감으로 작용했을 가능성이 있다.

MMPI 1-2로 수정된 가설	SCT에서의 가설 확장
• 매우 혼란스러운 정서적 동요 상태, 우울한 느낌, 자살사고, 걱정, 긴장, 불안 등 • 반추적 사고로 인한 원만하지 못한 대인관계, 이성관계의 곤란 • 통제되지 않는 어려움 속에 놓여 있을 가능성	• 내담자의 불안은 버려질 것에 대한 두려움, 특히 여성에게 버려질 것에 대한 두려움에서 비롯된 것일 수 있다. 그 두려움은 어린 시절 부모님과의 관계에서 생겼을 것으로 추측된다(50번 문항: 어리석게도 내가 두려워하는 것은 여성으로부터 사랑받지 못하는 것이다; 40번 문항: 내가 잊고 싶은 두려움은 버려지는 두려움; 45번 문항: 생생한 어린 시절의 기억은 버려질까 봐 두려웠던 기억).

MMPI 1-3으로 수정된 가설	SCT에서의 가설 확장
• 수동-의존적인 관계를 맺을 가능성 • 이성관계의 곤란을 성적 공상으로 몰두할 수 있을 가능성	• 내담자는 여자로부터의 구원을 바라는 수동-의존적인 관계가 나타났고 이러한 어려움을 성적 공상으로 대체하려고 시도했을 가능성이 있다(SCT 11번, SCT 34번: 나는 결혼해서 그녀가 꿈을 이룰 수 있도록 조력할 생각이 있다. 희생하는 거다. 보상을 바라지는 않지만 그녀가 알아봐 주길 원한다). • 접수면담 자료: 어렸을 적부터 여성으로부터 관심과 사랑을 받는 것을 좋아했던 것 같아요. 그러면서도 내가 사랑하는 사람 한 명에게 모든 것 바친다는 마음으로 연인관계에 임해 왔어요. 모든 삶의 초점이 연인과의 관계에 대해 맞춰져 있었고, 이러한 경향 때문인지 항상 같은 문제가 반복되어 왔습니다.

MMPI 2로 수정된 가설	SCT에서의 가설 확장
• 직장에서 정서적 부적응 및 대인관계 곤란을 겪고 있을 가능성 • 과거 경험에서 정서적 어려움이 비롯되었을 가능성	• 정서적인 어려움에도 직장생활을 꾸준히 하고 있는 것으로 보인다. 미래에 대해 긍정적으로 사고하려고 하면서도 불확실성으로 인한 불안이 교차하고 있는 것으로 보인다. 미래에 대한 꿈이 있고, 주어진 일들을 잘하고 싶은 욕구가 있는 것으로 보아(HY:60; SCT 8번 문항: 언젠가 나는 내가 원하는 모습으로 되어 있을 것이다; 30번 문항: 나의 야망은 행복한 가정을 꾸고 싶다) 내담자의 무기력과 우울은 기대와 현실 사이의 불일치로 인한 것임을 추정해 볼 수 있다.

[연습 2-2]

〈가설 1〉

MMPI-2, TCI, SCT로 세운 가설 1: 정서
• 불안하면서 부정적 정서와 함께 반추적 사고가 보임(Rc7:61, obs 62, Nege 69) • 불안은 기질도 영향이 있어 불안정하고, 미래에 대한 예기불안이 있어서 매사에(TCI;HA: 99) 불안해서 관계측면에서 어렵고 친밀한 가족관계에서는 화로 나타날 수 있음(SCT34: 나의 가장 큰 결점은 화가 많은 것이다, 27번: 저지른 가장 큰 잘못은 자식 앞에서 절제 못하는 모습이다).

〈가설 2〉

MMPI-2, TCI, SCT로 세운 가설 2: 대인관계
• 대인관계의 어려움이 직장, 대학생활, 결혼생활 등에서 보이며(SI:75, SOD:76, WRK:63, MT:65, MDS;67), 관계에서 혼자 남겨지거나 거절당하고 배척당할 것이라는 것으로 나타남(SCT 5, 21, 40: 두려워하는 것은 혼자 남는 것, 친구들이 모르는 나만의 두려움은 배척되는 것). 이러한 측면은 관계에서 의존적인 모습으로 나타날 수 있음(SD;0) • 사회적 민감성은 높지만, 낯선 사람에 대한 불안이 높은 기질적 요인이 함께 작용하여 대인관계에서 어려움을 유발할 수 있으며, 이는 원가족, 대학생활, 결혼생활까지 심리적 어려움의 요인으로 유지되어 온 것으로 보임(HA:99, RD:98)

〈가설 3〉

MMPI-2,TCI, SCT로 세운 가설 3: 자아개념 및 사고
• 자존감이 낮고, 유능감이 부족하여 부정적인 자기감에 영향을 미칠 수 있음(SD;0, SCT15; 내가 믿고 있는 내 능력은 없다, 11번; 내가 늘 원하기는 잘하는 것이 있으면 좋겠다, 46번: 무엇보다 좋지 않게 생각하는 것은 내 성격이다, 나의 야망은 없다) • 자신을 지나치게 전통적인 성역할과 동일시하는 면이 있어서 특정 역할에 제한된 경직된 사고를 보일 가능성이 있으며, 이는 관계 면에서 자기 확신이 부족하고 수동-의존적인 관계 형성으로 나타날 가능성이 있어 보임(MF:38, Gf:61) • 대상에 대한 좋고 나쁨의 이원적 사고가 보이며 이는 성격발달이 미숙한 유아적 특성 및 불안정 애착의 특성을 나타낼 수 있을 것으로 보임(SCT6, 22: 내가 싫어하는 사람은 나를 공격하는 사람, 내가 좋아하는 사람은 나를 예뻐해 주는 사람). 이러한 특성은 자기자신을 비판하고 자책하며, 타인 및 사회적 관계 안에서는 자신감 없는 모습으로 나타났을 것으로 예상됨

〈가설 4〉

MMPI-2, TCI, SCT로 세운 가설 4: 대처방식
• 외부 대인관계에서 감정을 억압하고 참으며, 가정에서는 폭발하는 형태로 나타나는 것으로 보임 • 상대적으로 자아강도는 적절해 보이나(ES;52), 조급한 성격적인 특성(TPA;66)이 불안을 더 가중시켜서 스트레스에 적절하게 대처하는 능력에 취약성이 될 것으로 보임(SCT43: 두려운 생각이 나를 휩쌀 때 아무 것도 손에 잡히질 않는다)

5. 내담자 욕구

2) 욕구 변별 연습

[연습 5-1]

번호	욕구찾기
1	자녀에게 도움되는 존재 욕구: 존중
2	배우자에게 사랑을 주고 싶은 욕구: 친밀감
3	관계 맺고 싶은 욕구: 친밀감
4	이해받고 싶은 욕구: 애정과 소속
5	존중받고 싶은 욕구: 존중
6	사랑받고 싶은 욕구: 애정과 소속

6. 합의된 목표 설정하기

2) 합의된 상담목표 연습

[연습 6-1] 합의된 상담목표

합의된 상담목표 실습	합의된 상담목표 해당요소 확인	누락요소
불안 감소	남편이 문 여는 소리가 들리면(C) 불안해서 안절부절못하는 것을(B) 인지하고 호흡하기(L)	**C, L**

남편을 쳐다보지 않기	남편이 신고를 왜 했냐고 따질 때(C) 회피하는 행동(B) 대신 한 번은 이야기하기(L)	C
남편과 집에서 말싸움 줄이기	남편과 집에서(C) 말싸움을 할 때 (B) 10회에서 2회로 줄이기(L)	L
자책하는 것 줄이기	톡 답장이 오지 않으면(C) 내가 무엇을 잘못했나 하는 생각(B) 대신 대처카드 읽기(L)	C, L
배우자가 폭력할 때 폭력은 안 돼라고 말하기 혹은 신고하기	배우자가 폭력할 때(C) 폭력은(B) 안 돼라고 말하기 혹은 신고하기(L)	없음
일주일 동안 자신에게 '수고해요, 고마워요'라는 말 하루에 두 번씩 하기	일주일 동안 자신을 만나면(C) '수고해요, 고마워요'라는 말을(B) 하루에 두 번씩 하기(L)	없음

[연습 6-2] 호소문제에서 합의된 상담목표 찾기

탐색된 호소문제	합의된 목표
1. 사람들 앞에 서면 위축되고 눈치를 보거든요.	1-1. 사람들 앞에 설 때 눈치 보여도 다가가서 '반가워요.'라고 인사하기 1-2. 사람들 앞에 설 때 위축되어도 눈 마주치면서 '잘 지냈어요.'라고 인사하기
2. 내 의견을 이야기하지 못하고 맞추어 줘요. 집에 오면 자책하는 제가 싫어요.	2-1. 이야기할 때 내 생각에는 ~라고 시도해 보기 2-2. 자책할 때 '그래도 말을 했어. 괜찮아.'라고 스스로에게 위로해 보기
3. 사람들이 나를 이상하게 볼 것 같고 내가 잘하는 것이 없어서 시도하지 못해요.	3-1. 나를 이상하게 볼 것 같은 생각이 들 때도 식당에 가서 주문하고 먹어 보기 3-2. 내가 잘하는 것이 없다고 생각이 들 때도 하루에 책 한 줄씩 소리 내서 읽어 보기
1. 상처 주는 말이 싫어서 귀를 막아요.	1. 상처 주는 말을 들어도 두 번 이야기하기
2. 싸움이 날 것 같으면 폭식하고 회피해요.	2. 싸움이 나도 '잠깐 우리 흥분이 가라앉으면 이야기합시다.'라고 이야기하고 자리 이동하기
3. 스스로 가치 없는 사람이라는 생각이 들면 우울해져서 사는 의미가 없어요.	3. 무의미하다는 생각이 들 때 자살이나 자해하지 않고 1366에 전화하기
1. 아버지를 보면 화가 나는데 말을 못 해요.	1. 아버지를 보고 화가 나면 '화가 난다.'고 인정하고 아버지에게 '이야기할 수 있으세요?' 라고 말을 시도해 보기
2. 아버지가 이기적이라고 말하고 싶은데 무서워요.	2. 아버지가 이기적이라고 생각이 들 때 '아버지는 자신이 하고 싶은 것을 한 것이다.'라고 말하는 것 시도하기

3. 내가 진짜 하고 싶은 이야기를 하면 아버지가 더 힘들다고 하니 차라리 입을 닫아요.	3. 아버지가 더 힘들다는 이야기를 해도 피하지 않고 지금은 내 말을 먼저 들어 주라고 요청하기
1. 저 스스로가 저를 갉아먹어요.	1. 실수를 할 때 '실수할 수 있지'라고 인정해 보기
2. 완벽하지 않으면 사람들이 저를 받아 주질 않을 것 같거든요.	2. 사람들이 나를 받아 주지 않을 것 같은 생각이 들어도 '괜찮아' 하고 토닥여 주기
3. 제가 하는 것이 마음에 들지 않아서 계속 자책을 해요.	3. 마음이 들지 않아도 '수고애찮'을 하루에 한 번씩 자신에게 말해 주기
1. 친구한테 어떻게 다가가야 할지 모르겠어요.	1. 친구를 보면 '안녕?'하고 먼저 인사해 보기
2. 내가 다가가면 친구들이 싫다고 할까 봐 다가가지를 못하는 것 같아요.	2. 친구들에게 먼저 다가가서 '안녕?'하고 인사하는 것 시도해 보기
3. 사람들이 나를 이상하게 볼까 봐 다가가지 못해요.	3. 내가 이상하게 보인다고 생각이 들 때 확인해 보자 하고 증거 찾기

7. 임상목표와 회기목표

1) 임상목표 핵심체크

(2) 회기목표 핵심체크

[연습 7-1] 임상목표 실습하기

• 인지행동치료를 기반으로 한 임상목표

–남편이나 친구가 반응이 없을 때는 내가 잘못했다는 비합리적 신념 인식하기

–남편이나 친구가 반응이 없을 때는 내가 잘못했다는 비합리적 사고에서 대안적 사고하기

• 수용전념치료를 기반으로 한 임상목표

–남편이 보복할까 봐 두려워하는 자기를 알아차리기

–'안돼'라는 말을 표현하는 것을 방해하는 융합된 사고를 알아차리고 객관화하기

• 인간중심치료를 기반으로 한 임상목표

–친구와 이야기할 때 실수하는 자신도 그럴 수 있다고 있는 그대로 수용하기

–참고 있어야 사람들이 나를 인정해 준다는 조건화된 자기개념과 현재 불안을 경험하는 자기와

의 괴리감 알아차리기

–남편의 폭력이 발생할 경우 자신의 경험을 개방해서 표현하기

• 게슈탈트치료를 기반으로 한 임상목표

–우울과 불안을 알아차리고 남편과 친구들에게 표현하기

–애정욕구(인정욕구)에 대해 알아차리고 원하는 것을 표현하기

• 대상관계치료를 기반으로 한 임상목표

–긍정적인 자기 표상과 자기 가치감 발달시키기–상담사와 공감, 지지, 안전한 관계 경험을 통해 있는 그대로의 자기 수용하기

–남편과의 대상 관계 긍정적으로 변형시키기

• 이야기치료를 기반으로 한 임상목표

–불안하지 않았던 예외적인 경험 발견해서 자신이 괜찮다는 정체감 조망하기

–피아노를 좋아하는 이야기를 위해서 행동 조망하기

3) 상담전략 핵심체크

(1) 이론별 핵심체크

[연습 7–2] 상담전략 실습하기

회기	대상관계	인지행동치료	수용전념치료	인간중심	게슈탈트	이야기치료
1	▲ 상담구조화 ▲상담동기 파악 및 주 호소문제 탐색					
2	호소문제 탐색 및 목표 합의					
3	대상 표상 식별 및 타당성 평가	자동적 사고 탐색	주 호소문제의 명료화, 상담목표 설정, ACT 설명	현실적인 자기와 이상적인 자기의 괴리감 인식하기	미해결과제 탐색	안전한 치료적 환경 형성하기
4	되고 싶은 모습과 자기표상 탐색	자동적 사고일지를 통한 비합리적 신념 탐색	갈등 상황 회피하는 나와 맥락 속의 나 알아차리기	이상적 자기의 조건화된 가치 배경 탐색	알아차림: 지금 여기	자연스러운 애도 과정에서 말하도록 허용하기
5	세대 간 대상관계 패턴 탐색	생활사 탐색	새로운 경험과 대인관계 추구	참고 있으므로 불안해하는 현실적 자기 타당화하기	가계도를 통한 배경 알아차림	남자친구의 감정 정화하기

6	나만의 색깔이 있구나 자기표상의 수정	인지적 왜곡에 대해 자각하기	불안감과 우울감 알아차리기	신체화 증상에 대한 알아차림	알아차림: 부모에 대한 감정	분노 표현을 돕기
7	열등감과 불안감 촉발요인 다루기	자동적 사고 수정하기: 대처카드	결혼생활의 인식 변화	눈치 보지 않고 안전하게 경험 개방해 보기	빈의자 기법: 감정표현실험	구원자 알아차리기
8	자신에 대한 부정적 이미지와 실제 자신을 혼자 있을 때도 분리하기 시작	자동적 사고 다루기: 소크라테스 질문	가치 탐색과 전념행동 탐색	있는 그대로의 자기 모습을 수용하고 신뢰할 수 있도록 하기	두의자 기법: 자신과의 대화	다른 사람을 보살피도록 강요받고 있다고 느끼는 이유 확인하기
9	자기 수용하도록 하기	자기 대화를 통해 바꾸어 말하기	맥락에서의 나	자신의 내면적 욕구와 경험에 귀를 기울이며 감정 경험에 개방적인 태도 가지기	내사와 분리작업	자신의 욕구를 포기하지 않고 표현하기
10	상담 종결과 상담 효과 평가					

제7장 상담중기

1. 상담 중기

2) 내담자 변화 발달단계별 반응하기 연습

[연습 1-1]

변화발달 단계	특징	핵심 질문
전 숙고 단계	변화의 필요성을 인식하지 못함, 변화를 원하지 않음, 문제를 다른 누군가의 탓으로 돌림	"상담이 필요 없다고 하시면서도 이미 상담실에 오셨습니다. 민들레님은 변화의 단계 중 어디에 있습니까?"
숙고단계	변화의 필요성을 인식, 무엇인가 하는 것은 결정 못함, 변화할지 말지 고민	"어떻게 그 단계(전 숙고단계 혹은 숙고단계)에 계속 있다고 보시나요?" "자신이 머무르고 있다고 생각하는 단계는 어디인가요?"

준비단계	변화의 필요성을 인식, 한 달 후 행동할 것을 결정, 과거 실패 경험을 상기하면서 미룸	"다음 단계로 넘어가기 위해서 무엇이 필요하다고 생각하십니까?"
행동단계	문제가 성공하지 않았지만 행동 준비함	"이전에 다음 단계에 머물렀던 기간이 있었다면 어떻게 가능했을까요?"
유지단계	초점을 공고, 문제가 재발하지 않도록 행동 계획을 세움	"어떻게 그것이 유지될 수 있었나요?"

[연습 1-2] 숙고단계 내담자

상1: 몇 시간으로 변화가 있기 어렵습니다. 그렇지만 알면서도 약속을 지켜 와 주셨네요. 아버님께서 자녀에 대해 변화가 있길 원하셔서 도우려고 하시는 게 느껴집니다.

상2: 포기했다는 말이 내가 폭력을 가해도 아이는 말을 듣지 않으니까 하는 슬픈 마음으로 들리네요.

상3: 포기하겠다는 마음도 있지만 자녀를 잘 키우고 싶은 마음 둘 다 있는 것처럼 느껴져요.

상4: 그런데 잘 키우는 방법을 잘 몰라서 답답하다고 하시는 것 같아요. 제가 이해한 것이 어떻게 생각되세요?

상5: 자녀를 사랑하기에 엄격하게 키우고 싶은 마음을 아이에게 어떻게 전달해야 할지에 대해 상담 시간에 이야기해 보고 방법을 찾아가 보는 것으로 상담을 진행하려고 합니다. 어떻게 생각하시나요?

[연습 1-3] 준비단계 내담자

상1: 그런 마음을 솔직하게 말씀해 주셔서 고맙습니다.

상2: 15년 동안 애쓴 그 마음, 자녀를 사랑하는 마음은 그대로 간직하세요. 그러나 자녀의 나이에 따라 부모의 대처가 조금씩 달라져야 할 것 같아요. 자녀가 사춘기인데 그것에 맞게 대하셨는지 여쭤 보고 싶어요.

상3: 오늘부터는 어떠한 경우든지 아이가 아무리 욕을 하거나 버릇없는 행동을 하더라도 그 방법으로 폭력을 쓰는 것은 아이를 사랑한다는 명분으로 절대 정당화될 수 없습니다. 그 방법은 마음도 전달되지 않을 뿐만 아니라 범죄가 됩니다. 앞으로는 화가 나도 언어적 폭력, 신체적/정서적 폭력을 하시면 안 됩니다. 상담을 하시는 동안 이 부분을 꼭 지켜 주셔요. 상담사도 폭력 신고의 의무가 있기 때문에 지켜 주셔야 합니다. 서류[1)]가 있습니다. 어떤 경우에도 폭력을 사

1) 초기접수면접에 사용하는 상담약정서를 말한다.

용하지 않겠다는 서약을 해 주시기 바랍니다.

상4: 말을 아끼시는 것은 폭력이 나올까 봐 서로 피하고 있는 것으로 들리네요. 냉전인 상태로 계속 해서 살아간다면 오해는 풀리지 않을 거예요.

상5: 모르시니 답답하셨을 것 같아요. 성인이 되기 전까지 아직 시간이 남았네요. 그동안 잘못한 것을 알려 주는 것이 필요해 보입니다. 그 부분에 대해서 같이 시도해 보는 게 어떠세요?

상6: 변화가 안 될지 모른다고 두려워하는 모습으로 느껴집니다. 될지 안 될지는 상담을 해 보시고 나서 해 보시면 어떨까요?

상7: 저도 아버님 마음과 같이, 자녀가 아버지께 먼저 용서를 빌길 바라요. 그것이 순서지요. (아무 말 안 하고 고개 숙인다) 아버님도 상처를 받은 이 상황에서 먼저 다가가기 싫으실 것 같아요. 하지만 이 상황에서 아이가 먼저 말을 할 수 있을까요?

[연습 1-4] 행동단계 내담자

상8: 아이에게 다가갔지만 아빠의 마음을 받아들이지 못한다면 그대로 인정해 주셔도 좋아요. 아이가 아빠의 마음을 받아들일 준비가 아직 안 됐으면, '아빠가 기다릴게'라고.

상9: 이번 주 한번 시도해 보시고 다음 주에 이야기 나누는 것은 어떠실까요?

[연습 1-5] 유지단계 내담자

상10: 별일이 없었다는 것은 갈등 없이 지냈다는 이야기로 들립니다.

상11: 자녀의 말에 거슬려서 화가 나셔서 소리를 지르신 것이 없으셨다는 말씀으로 들리네요.

상12: 아들이 이해도 되면서 소리를 안 지르게 되셨군요.

상13: 소리를 안 지르니까 아들이 먼저 다가오기도 하네요.

[연습 1-6] 저항을 수용하고 탐색하기

상1: 기쁨이가 이 파일을 보고 이 나쁜 놈이 하면서 화를 냈어. 이 파일한테 화내고 그랬어, 그렇게 하고 나면 기분이 어때?

상2: 지금 들어올 때도 그렇고, 파일한테도, 의자한테도 그런 걸 봤어. 혹시 오기 전에 어떤 화가 났는지 말해 줄 수 있니?

상3: 잘 모를 수 있지. 어쨌든 네 의견을 이야기해 줘서 고마워.

[연습 1-7] 파고드는 질문 삼가기

상1: 아, 이렇게 하는 부분이 누구에게 조종당한다고 생각하니?

상2: 엄마가 오게 했으니까?

상3: 그래, 기쁨이 오늘 정말 중요한 이야기를 했어. 기쁨이는 오고 싶지 않은데, 엄마가 오게 해서 왔네?

상4: 그래, 끌려온 거야? 선생님 궁금하다. 기쁨이 이곳에 왔을 때 기쁨이 생각이 놀라웠는데…….

상5: 응, 선생님 많이 놀랐어.

상6: 너무 놀라웠는데, 오늘처럼 얘기한 부분이 기쁨이가 부족한 부분이라서 이 부분을 연결해야 할 것 같아.

상7: 한 가지만 더 얘기해 보자. 선생님이 알고 있는 것보다 기쁨이가 다른 아이들이 못 본 것들을, 기쁨이가 굉장히 관찰력 있게 이야기를 하고 있어요. 기쁨이가 조금 부족한 게 무엇이냐면, 생각이 좀 꼬인 것 같아.

상8: 풀기 전에 잠시만, 정확하게 이야기해 보자. 생각은 너무나 깊게 있는데…….

[연습 1-8] 대화의 출발점으로 삼기

"이야기하기가 어려운가 보군요."

"침묵하는 무슨 이유라도 있나요?"

"아마도 무슨 말을 할지 모르겠나 보군요?"

"무슨 말을 할지 생각하고 있는 건가요?"

"아마도 마음속에 있는 말을 꺼내기가 두려운가 보군요."

[연습 1-9] 대화 내용을 초월하는 질문으로 무장 해제하기

상1: (내담자 눈을 보면서) 반가워. 선생님 입이 튀어나오고 눈이 째진 것도 볼 정도로 자세히도 봤네.

상2: 너는 사람들을 자세히 관찰하는 눈이 있구나. 서로 누가 못생겼나를 비교할 줄도 아는구나. 내가 못생긴 사람 중에 일등이네.

상3: 네가 선생님한테 못생겼다고 말한 것은 나한테 관심이 있다는 걸로 들리는데.

상4: 그래. 선생님이 얼마나 착각을 했는지 우리 들어가서 한번 이야기 들어 보자.

상5: 응. 선생님이 얼마나 착각을 하는지에 대해서 이야기할 거야. 네가 이야기해 줘야 선생님이 착각을 안 하지.

[연습 1-10] 연결하여 직면하기

상1: 혹시 요즘 상담이 민들레님한테 어떤 느낌을 주나요?

상2: 그랬군요. 민들레님 입장에서 보면 서운한 마음이 들 수도 있었겠네요. 혹시 그런 마음이 우리가 지난번에 얘기했던 '항상 언제나 사랑받아야 한다.'는 신념과 관련 있을까요?

3) 침묵다루기

[연습 1-11] 침묵 종류별 질문

침묵상황	핵심질문
두려움	"상담 초기에 자신의 이야기를 어느 정도까지 해야 할까 망설여지게 되지요, 상담 시간에 모든 것을 이야기하지 않으셔도 됩니다." "민들레님이 준비된 만큼 말씀하시면 됩니다. 어렸을 적, 부모님에 관한 이야기를 모두 이야기하지 않으셔도 됩니다."
평가 두려움	"내가 한 이야기로 상대방이 나를 어떻게 평가할까? 조심스럽게 되지요. 이 시간은 민들레님의 시간이니 민들레님이 가진 두려운 마음도 이야기해도 됩니다."
어떤 말을 해야 할지 모를 때	"제가 기다리겠습니다." "잠시 침묵하셨는데, 그때 내면에서 어떤 경험을 하고 있었는지 이야기 해 주실 수 있나요?" "심각한 이야기를 꺼내는 것이 어렵지요."
감정에 압도될 때	"제가 기다리겠습니다. 충분히 우셔도 됩니다. 우시고 나서 감정을 추스르는 시간이 필요합니다. 말씀 안 하셔도 됩니다."
상담사의 반응을 기다릴 때	"저의 답을 기다리고 있으신 것 같네요. 민들레님에게 제가 답을 준다는 것은 어떤 의미일까요?"
상담에 대한 저항	"상담에 오는 것을 원치 않았는데 상담하러 오게 된 것이 못마땅하군요."
침묵 이어 갈 대화	• 충분히 기다린 다음 "으음."이나 "네."라고 말하고 기다리기 • 내담자가 말했던 마지막 몇 단어를 강조하여 반복하기 • 그래도 침묵하면 내담자가 마지막으로 말한 문장 전체를 강조하여 반복하기 • 그런데도 말을 안 하면 내담자가 이야기한 마지막 부분의 전체 내용을 요약하기 • 다른 것이 있는지 알아보기 위해서 "그런데?" "그래서?"와 같이 질문 식으로 말한다.

4) 상담성과 핵심체크 연습

[연습 1-12]

질문 번호	1	2	3	4	5	6	7	8	9	10	11	12
응답	Y	Y	Y	Y	Y	N	Y	Y	Y	Y	Y	N

1. 수정할 부분: 구체적이며 관찰 가능한 방식으로 목표를 설정하는 부분(6번 질문)과 내담자가 상담 장면 밖에서 수행한 행동계획의 진전도나 결과를 관찰하고 평가하게끔 격려하는 부분(12번 질문)
2. 수정 방향: 내담자와 6회기에 중간평가로 수정할 부분을 구체화시켜서 해 보는 것을 준비할 계획임.

[연습 1-13]

질문 번호	1	2	3	4	5	6	7	8
응답	Y	Y	Y	Y	Y	N	Y	Y

1. 수정할 부분: 상담사는 선택된 개입을 사용하는 방법에 대해 상세한 지침을 제공하는 부분(질문 번호 6번)
2. 수정 방향: 5회기 상담에서 상담사가 선택한 심상개입기법과 근육이완법에 대한 상세한 지침을 프린트화해서 보여 주는 것을 준비할 계획임.

〈부록〉

〈사례 8〉 MMPI 타당도척도와 임상척도

타당도척도									임상척도									
VRIN	TRIN	F	F(B)	F(P)	FBS	L	K	S	Hs	D	Hy	Pd	Mf	Pa	Pt	Sc	Ma	Si
45	51	60	74	61	64	57	50	42	56	68	60	48	78	58	74	78	53	66

재구성 척도									정신병리 5요인 척도				
RCd	RC1	RC2	RC3	RC4	RC6	RC7	RC8	RC9	AGGR	PSYC	DISC	NEGE	INTR
83	55	66	59	45	55	55	55	47	49	57	50	56	80

내용척도														
ANX	FRS	OBS	DEP	HEA	BIZ	ANG	CYN	ASP	TPA	LSE	SOD	FAM	WRK	TRT
78	56	72	93	52	54	49	59	47	49	67	89	67	77	63

보충척도														
A	R	Es	Do	Re	Mt	PK	MDS	Ho	O-H	MAC-R	AAS	APS	GM	GF
66	52	32	40	51	77	75	54	56	52	44	38	31	38	57

TCI (백분위)								
TCI	NS	HA	RD	PS	SD	CO	ST	SD+CO
	27	100	26	21	5	96	38	51

〈사례 8〉 MMPI 임상 소척도 내용 소척도 결정문항

임상소척도

척도	소척도	내용	점수
D 68	D1	주관적 우울감	77
	D2	정신운동지체	71
	D3	신체적기능장애	42
	D4	둔감성	62
	D5	깊은 근심	72
HY 60	Hy1	사회적 불안의 부인	41
	Hy2	애정욕구	44
	Hy3	권태-무기력	75
	Hy4	신체증상 호소	56
	Hy5	공격성의 억제	57
PD 48	Pd1	가정불화	48
	Pd2	권위불화	46
	Pd3	사회적 침착성	40
	Pd4	사회적 소외	50
	Pd5	내적 소외	63
Pa 58	Pa1	피해의식	57
	Pa2	예민성	75
	Pa3	순진성	38
Sc 78 53	Sc1	사회적 소외	70
	Sc2	정서적 소외	76
	Sc3	자아통합 결여-인지적	65
	Sc4	자아통합 결여-동기적	83
	Sc5	자아통합 결여-억제부전	60
	Sc6	기태적 감각경험	60
Ma	Ma1	비도덕성	45
	Ma2	심신운동 항진	58
	Ma3	냉정함	51
	Ma4	자아팽창	57
Si 66	Si1	수줍음/자의식	65
	Si2	사회적 회피	72
	Si3	내적/외적 소외	57

내용소척도

척도	소척도	내용	점수
FRS 56	FRS1	일반화된 공포	61
	FRS2	특정공포	49
DEP 93	DEP1	동기결여	91
	DEP2	기분부전	79
	DEP3	자기비하	79
	DEP4	자살사고	83
HEA 52	HEA1	소화기 증상	39
	HEA2	신경학적 증상	50
	HEA3	일반적인 건강염려	51
BIZ 54	BIZ1	정신증적 증상	48
	BIZ2	조현형 성격특성	66
ANG 49	ANG1	폭발적 행동	47
	ANG 2	성마름	52
CYN 59	CYN1	염세적 신념	59
	CYN2	대인의심	54
ASP 47	ASP1	반사회적 태도	47
	ASP2	반사회적 행동	49
TPA 49	TPA1	조급함	48
	TPA2	경쟁욕구	46
LSE 67	LSE1	자기회의	69
	LSE2	순종성	48

SOD	SOD 1	내향성	90	FAM	FAM1	가정불화	49	TRT	TRT1	낮은 동기	76
89	SOD 2	수줍음	68	67	FAM2	가족 내 소외	60	63	TRT2	낮은 자기개방	44

우울 및 자살사고(depressed suicidal ideation)결정적문항 [그렇다]에 응답한 문항

038. 일을 할 엄두가 나지 않아서 며칠, 몇 주 혹은 몇 달씩 해야 할 일들을 못한 적이 있다.
065. 나는 거의 언제나 우울하다.
071. 요즈음은 가치 있는 사람이 될 것이라는 희망을 지탱해 나가기가 어렵다.
092. 나에게 무슨 일이 일어나건 상관하지 않는 편이다.
130. 때때로 나는 정말 쓸모 없는 인간이라고 느낀다.
146. 나는 쉽게 운다.
215. 고민을 털어 버리지 못하고 계속 집착한다.
233. 나는 무슨 일이든 시작하기가 어렵다.
273. 거의 언제나 인생살이가 나에게는 힘이 든다.
303. 죽어 버렸으면 하고 바랄 때가 많다.
411. 때때로 나는 전혀 쓸모 없는 인간이라고 생각한다.
454. 내 장래는 희망이 없는 것 같다.
485. 남들보다 못하다는 느낌이 들 때가 종종 있다.
506. 요즘 들어 자살을 생각하곤 했다.
520. 최근 들어 자살에 대해 많이 생각해 왔다.

〈사례 8〉 SCT

1. 나에게 이상한 일이 생겼을 때 세상은 원래 이유 없이 불행을 가져다 준다.
2. 내 생각에 가끔 아버지는 안타깝고 애처롭다. 불쌍하다. 내가 아버지였으면 좋겠다.
3. 우리 윗사람들은 가끔 꼰대 같지만 이해할 수 있을 것 같다.
4. 나의 장래는 잘 생각이 나지 않는다. 아무것도 없는 어둠이다.
5. 어리석게도 내가 두려워하는 것은 여성으로부터 사랑받지 못하는 것이다.
6. 내 생각에 참다운 친구는 나와 비슷한 성격과 경험을 가진 친구이다.
7. 내가 어렸을 때는 많이 부족했다. 매력적이지 않았다. 사랑받을 만하지 않았다.
8. 남자에 대해 무엇보다 좋지 않게 생각하는 것은 여유롭지 않고 집착하고 소심한 것.
9. 내가 바라는 여인상은 마음이 넓고 따듯하며 신뢰와 믿음을 주고 자존감을 높여 주는 사람
10. 남녀가 같이 있는 것을 볼 때 부럽고 흐뭇하다.
11. 내가 늘 원하는 것은 여성으로부터의 구원
12. 다른 가정과 비교해서 우리 집안은 불행한 줄 알았는데 우리만 불행한 것은 아니다.
13. 나의 어머니는 대단하고 훌륭하고 인내심이 매우 뛰어나지만 좋은 사람은 아니다.
14. 무슨 일을 해서라도 잊고 싶은 것은 믿었던 연인의 배신
15. 내가 믿고 있는 내 능력은 똑똑함, 현명함, 이해심, 공감능력

16. 내가 정말 행복할 수 있으려면 여자를 잘 만나야 한다.
17. 어렸을 때 잘못했다고 느끼는 것은 없다. 타인과 마찬가지로 나 자신도 이해한다.
18. 내가 보는 나의 앞날은 캄캄하다. 무엇을 해야 할지 전혀 모르겠다.
19. 대개 아버지들이란 어른인 척하지만 실상 아이나 별반 차이 없다.
20. 내 생각에 남자들이란 철이 없고 부족하다.
21. 다른 친구들이 모르는 나만의 두려움은 여성에게 버려질 것 같은 두려움이다.
22. 내가 싫어하는 사람은 여성을 욕망을 채우는 도구로 인식하는 사람. 신뢰를 저버리는 사람. 교양 없이 행동하는 사람
23. 결혼 생활에 대한 나의 생각은 매우 힘들겠지만 꼭 잘해 내고 싶은 것
24. 우리 가족이 나에 대해서 다들 힘들었을 텐데 여기까지 오느라 고생했다.
25. 내 생각에 여자들이란 믿을 수 없고 알 수 없고 이기적이지만 내가 이해해야 한다.
26. 어머니와 나는 멀고도 가깝다.
27. 내가 저지른 가장 큰 잘못은 없다. 잘못한 적 없다.
28. 언젠가 나는 내가 원하는 모습으로 되어 있을 것이다.
29. 내가 바라기에 아버지는 건강하기만 했으면 좋겠다.
30. 나의 야망은 행복한 가정을 꾸리고 싶다.
31. 윗사람이 오는 것을 보면 나는 별로 두렵지 않다. 나를 좋아할 것을 안다.
32. 내가 제일 좋아하는 사람은 나와 비슷하되 마음이 따듯하고 여유 있고 자존감이 높은 사람
33. 내가 다시 젊어진다면 공부를 더 열심히 해서 수능을 잘 보고 인생을 바꾸고 싶다.
34. 나의 가장 큰 결점은 과거에 얽매인다는 것. 연인에게 구원을 바라는 것
35. 내가 아는 대부분의 집안은 부모님끼리 싸울 것이다. 겉으로 드러나진 않지만
36. 완전한 남성(男性)상은 책임감 있는, 든든한, 따듯한, 능력 있는, 가정적인
37. 내가 성교를 했다면 잠시나마 천국에 있을 것이다.
38. 행운이 나를 외면했을 때 전혀 신경 쓰지 않는다.
39. 대개 어머니들이란 헌신적이면서 이기적이다.
40. 내가 잊고 싶은 두려움은 버려지는 두려움
41. 나의 평생 가장 하고 싶은 일은 완전한 자아를 완성하는 것
42. 내가 늙으면 완전한 자아를 완성해 있을 것이다.
43. 때때로 두려운 생각이 나를 휩쌀 때 폭풍이 몰아칠 때는 그냥 고요히 기다린다.
44. 내가 없을 때 친구들은 각자의 고민을 안고 애쓰며 살아간다.

45. 생생한 어린 시절의 기억은 버려질까 봐 두려웠던 기억
46. 무엇보다도 좋지 않게 여기는 것은 신뢰를 깨는 것
47. 나의 성 생활은 잠시나마 천국을 느낄 수 있고 만족감을 느낄 수 있다.
48. 내가 어렸을 때 우리 가족은 매우 불행했다.
49. 나는 어머니를 좋아했지만 다가갈 수 없는 존재였다.
50. 아버지와 나는 비슷하기에 더 속상하고 야속하다.

저자 소개

김형숙(Kim, Hyung Suk)

연세대학교 박사(기독교상담학 전공)
한국상담학회 아동청소년 전문상담영역 223
한국상담학회 부부가족 전문상담영역 223
한국상담심리학회 1급 전문상담사 677
한국기독교상담심리학회 전문상담사 감독 S-76
한국기독교상담심리학회 놀이아동상담사 감독 CS-11
한국목회상담협회 기독상담 감독 10-감-102호
한국가족치료학회 가족치료사 1급 A-58
한국내러티브상담학회 슈퍼바이저 & 이야기치료전문가
한국중독심리학회 중독심리전문가
NLP Trainer
임상심리사 1급
Banmen Satiar Transformational Systemic Therapy Level 1-5 Certificate
FIE BASIC, STANDARD I COURSE
연세대학교 겸임교수
수원대학교 객원교수
한세대학교 겸임교수
서울가정법원 이혼가정 상담위원
현 연세대학교 객원교수
다리꿈심리상담센터 센터장
경기지역범죄피해자센터 상담위원
한국내러티브상담학회 이사
경기도교육청가정형위(Wee)센터 사례자문운영위원

- 온라인 플랫폼상담실: 네이버 엑스퍼트(https://m.expert.naver.com/expert/profile/home?storeId=100007112)
- 익명상담: 메타버스상담실(https://zep.us/play/8Jm7A3)
- 유튜브 채널: https://www.youtube.com/@darikkum
- 블로그: http://blog.naver.com/hopepeople1

상담 내비게이션 워크북
축어록을 기반으로

Counseling Navigation Workbook
-Based on Verbatim-

2024년 5월 20일 1판 1쇄 인쇄
2024년 5월 30일 1판 1쇄 발행

지은이 • 김형숙
펴낸이 • 김진환
펴낸곳 • ㈜학지사
04031 서울특별시 마포구 양화로 15길 20 마인드월드빌딩
대표전화 • 02-330-5114 팩스 • 02-324-2345
등록번호 • 제313-2006-000265호

홈페이지 • http://www.hakjisa.co.kr
인스타그램 • https://www.instagram.com/hakjisabook

ISBN 978-89-997-3039-9 93180

정가 20,000원